ETF als Geldanlage und Altersvorsorge

Bequem und rentabel investieren

NIELS NAUHAUSER

Verbraucherzentrale

229 Musterfälle aus der Beratung der Verbraucherzentralen

71 Warum ETFs die erste Wahl sein sollten

Inhalt

6 Über dieses Buch

8 Die wichtigsten Fragen und Antworten

15 Was sind ETFs?

15 Welche Idee steckt hinter einem Investmentfonds?

22 Erster Vorteil von ETFs: der Börsenhandel

23 Zweiter Vorteil von ETFs: Index als Anlagestrategie

37 Achtung: Verwechslungsgefahr

43 Aktienmarkt und Börse

43 Die Basics über Aktien

50 Börse: Das Auf und Ab gehört dazu

55 Renditen der Anlageklassen

63 Die Markteffizienzhypothese

71 Warum ETFs die erste Wahl sein sollten

71 Passives oder aktives Management?

75 Kostenersparnis durch ETFs

77 So wirken sich Kosten auf lange Sicht aus

79 Diversifikation

81 Wie viel Risiko darf es denn sein?

95 Fallstricke bei ETFs

95 Vorsicht bei ETFs, wenn …

102 Verkaufstricks und der Faktor Mensch

110 Verkauf oder Beratung? Information oder Werbung?

129 Aufgeklärt: Mythen über ETFs

132 Das Kleingedruckte: einfach, transparent, fair?

ETF als Geldanlage und Altersvorsorge

Bequem und rentabel investieren

Unser Service für Sie

Wenn neue Gesetze und Verordnungen in Kraft treten oder sich zum Beispiel Förderbedingungen oder Leistungen ändern, finden Sie die wichtigsten Fakten in unserem Aktualisierungsservice zusammengefasst.
Mit dem Klick auf **shop.verbraucherzentrale.de/aktuell** sind Sie dann ergänzend zu dieser Auflage des Buches auf dem neuesten Stand. Diesen Service bieten wir so lange, bis eine Neuauflage des Ratgebers erscheint, in der die Aktualisierungen bereits eingearbeitet sind. Wir empfehlen, Entscheidungen stets auf Grundlage aktueller Auflagen zu treffen.
Die lieferbaren aktuellen Titel finden Sie in unserem Shop:
shop.verbraucherzentrale.de/aktuell

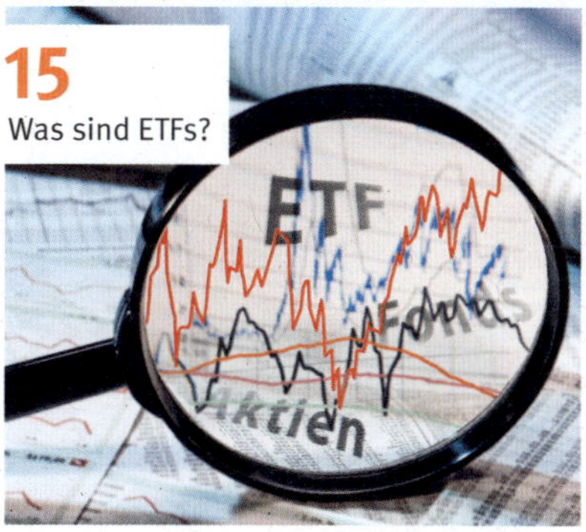

15 Was sind ETFs?

95 Fallstricke bei ETFs

43 Aktienmarkt und Börse

141 Schritt für Schritt zum ETF – eine Anleitung

142 Depot einrichten

152 ETF auswählen

188 Sparplan oder Einmalanlage?

194 Praktische Fragen der Umsetzung

214 ETFs verkaufen

229 Musterfälle aus der Beratung der Verbraucherzentralen

229 Die junge Angestellte

233 Eine Familie im Eigenheim

237 Das Rentnerehepaar

243 Anhang

244 Weiterführende Informationen

246 Adressen

247 Bildnachweis

248 Stichwortverzeichnis

253 Impressum

Über dieses Buch

Exchange Traded Funds, kurz ETFs, sind eine Anlagemöglichkeit, die in den letzten Jahren immer bekannter geworden ist. Sie sind aber auch mit Risiken verbunden, weshalb manche Anleger unsicher sind, ETFs auf eigene Faust zu kaufen.

Dieser Ratgeber enthält alles, was Sie wissen müssen, um Ihren Vermögensaufbau und Ihre Altersvorsorge mit ETFs selbst in die Hand zu nehmen. Vorkenntnisse sind nicht erforderlich. Fachbegriffe werden erklärt, sobald sie zum ersten Mal auftauchen. An einigen Stellen werden auch komplexere Zusammenhänge erläutert, deren Verständnis für die Umsetzung einer Anlagestrategie mit ETFs jedoch nicht zwingend erforderlich ist. Die Kapitel bauen aufeinander auf, Sie können jedoch Inhalte, mit denen Sie bereits vertraut sind, einfach überspringen. Jedes Kapitel schließt mit einer Zusammenfassung ab, in der Sie alles Wichtige nochmals in Kurzform nachlesen können.
Tabellen mit einer Vorauswahl von ETFs erleichtern Ihnen schließlich die Anlageentscheidung.

In sechs Kapiteln erfahren Sie, was Sie für eine gelungene Anlagestrategie wissen müssen:

- Los geht es mit den Grundlagen: Was sind ETFs, wie unterscheiden sie sich von anderen Investmentfonds und wo besteht eine gefährliche Verwechslungsgefahr mit anderen Produkten?
- Das zweite Kapitel vermittelt ein grundlegendes Verständnis von Aktienmärkten und Börsen und fasst wesentliche Erkenntnisse aus der Historie der Kapitalmärkte zusammen.
- Danach geht es um die Vorteile von ETFs: Warum sind ein passives Fondsmanagement und eine breit diversifizierte Anlagestrategie vorteilhaft? Wie groß sind die Kostenvorteile von ETFs und wie finden Sie heraus, ob und wie viel Wertschwankungsrisiko Sie tragen können und wollen?
- Im vierten Kapitel geht es ganz praktisch um Fallstricke und Herausforderungen, denen Sie begegnen können. Manchmal ist es ein Anbieter mit Eigeninteressen, der Ihnen einen Strich durch die Rechnung macht, manchmal ist es aber auch die Anlegerpsyche, mit der wir Menschen uns selbst im Weg stehen. Sie erhalten das nötige Rüstzeug, um sich auch im Dickicht unseriöser Informationsquellen und Finanz-Influencer zurechtzufinden.
- Im fünften und umfangreichsten Kapitel lesen Sie, wie Sie Schritt für Schritt ein Depot eröffnen und ETFs vergleichen. Rechenbeispiele zeigen, welches Vermögen Sie mit einer Einmalanlage oder einem Sparplan erreichen können und wie Sie es unter realistischen Annahmen zur berühmten Million Euro schaffen. Praxisnah werden alle Schritte vom Kauf bis hin zum Verkauf, zu anfallenden Steuern und den Entnahmemöglichkeiten im Alter erläutert.
- Drei typische Fallbeispiele aus der Beratungspraxis der Verbraucherzentrale fassen im letzten Kapitel das Wichtigste noch einmal zusammen und machen Lust, möglichst bald eine bequeme und rentable Anlagestrategie umzusetzen.

Aus unserer Beratungspraxis

Die wichtigsten Fragen und Antworten

→ In unseren über 200 Beratungsstellen beantworten wir jährlich Hunderttausende Fragen und helfen Verbraucherinnen und Verbrauchern mit kompetentem Rat bei der Lösung ihrer Probleme. Aus dieser täglichen Beratungspraxis wissen wir, wo der Schuh drückt und wie konkrete Unterstützung aussehen muss.

Auf dieser Erfahrung basieren unsere Ratgeber mit verbraucherorientierten Informationen, vielen Tipps und Hintergrundinformationen zum besseren Verständnis.

Für individuelle Fragen stehen Ihnen unsere kompetenten Beraterinnen und Berater zur Verfügung. Im Gegensatz zur kommerziellen Finanzberatung beschränkt sich unsere Beratung jedoch auf die Unterstützung einer fundierten Anlageentscheidung. Denn je besser Sie informiert sind, desto besser können Sie handeln. Eine Produktvermittlung findet bei den Verbraucherzentralen nicht statt.

Einen Überblick über unser Vortrags- und Beratungsangebot finden Sie unter www.verbraucherzentrale.de.

Ich habe noch nie an der Börse investiert. Welche Stolperfallen gibt es?

Es gibt viel weniger Fallstricke, als Sie denken, und so manches Vorurteil, was Sie vielleicht über die Börse gehört haben, ist falsch. Die Börse ist keineswegs nur etwas für Reiche und Vermögende. Sie können auch mit wenig Geld an der Börse investieren. Keinesfalls müssen Sie jeden Tag den Finanzteil Ihrer Zeitung lesen und auch die Sendung „Wirtschaft vor Acht" kurz vor der Tagesschau können Sie sich sparen. Die Börse ist kein Spielcasino, in dem Gewinne reine Glückssache oder nur von kurzer Dauer sind! Wenn Sie es richtig angehen, stellen Sie einmal die Weichen für Ihre Geldanlage und können sich dann wieder den schönen Dingen des Lebens zuwenden. Stolperfallen vermeiden Sie im Vorfeld, indem Sie sich unabhängig über die Börse und ETFs informieren. In diesem Buch wollen wir Ihren kritischen Blick auf Vergleichsportale, Finanzberater und ChatGPT und Co schärfen. Es weist Ihnen den Weg zu den gängigen Informationsquellen und warnt vor typischen Verkaufstricks. → Seite 95

Ich bin Anfänger. Was sind ETFs und wie investiere ich?

ETFs sind Investmentfonds, die sich durch zwei besondere Vorteile auszeichnen. Erstens werden sie an der Börse gehandelt. Während Sie bei einem herkömmlichen Aktienfonds 5 Prozent Ausgabeaufschlag zahlen müssen, kostet der Kauf eines ETF an der Börse nur einen Bruchteil davon. Bei einem Sparplan von 100 Euro im Monat sparen Sie jeden Monat 5 Euro an Kosten. Der zweite Vorteil der ETFs garantiert den langfristigen Erfolg Ihrer Anlage: Die Anlagestrategie eines ETF besteht darin, einen Index nachzubilden. Mit einem DAX-ETF investieren Sie automatisch in die aktuellen Aktiengesellschaften, die im Aktienindex DAX enthalten sind. Noch besser ist es jedoch, einen weltweiten Aktienindex zu wählen, denn dann partizipieren Sie am Erfolg Tausender Unternehmen weltweit. Mit dieser Anlagestrategie sparen Sie 90 Prozent der üblichen Kosten von Aktienfonds und können sogar mit einer höheren Rendite rechnen. ETFs sollten daher als Geldanlage und Altersvorsorge die erste Wahl sein. → Seite 71

Ich sorge mit herkömmlichen Fonds, privaten Rentenversicherungen und Riester vor. Lohnt ein Wechsel zu ETFs?

In den meisten Fällen lohnt sich der Wechsel, selbst wenn ein Ausstieg aus den bisherigen Verträgen mit Verlusten verbunden ist. Die geringen Kosten von ETFs machen sich in Form einer höheren Rendite bezahlt. Die Kostenvorteile sind umso größer, je länger die Sparphase ist. In einigen Fällen ist es aber besser, den alten Vertrag weiterlaufen zu lassen, zum Beispiel wenn er hohe garantierte Renditen oder Steuervorteile bietet. Manchmal kann man den alten Vertrag auch für die restliche Laufzeit noch optimieren. Beispielfälle aus der Beratung der Verbraucherzentrale können für eine Entscheidung hilfreich sein. Bei Bedarf holen Sie sich im Rahmen einer Beratung Unterstützung bei den Expertinnen und Experten in den Verbraucherzentralen. → Seiten 77 und 229

Wie eröffne ich per App ein Depot und wie kann ich ETFs kaufen? Ist das auch sicher?

Um ETFs zu kaufen, müssen Sie ein Depot eröffnen. Ein Depot ist wie ein Schließfach bei einer Bank. Dort wird Ihr Geld sicher und getrennt vom Vermögen der Bank für Sie aufbewahrt. Viele Banken bieten ein Depot sogar kostenlos an. Sie können ein Depot auch bei einer Bank vor Ort eröffnen. Das hat aber den Nachteil, dass man Ihnen dort wahrscheinlich etwas anderes verkaufen will, weil die Berater für den Verkauf anderer Geldanlagen mehr Provisionen bekommen. Dem gehen Sie aus dem Weg, wenn Sie das Depot bei einer Direktbank oder einem Neo-Broker eröffnen. Das geht bequem vom Sofa aus und dauert nicht lange. Die Depoteröffnung erfolgt über das Smartphone oder den Browser am Computer. Sie benötigen dazu Ihren Personalausweis und Ihre persönliche Steuernummer. Gehen Sie dabei Schritt für Schritt vor und schützen Sie Ihr Vermögen am besten vor dem Zugriff von Betrügern. → Seite 142

Kann ich mit ETFs Millionär werden?

Ja, das ist möglich. Aber nicht von heute auf morgen! Den schnellen Reichtum an der Börse versprechen nur Scharlatane oder Betrüger. Sie müssen den sogenannten Zinseszinseffekt für sich arbeiten lassen und einige Jahre Geduld haben: Wenn Sie für eine Anlage von 100 Euro eine Rendite von 7,5 Prozent erhalten, sind das im ersten Jahr 7,50 Euro. Im nächsten Jahr erhalten Sie 7,5 Prozent bereits auf 107,50 Euro, was den Ertrag auf 8,06 Euro steigert. Von Jahr zu Jahr steigt der jährliche Vermögenszuwachs. Wie man mit ETFs zum Millionär wird, ist eine einfache Rechnung, bei der man einen Anlagebetrag wählen und eine seriöse Annahme über die zukünftige Rendite einer Anlage in ETFs treffen muss. Basierend auf den Daten der letzten 50 bis 200 Jahre kann man guten Gewissens eine nominale Rendite von 7,5 Prozent pro Jahr annehmen. Zu einer Million Euro kommen Sie dann beispielsweise mit einer Einmalanlage von 68.154 Euro, wenn Sie diese Summe 40 Jahre lang anlegen. Alternativ geht dies im gleichen Zeitraum auch mit einer monatlichen Sparrate von 417 Euro. Solche Berechnungen können Sie mit frei im Internet verfügbaren Rechnern selbst durchführen. → Seite 188

Wie wähle ich einen ETF aus? Auf welche Kriterien muss ich dabei achten?

Am wichtigsten ist es, den richtigen Index zu wählen. Mit globalen Indizes wie dem Solactive GBS Global Markets Large & Mid Cap, dem MSCI ACWI und dem FTSE All-World kann man nichts falsch machen. Dass in diesen Indizes US-amerikanische Unternehmen den größten Anteil haben, hängt mit ihrer hohen Marktkapitalisierung zusammen. Doch das hohe Gewicht einzelner Aktiengesellschaften und insbesondere der USA ist kein Problem. Wer möchte, kann das hohe Gewicht der USA durch ein oder zwei zusätzliche ETFs beliebig reduzieren.
→ Seite 152

Was lohnt sich mehr? Festgeld oder eine Anlage in Aktien mit ETFs?

Niemand kann Ihnen heute garantieren, dass ein ETF lukrativer ist als ein dreijähriges Festgeld. Man kann aber sagen, dass in der Vergangenheit ein Aktien-ETF meist lukrativer war. Auf Jahressicht lag die Chance bisher bei etwa 60:40 zugunsten der ETFs. Je länger der Betrachtungszeitraum, desto häufiger schneidet das Festgeld schlechter ab. Überlegen Sie sich also, ob Sie die für Aktien typischen Wertschwankungen (→ Seite 50) in Kauf nehmen wollen. Meist geht es aber nicht um ein „Entweder-oder", sondern darum, die individuell passende Aktienquote zu finden. Denn Menschen können unter „Risiko" sehr Unterschiedliches verstehen. Wir geben Ihnen praktische Tipps, mit denen Sie die für Sie richtige Aktienquote finden. → Seite 81

Gibt es nachhaltige ETFs?

Das ist eine schwierige Frage, denn unter Nachhaltigkeit versteht jeder etwas anderes. Auch Rating-Agenturen kommen bei der Bewertung der Nachhaltigkeit von Aktiengesellschaften zu unterschiedlichen Ergebnissen. Ob ETFs, die als nachhaltig beworben werden, überhaupt dazu beitragen, unsere Wirtschaft nachhaltiger zu machen, ist in der Literatur noch umstritten. Insgesamt ist die Gefahr des Greenwashing also groß. Um dem Greenwashing keinen Vorschub zu leisten, klammert dieser Ratgeber das Thema weitgehend aus. Die Verantwortung für die Klimakrise und Menschenrechtsverletzungen auf die Anlegerinnen und Anleger abzuwälzen, ist keine Lösung. Diese können mit ihrer individuellen Anlageentscheidung die gesellschaftlichen Probleme unserer Zeit sicher nicht lösen. Wirksamer sind Marktregeln, die dafür sorgen, dass sich ein Wandel hin zu nachhaltigem Wirtschaften für die Unternehmen lohnt. Hier ist die Politik gefordert, nicht die Sparenden und schon gar nicht der einzelne Konsument. → Seite 186

Macht es Sinn, bei den aktuell hohen Kursen noch in ETFs zu investieren?

Klare Antwort: Ja! Wenn man aus 200 Jahren Börsenentwicklung in den USA und 123 Jahren Börsenentwicklung in 21 Ländern eine Lehre ziehen will, dann diese: Auf ein Hoch folgte unweigerlich irgendwann das nächste. Der langfristige Trend war immer klar positiv. Lassen Sie sich nicht von Fondsmanagern und vermeintlichen Börsenexperten verunsichern, die vor dem nächsten Crash warnen oder behaupten, die Anlagestrategie „Kaufen und Liegenlassen" funktioniere nicht mehr. Die Börsen verarbeiten all diese widersprüchlichen Erwartungen täglich in den aktuellen Kursen. Man kann sich also darauf verlassen, dass die aktuellen Kurse immer einigermaßen „fair" sind. Dies besagt die Markteffizienzhypothese. Ob sie „zu hoch" oder „zu niedrig" sind, weiß man immer erst im Nachhinein. Wäre es anders, würden sich all die „Profis", die sich in Marktprognosen versuchen, längst ihres unermesslichen Reichtums erfreuen, anstatt den Medien Interviews zu geben. → Seiten 55, 63 und 197

Ich bin 61 Jahre alt. Meine Partnerin ist 67. Sollen wir in diesem Alter noch in ETFs investieren?

Ob ETFs zu Ihnen passen, das kommt auf Ihren persönlichen Bedarf an. Ihr Alter ist streng genommen irrelevant. Wenn Sie das Geld für einige Jahre nicht brauchen und Ihnen Wertschwankungen nichts ausmachen, können Sie die Chancen der Aktienmärkte mit ETFs nutzen. So lag die Rendite einer Anlage am Aktienmarkt im historischen Durchschnitt etwa 3 bis 4 Prozentpunkte pro Jahr über sicheren Zinsanlagen. Auf Jahressicht schnitten Aktien in rund 60 Prozent der Fälle besser ab als Festgeld und Co., bei einer Haltedauer von zehn Jahren waren es bereits 80 Prozent. Deshalb: Informieren Sie sich über den Zusammenhang zwischen Rendite und Risiko, damit Sie eine Entscheidung treffen, die Sie nachts ruhig schlafen lässt. Es gibt durchaus Umstände, unter denen Sie besser nicht in ETFs investieren sollten. Als Rentner und Rentnerin haben Sie verschiedene Möglichkeiten, mit ihrem angesparten Vermögen Ihren Bedarf in der Rente zu sichern, von der Zuzahlung in die gesetzliche Rente über eine Festgeldtreppe bis zum Entnahmeplan mit ETFs. → Seiten 81, 95 und 214

Was sind ETFs?

ETFs sind Investmentfonds mit zwei Besonderheiten: Sie werden an einer Börse gehandelt und ihre Anlagestrategie besteht darin, die Wertentwicklung eines bestimmten Index nachzubilden. Deshalb werden sie auch Indexfonds genannt.

ETFs, Investmentfonds, Indexfonds, Index, Wertentwicklung, all diese Begriffe klingen vertraut, aber was bedeuten sie? Das folgende Kapitel liefert Ihnen erste Orientierung und wichtige Wissensbausteine für Ihre Geldanlage mit ETFs.

Welche Idee steckt hinter einem Investmentfonds?

ETFs sind ganz allgemein gesehen Investmentfonds, die es in vielen verschiedenen Arten gibt. Deshalb ist es gut zu wissen, was die Idee hinter einem **Investmentfonds** ist, bevor die Besonderheiten von ETFs erläutert werden: Mit einem Investmentfonds können beliebig viele Personen gemeinsam Geld anlegen, von kleinen monatlichen Sparbeträgen bis hin zur Investition großer Summen. Ein Investmentfonds ist im Grunde eine rechtliche Verpackung für eine Geldanlage. Bildlich gesprochen: Das von verschiedenen Anlegern eingesammelte Geld kommt in einen gemeinsamen Anlagetopf, um den sich die **Fondsgesellschaft** (auch Kapitalverwaltungsgesellschaft oder Investmentgesellschaft genannt) kümmert.

Die Fondsgesellschaft muss das eingesammelte Geld getrennt von ihrem eigenen Vermögen halten, damit im Falle einer Insolvenz der Gesellschaft das Vermögen der Anleger nicht in Gefahr gerät. Der Anlagetopf stellt also ein **Sondervermögen** dar. Ist die Fondsgesellschaft überschuldet und geht in Konkurs, ist das Fondsvermögen daher immer vor dem Zugriff eines Insolvenzverwalters sicher. Das ist wie bei einem Schließfach in einer Bank. Auch wenn die Bank pleitegeht, gehört der Inhalt des Schließfachs,

Abb. 1: Wichtige Akteure rund um Investmentfonds

das Sie dort gemietet haben, Ihnen und niemandem sonst.

Wie das Geld angelegt werden kann und darf, steht im **Verkaufsprospekt**. Der Begriff „Verkaufsprospekt" hat übrigens nichts mit Werbematerial zu tun. Der Verkaufsprospekt ist die rechtliche Grundlage des Investmentfonds. Darin steht unter anderem, welche Entgelte oder Gebühren die Fondsgesellschaft von den Anlegern verlangen darf und wie das Geld genau angelegt wird.

In diesem Ratgeber geht es ausschließlich um sogenannte **Publikumsfonds**. Deren Anteile werden öffentlich (daher auch die Bezeichnung „Publikum") angeboten und können von jedermann erworben werden. Daneben gibt es Spezialfonds, die speziell für Versicherungen oder Pensionskassen (institutionelle, professionelle Großanleger) aufgelegt werden. Ihre Anteile werden nicht öffentlich angeboten und können nicht von Privatanlegerinnen erworben werden, weshalb sie hier nicht von Bedeutung sind.

Für die Abwicklung der Käufe und Verkäufe sowie für die Verwahrung der im Fondsvermögen befindlichen Wertpapiere benötigt die Fondsgesellschaft eine **Verwahrstelle**. Diese verwahrt das Vermögen getrennt vom eigenen, daher besteht für die Anlegerinnen und Anleger kein Risiko, wenn die Verwahrstelle Konkurs anmeldet. Die Verwahrstelle prüft außerdem den von der Fondsgesellschaft täglich ermittelten **Anteilswert** des **Fondsvermögens** (auch: Anteilspreis, Nettoinventarwert). Kontrollorgane sind unter anderem die Bundesanstalt für Finanzdienstleistungsaufsicht (BaFin) und Wirtschaftsprüfer (→ Abb. 1).

GUT ZU WISSEN

EU-Recht gilt für alle Fonds

Alle Fonds, die in der EU aufgelegt werden, müssen EU-weit geltende Rechtsvorschriften beachten. Am wichtigsten ist dabei die sogenannte **OGAW-Richtlinie**. OGAW steht für „Organismen für gemeinsame Anlagen in Wertpapieren". Investmentfonds sind OGAW. Für Fonds, die in einem EU-Land aufgelegt werden, zum Beispiel in Irland, Luxemburg oder Frankreich, gelten nationale Gesetze, die die OGAW-Richtlinie in geltendes Recht des jeweiligen Landes umsetzen. In den Dokumenten zu ETFs liest man oft auch von UCITS, das ist einfach die englische Übersetzung von OGAW und steht für „Undertakings for Collective Investments in Transferable Securities". Wenn Sie Fonds kaufen, die in einem EU-Land aufgelegt wurden, können Sie sich also darauf verlassen, dass wichtige Bestimmungen, die die Anleger schützen, auch EU-weit gelten. → Seite 133

Der Wert des gesamten Fondsvermögens errechnet sich, indem die Werte aller im Fonds befindlichen Wertpapiere addiert werden, inklusive liquider Mittel und dem Abzug eventueller Verbindlichkeiten. Der Anteilswert entspricht dann dem Fondsvermögen geteilt durch die Anzahl der ausgegebenen Anteile. Es gibt Fonds, die beispielsweise nur 10 Euro pro Anteil kosten, und andere, die 100 Euro pro Anteil kosten. In der Regel liegt der Anteilspreis deutlich unter 500 Euro, um eine für Kleinanleger praktikable Stückelung zu ermöglichen. Steigt der Preis im Laufe der Zeit deutlich an, kann die Fondsgesellschaft den Preis durch die Ausgabe neuer Anteile senken. Das hat aber keine negativen Folgen. Denn wer beispielsweise vorher einen Anteil im Wert von 500 Euro hatte, besitzt nach der Anpassung zehn Anteile zu einem Preis von 50 Euro pro Anteil.

Sie können sich also schon mit sehr wenig Geld an einem Milliardenvermögen beteiligen. So kostet zum Beispiel einer der größten ETFs je Anteil etwa nur 100 Euro, kommt aber auf ein Fondsvolumen von über 80 Milliarden Euro. Die laufenden Entgelte für die Verwaltung des Kapitals entnimmt die Fondsgesellschaft aus dem Fondsvermögen. Die Höhe dieser Verwaltungsgebühren wird stets als Prozentsatz des Fondsvermögens angegeben. Alle Anlegerinnen und Anleger zahlen dann beispielsweise eine Verwaltungsgebühr von 0,2 Prozent des von ihnen gehaltenen Fondsvermögens pro Jahr.

Je nachdem, welchen Schwerpunkt die Zusammensetzung des Fondsvermögens hat, lassen sich verschiedene Fondsarten unterscheiden (→ Tab. 1, Seite 18). In diesem

Ratgeber geht es um Aktienfonds, worunter Aktien-ETFs fallen, sowie um Rentenfonds, worunter Anleihen-ETFs fallen). Weitere Fonds sind Geldmarktfonds sowie Mischfonds. Darüber hinaus spielen in Deutschland auch offene und geschlossene Immobilienfonds sowie REIT-Fonds eine gewisse Rolle. Für eine einfache und rentable Geldanlage sind sie aber verzichtbar und werden daher hier nicht weiter betrachtet.

FONDSART	ANLAGESCHWERPUNKT
Aktienfonds	Aktien
Rentenfonds	Schuldverschreibungen
Geldmarktfonds	wie Rentenfonds, die Schuldverschreibungen haben sehr kurze Restlaufzeiten
Mischfonds	Schuldverschreibungen, Aktien, Immobilien, Rohstoffe, Währungen

Tab. 1: Fondsarten nach Anlageschwerpunkt

Aktienfonds

Der Anlageschwerpunkt von **Aktienfonds** liegt, wie der Name schon sagt, auf Aktien. **Aktien** sind Wertpapiere, die von einer Aktiengesellschaft (kurz: AG) ausgegeben werden. Wenn Sie Anteile eines Aktienfonds kaufen, werden Sie indirekt Aktionär aller Aktiengesellschaften, von denen die Fondsgesellschaft Aktien erworben hat. Eine Aktie verbrieft ein anteiliges Recht am Vermögen und am Gewinn der Gesellschaft. Aktien haben anders als viele andere Geldanlagen keine Laufzeit. Das bedeutet: Erst wenn die Aktionäre beschließen, die Aktiengesellschaft aufzulösen (was sehr selten geschieht) oder zu verkaufen, erhalten sie ihr Geld zurück. Ob das mehr oder weniger ist als das, was sie bei der Ausgabe der Aktie investiert haben, ist ungewiss. Das hängt vom Geschäftserfolg des Unternehmens ab.

Es liegt auf der Hand, dass eine zeitlich unbegrenzte Beteiligung an einem Unternehmen für viele Anleger nicht praktikabel ist. Deshalb lassen einige Aktiengesellschaften ihre Aktien an einer **Börse** handeln. Das hat den Vorteil, dass alle Anleger, vom Kleinaktionär bis zur Fondsgesellschaft, jederzeit Aktien kaufen und verkaufen können.

Generell profitieren die Aktionärinnen und Aktionäre von zwei Ertragskomponenten: der **Dividende** und möglichen **Kursgewinnen** beim Verkauf. Solange Sie einen Aktienfonds halten, sind Sie am Erfolg der Aktiengesellschaften beteiligt, in die der Fonds investiert. Damit erhalten Sie jährlich einen Anteil an den Dividendenzahlungen aller im Fondsvermögen befindlichen Aktiengesellschaften. Die Dividende ist der Teil des Gewinns der Aktiengesellschaft, der an die Aktionäre ausgeschüttet wird. Die Höhe des zukünftigen Gewinns und damit der Dividende ist ungewiss. In schlechten Jahren kann die Dividende auch ganz ausfallen.

Zusätzlich partizipieren Sie über Ihren Aktienfonds an der Kursentwicklung der Aktien. Vereinfacht gesagt: Steigt der Gewinn des Unternehmens, sollte auch der Kurs der Aktie steigen. Läuft es dagegen schlecht, dürfte der Kurs fallen. Kurzum: Aktionäre tragen mit ihrer Investition ein erhebliches Risiko. Im Gegenzug können sie aber auch auf deutlich höhere Renditen hoffen als bei anderen Anlagen. (Mehr zu Aktienmarkt und die Börse → Seite 43, zu Aktien-ETFs als erste Wahl → Seite 71).

Rentenfonds

Bei **Rentenfonds** (auch Anleihenfonds genannt) wird das Fondsvermögen in **Schuldverschreibungen** (auch **Renten**, **Anleihen**, **Obligationen** genannt) investiert. Schuldverschreibungen sind Wertpapiere, die von Unternehmen und Staaten ausgegeben werden, um sich Geld zu leihen. Diejenigen, die sich Geld leihen, nennt man **Schuldner** (denn diese schulden die Rückzahlung). Diejenigen, die das Geld zur Verfügung stellen, nennt man **Gläubiger** (denn diese glauben daran beziehungsweise vertrauen darauf, dass sie ihr Geld zurückerhalten).

In einer Schuldverschreibung verpflichtet sich ein Schuldner gegenüber einem Gläubiger, einen bestimmten geliehenen Geldbetrag am Ende der Laufzeit, zum Fälligkeitstermin, zurückzuzahlen und während der Laufzeit Zinsen zu zahlen. Die Herausgeber von Schuldverschreibungen (aber auch von allen anderen Wertpapieren) bezeichnet man als **Emittenten**. Der deutsche Staat ist zum Beispiel Emittent von Bundesschuldverschreibungen und als solcher Schuldner, während alle Anlegerinnen und Anleger, die diese Wertpapiere besitzen, Gläubiger sind. Schuldverschreibungen werden in der Regel an einer Börse gehandelt (zum Börsenhandel → Seite 43). Das hat den Vorteil, dass Anlegerinnen und Anleger Schuldverschreibungen zum aktuell gehandelten Kurs jederzeit kaufen und verkaufen können und nicht an die ursprüngliche Laufzeit gebunden sind.

Bei einem Rentenfonds kauft die Fondsgesellschaft Schuldverschreibungen. Damit leihen die Eigentümer von Rentenfonds ihr Geld indirekt Unternehmen oder Staaten. Bei Fälligkeit zurückgezahlte Schuldverschreibungen legt die Fondsgesellschaft wieder an. Die erhaltenen Zinsen können an die Anteilsinhaber ausgeschüttet oder in weitere Schuldverschreibungen angelegt werden.

Wie hoch die Zinsen sind, hängt im Wesentlichen von der **Bonität**, der **Laufzeit** der Schuldverschreibungen und dem **Zinsniveau** ab.

Dabei drückt die **Bonität** die Fähigkeit des Schuldners aus, Zins- und Tilgungszahlungen zu leisten. Je schlechter die Bonität (auch Kreditwürdigkeit oder englisch Rating genannt) des Schuldners ist, desto höhere Zinsen erhalten Sie als Anleger. Der Zins ist ein Ausgleich für das Risiko, das Sie als Anleger tragen. Denn geht der Schuldner pleite, kann er weder Zinsen noch Tilgung zahlen. Die Gläubiger, also die Anleger, erleiden dann einen Verlust.

Das ist wie bei einem privaten Immobilienkredit im Vergleich zu einem Konsumentenkredit im Möbelgeschäft: Weil die Immobilie als Sicherheit dient, müssen Sie für den Immobilienkredit viel weniger Zinsen bezahlen als für den Konsumentenkredit. So ist zum Beispiel der Zinssatz für deutsche Staatsanleihen niedriger als der Zinssatz der meisten anderen europäischen Staatsanleihen, weil der deutsche Staat am Kapitalmarkt als besonders zuverlässiger Schuldner angesehen wird.

Neben der Bonität ist auch die **Laufzeit** der Schuldverschreibung entscheidend. Je länger die Laufzeit, desto höher ist in der Regel der Zinssatz. Der Grund dafür ist, dass die Anleger bei langen Laufzeiten ein höheres Risiko tragen. Dass zum Beispiel der deutsche Staat in den nächsten zwei Jahren pleitegeht, ist praktisch ausgeschlossen. Aber wer weiß, was in 20 Jahren ist? Für dieses Risiko verlangen die Gläubiger einen höheren Zins. Außerdem tragen die Gläubiger ein höheres Kursrisiko, je länger die Laufzeit der Anleihe ist (siehe unten).

Der dritte Faktor ist das aktuelle **Zinsniveau**, das auch durch die Geldpolitik der Zentralbanken bestimmt wird. Ist die Inflationsrate (Preissteigerungsrate) zu hoch, erhöht die Zentralbank in der Regel die Zinsen. Ist sie zu niedrig, senkt sie die Zinsen. Zinsänderungen wirken sich nicht auf den fest vereinbarten Zinssatz einer bereits vorhandenen Schuldverschreibung aus, sondern nur auf den Kurs, zu dem die Schuldverschreibung an der Börse gehandelt wird. Bei steigenden Zinsen sinkt der Kurs, und zwar umso mehr, je länger die verbleibende Laufzeit der Schuldverschreibung ist. Bei fallenden Zinsen verhält es sich umgekehrt.

Mit der Faustformel aus dem folgenden Beispiel (→ Seite 21) können Sie das Kursrisiko eines Rentenfonds bei einem Zinsanstieg abschätzen. Es ist umso größer, je länger die Laufzeit der Anleihen im Fondsvermögen ist. Sie müssen also bei einem Zinsanstieg von 2 Prozentpunkten mit Kursverlusten von 40 Prozent rechnen, wenn Sie in Rentenfonds investieren, die nur Schuldverschreibungen mit einer Laufzeit von zwanzig Jahren halten. Die einen oder anderen Anleger, die Riester-geförderte Fondssparpläne abgeschlossen haben, mussten einen derartigen Kursverlust im Jahr 2022 hinnehmen. Wenn Sie in Rentenfonds investieren wollen, sind Anleihen-ETFs, auch Renten-ETFs genannt, die erste Wahl (→ Seite 71). Bei der Auswahl sollten Sie jedoch einiges beachten (→ Seite 169).

BEISPIEL

Kursrisiko bei Anleihen

Der Rentenfonds hat eine Anleihe mit einer Laufzeit von fünf Jahren und einem Zinssatz von 2 Prozent per annum (pro Jahr) gekauft. Dann steigen die Zinsen über Nacht auf 3 Prozent per annum. Das bedeutet, dass nun eine identische neue Anleihe mit einem Zinssatz von 3 Prozent per annum gekauft werden kann. Die neue Anleihe bringt also einen Prozentpunkt mehr Zinsen pro Jahr, und das für fünf Jahre. Die alte Anleihe mit dem Zinssatz von nur 2 Prozent per annum würde niemand mehr zum Preis von gestern kaufen. Der Kurs der alten Anleihe wird also an der Börse fallen. Der Kursrückgang muss gerade so groß sein, dass er den Zinsnachteil vollständig ausgleicht.

Zur Berechnung dieses Kursrisikos gibt es folgende Faustformel:
Die Kursänderung entspricht der Zinsänderung multipliziert mit der Restlaufzeit.
Also, zum Beispiel:
1 Prozent per annum (3 Prozent minus 2 Prozent per annum) multipliziert mit der Restlaufzeit von fünf Jahren ergibt 5 Prozent Kursverlust.

Jetzt sind beide Anleihen unterm Strich gleich attraktiv. Die alte Anleihe ist nun im Einkauf 5 Prozent billiger, was für den geringeren Zins entschädigt. Der Anleger erhält dafür bis zum Ende der fünfjährigen Laufzeit einen sicheren Kursgewinn von 5 Prozent (oder umgerechnet rund 1 Prozentpunkt pro Jahr).

Geldmarktfonds

Geldmarktfonds sind den Rentenfonds sehr ähnlich. Der Unterschied liegt lediglich darin, dass die gehaltenen Schuldverschreibungen eine kurze Laufzeit haben. Sie beträgt meist maximal zwölf Monate. Geldmarktfonds können nicht nur in Schuldverschreibungen, sondern auch in Bankguthaben investieren.

Mischfonds

Die Anlagerichtlinien im Verkaufsprospekt von **Mischfonds**, auch: **Multi-Asset-Fonds** oder **vermögensverwaltende Fonds** genannt, erlauben es der Fondsgesellschaft, in verschiedene Wertpapierarten zu investieren. Meist wird eine Mischung aus Aktien und Anleihen in einem bestimmten Verhältnis angestrebt, zum Beispiel „Aktien 30 bis 50 Prozent" und „Anleihen bis zu 70 Prozent". Je nach Aktienanteil spricht man von defensiven, ausgewogenen oder offensiven Mischfonds, wobei letztere den höchsten Aktienanteil zulassen. Es gibt auch Mischfonds, die andere Fonds kaufen, die sogenannten **Dachfonds**. Manche investieren wiederum in Rohstoffe wie Energie, Edelmetalle oder Agrarprodukte. Solche Mischfonds sollten in der Regel nicht die erste Wahl sein (→ Seite 181).

Die folgende Tabelle 2 fasst das Wichtigste zu den vorgestellten Fonds zusammen.

FONDSART	GUT ZU WISSEN	WICHTIG FÜR EINE EINFACHE UND RENTABLE ANLAGESTRATEGIE?
Aktienfonds	investieren in Aktien, Anleger erhält Gewinnbeteiligung als Dividende, Chance auf Kursgewinne, Risiko von Kursverlusten	ja (→ Seite 141)
Rentenfonds	investieren in Schuldverschreibungen, Anleger erhält Zinsen, bei fallenden Marktzinsen Chance auf Kursgewinne, bei steigenden Marktzinsen Risiko von Kursverlusten	ja (→ Seite 141)
Geldmarktfonds	investieren in Bankguthaben und kurz laufende Schuldverschreibungen, Anleger erhält Zinsen, Kursänderungen bleiben minimal	nein
Mischfonds	vergleichbar zu einer gemischten Anlage in Aktien- und Rentenfonds	nein

Tab. 2: Fondsarten im Überblick

Erster Vorteil von ETFs: der Börsenhandel

Eine Besonderheit von ETFs gegenüber anderen Fonds ist, dass sie an einer Börse gehandelt werden. Daher kommt auch ihr Name: ETF steht für **Exchange-Traded Fund**. Börsengehandelte Fonds haben einen entscheidenden Vorteil: Sie sind günstiger, weil man den sogenannten **Ausgabeaufschlag** spart. Es fallen zwar weitere Kosten an, diese sind aber deutlich geringer (→ Seite 141).

GUT ZU WISSEN

Kein Ausgabeaufschlag bei ETFs

Im Gegensatz zu ETFs werden herkömmliche Fonds in der Regel mit einem Ausgabeaufschlag verkauft. Dabei handelt es sich um einen Aufschlag auf den Nettoinventarwert. Der Ausgabeaufschlag beträgt in der Regel 3 Prozent bei Rentenfonds und 5 Prozent bei Aktienfonds. Er kann aber auch höher oder niedriger sein.

BEISPIEL

Sie kaufen 100 Anteile eines Fonds zum Nettoinventarwert von 50 Euro pro Anteil. Auf den Nettoinventarwert wird ein Ausgabeaufschlag von 5 Prozent erhoben.
Die Bank belastet Ihnen:
100 x 50 = 5.000 Euro für den Fonds
plus 5 % = 250 Euro Ausgabeaufschlag.
Diese Form der Berechnung des Ausgabeaufschlags nach der sogenannten Nettomethode ist am weitesten verbreitet.

Nun fragen Sie sich vielleicht, warum nicht alle Fonds an der Börse gehandelt werden, denn das wäre für Sie als Anleger viel günstiger. Das liegt daran, dass die Fondsgesellschaft den Ausgabeaufschlag benötigt, um die Provisionen an Banken, Sparkassen oder Vermögensberater für den Verkauf der Fonds zu finanzieren. Deshalb sind diese Berater nicht besonders erpicht darauf, Ihnen ETFs zu empfehlen.

Lassen Sie sich auch nicht täuschen, wenn Ihnen Fonds mit Rabatt auf den Ausgabeaufschlag oder gar ohne Ausgabeaufschlag (No-Load-Fonds) angeboten werden. Die Verkäufer erhalten dann meist an anderer Stelle höhere Provisionen.

ACHTUNG

Provisionen jeglicher Art sind wegen der damit verbundenen Fehlanreize ein strukturelles Problem für Sie als Verbraucherinnen und Verbraucher – mit massiven negativen Auswirkungen auf Ihre Geldanlage und Altersvorsorge (→ Seite 111).

Zweiter Vorteil von ETFs: Index als Anlagestrategie

Die zweite Besonderheit von ETFs ist, dass ihre Anlagestrategie darin besteht, die Wertentwicklung eines bestimmten **Index** nachzubilden. Auch dies hat für Sie als Anleger wesentliche Vorteile, unter anderem geringere Kosten (→ Seite 71). Doch zunächst: Was ist ein Index überhaupt?

- → Ein Index ist, kurz gesagt, eine **statistische Maßzahl,** deren Zweck es ist, durchschnittliche Veränderungen bestimmter wirtschaftlicher Größen gegenüber einem früheren Zeitpunkt zu beschreiben. Diese Zahl wird stets in Punkten angegeben.

ETFs bilden vor allem **Aktien-** und **Rentenindizes** ab.

Aktienindex

Ein **Aktienindex** misst die Kursentwicklung eines bestimmten Aktienkorbs. In diesem Korb sind viele Aktiengesellschaften enthalten, aus denen eine durchschnittliche Kursentwicklung errechnet wird. Ein Aktienindex wird in Punkten angegeben und hat ein Basisdatum.

Für den deutschen Aktienindex DAX beispielsweise ist dies der 31.12.1987. Damals hatte der Index einen Wert von 1.000 Punkten. Wenn Sie seinen heutigen Wert in der Zeitung lesen, können Sie sich ausrechnen, wie sich eine Anlage in die Aktiengesellschaften, die jeweils im DAX enthalten gewesen sind, bis heute entwickelt hätte (ohne Berücksichtigung von Steuern, mehr zum Thema Steuern → Seite 198).

Ansonsten gibt es noch folgende Besonderheiten:

- → **Aktiengesellschaften schütten Erträge aus.** Man kann bei der Berechnung eines Aktienindex diese ausgeschütteten Erträge berücksichtigen oder auch nicht.
- → **Es gibt eine schier unendliche Zahl an Indizes:** Es lassen sich beliebig viele Aktienindizes berechnen, je nachdem welche Werte in den Index aufgenommen werden. Dabei wird zuerst das Anlageuniversum definiert. Dann wird eine Regel zur Titelauswahl und zur Gewichtungsmethode festgelegt, und schließlich ein Regelwerk, wann und wie Indexanpassungen erfolgen.

Wie ein Index ganz genau berechnet und zusammengestellt wurde, wird meist von den Indexanbietern auf ihren Internetseiten veröffentlicht. Sie finden es unter dem Stichwort „Index Methodology" (oft nur in englischer Sprache). ETFs, deren Anlagestrategie darin besteht, einen bestimmten Aktienindex nachzubilden, werden im Folgenden als **Aktien-ETFs** bezeichnet.

Ertragsausschüttungen: Kurs- oder Performance-Index

Betrachtet man nur die Kursentwicklung von Aktien, spricht man von einem **Kursindex** (im Englischen: Price Return (PR)).

Viele bekannten Aktienindizes wie der Euro STOXX 50, der amerikanische Dow Jo-

BEISPIEL

In einem Aktienindex ist unter anderem die Siemens-Aktie enthalten. Am Tag der Hauptversammlung am 13. Februar 2025 hat das Unternehmen beschlossen, 5,20 Euro je Aktie als Dividende auszuschütten. Berechtigt zum Erhalt der Dividende waren alle Aktionäre, die zum Ende des 13. Februars 2025 Aktien gehalten haben. Am darauffolgenden Tag sank der Aktienkurs gegenüber dem Vortag zunächst von 227 Euro auf 223 Euro. Der Kurswert der Aktiengesellschaft ist in etwa um den Ausschüttungsbetrag pro Aktie gesunken, da sich das Geld nun nicht mehr im Unternehmen, sondern auf dem Konto der Aktionäre befindet.

nes Industrial Average Index sowie der S&P 500 oder der japanische Nikkei 225 werden in der täglichen Berichterstattung als Kursindex veröffentlicht. Ein **Kursindex** bildet jedoch nicht die gesamte Wertentwicklung eines Investments in die enthaltenen Aktien ab, da Aktiengesellschaften Dividenden ausschütten (zur Rendite von Aktien → Seite 43).

Der Kurs nach der Dividendenzahlung trägt den Zusatz „ex Dividende". Bei einem Kursindex würde diese Dividendenzahlung zu einem sinkenden Indexstand führen. Der Aktionär, der in sein Depot schaut, stellt dort zwar einen Kursverlust fest, allerdings steht dem eine Auszahlung auf seinem Konto in etwa gleicher Höhe gegenüber.

Daher ist es sinnvoll, Dividenden und andere Ertragskomponenten in die Berechnung eines Aktienindex mit einzubeziehen. Man spricht dann von einem **Performance-Index** (im Englischen auch **Total-Return-Index** (TR)). Der Punktestand des Index erhöht sich in diesem Fall automatisch mit jeder Ertragsausschüttung. Das bedeutet auch, dass Erträge rechnerisch vollständig und taggleich in den Index reinvestiert

HINTERGRUND

Besteuerung von Erträgen im Index

Die Indexberechnung eines Performance-Index kann sich auch hinsichtlich der Besteuerung der Ausschüttungen unterscheiden. In einigen Ländern werden die Dividenden der Unternehmen vor der Auszahlung an die Aktionäre besteuert (**Quellensteuer**). Werden die Dividenden nach Steuerabzug in der Indexberechnung berücksichtigt, handelt es sich um einen **Net Return Index** (alternativ auch Total Return Net (NR) genannt). Werden die Dividenden vor Steuerabzug berücksichtigt, spricht man von einem **Gross Return Index** (GR).

werden. Kursverluste durch Dividendenzahlungen werden somit laufend ausgeglichen.

> **WICHTIG**
>
> Wer einen Aktienindex mit einem anderen vergleicht, sollte darauf achten, dass beide Indizes ihre Erträge gleichermaßen berücksichtigen, also beide Performance-Indizes oder beide Kursindizes sind.

Der **Aktienindex DAX** umfasst 40 große deutsche Aktiengesellschaften und ist ein Performance-Index. Die Deutsche Börse AG berechnet den DAX aber auch in einer Variante als Kursindex. Praktisch alle bekannten Kursindizes gibt es auch als Performance-Indizes, dann meist mit dem Zusatz „TR" in der Indexbezeichnung.

Die folgende Grafik (→ Abb. 2) zeigt die Entwicklung des Aktienindex MSCI World seit Beginn seiner Berechnung als Kursindex („Price", blaue Linie) sowie als Performance-Index in orange („Gross", ohne Steuerabzug) und hellorange („Net", mit Steuerabzug). Auf der vertikalen Achse ist der Indexwert abgetragen.

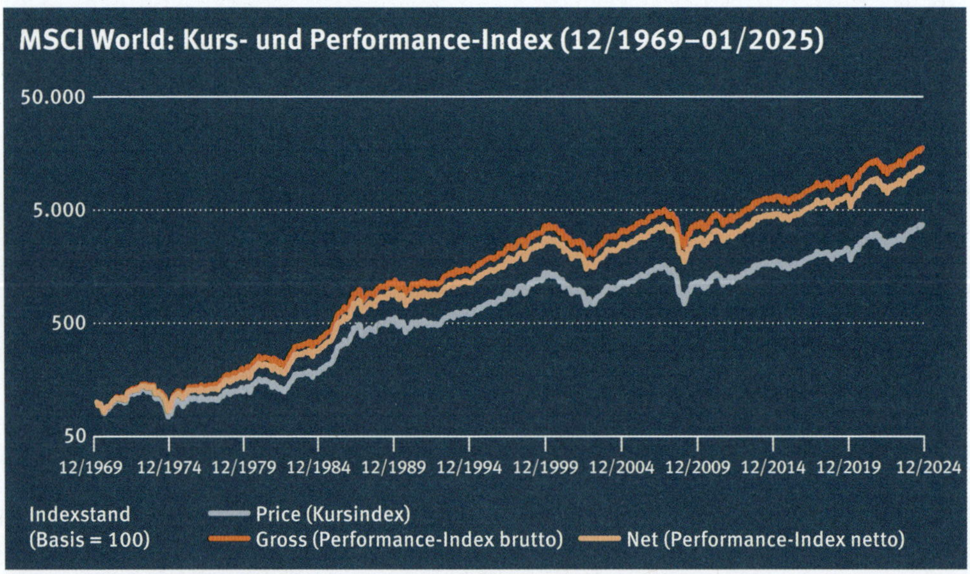

Abb. 2: Wertentwicklung MSCI World

Der Index startet am 31.12.1969 mit einem Wert von 100 Punkten. Anfang 2025 liegt der als Kursindex berechnete MSCI World Index bei rund 3.800 Punkten, der Performance-Index brutto bei rund 18.000 Punkten und netto bei 12.100 Punkten. Dies zeigt: Die Dividenden machen einen entscheidenden Teil der Wertentwicklung aus!

Anlageuniversum

Als **Anlageuniversum** (auch Titeluniversum oder englisch Investable Universe genannt) bezeichnet man die Grundgesamtheit der Aktien, aus der die im Index enthaltenen Titel ausgewählt werden. Das Anlageuniversum ist also um ein Vielfaches größer als die im jeweiligen Index enthaltenen Aktien. Beim DAX, der 40 Werte umfasst, bilden alle an der Frankfurter Wertpapierbörse im regulierten Markt gehandelten Aktien das Anlageuniversum.

Es gibt eine Vielzahl von Aktienindizes, bei denen das Anlageuniversum aus Aktiengesellschaften besteht, die ihren Sitz in einem bestimmten Land haben und deren Aktien an den nationalen Börsen dieses Landes gehandelt werden. Der deutsche DAX hat also, wenn man so will, viele Brüder und Schwestern im Ausland. In Österreich sind es der ATX (Austrian Traded Index) und in der Schweiz der SMI (Swiss Market Index) mit jeweils 20 Aktien, die beide als Kursindex veröffentlicht werden.

Darüber hinaus kann sich das Anlageuniversum auch auf die Aktien einer ganzen Region beziehen. Der EURO STOXX 50 setzt sich aus 50 großen Unternehmen der Eurozone zusammen. Der STOXX Europe 600 (auch STOXX 600 genannt) umfasst 600 europäische Unternehmen. Bei einem weltweiten Anlageuniversum ist häufig auch eine Unterteilung in Industrieländer (Developed Markets) und Schwellenländer (Emerging Markets) üblich, wobei jeder Indexanbieter selbst festlegt, welches Land er welcher Gruppe zuordnet.

Daneben gibt es eine schier unendliche Anzahl weiterer Möglichkeiten, ein Aktienuniversum zu bilden, zum Beispiel nach Nachhaltigkeitskriterien, nach Branchenzugehörigkeit, nach Modethemen oder nach diversen Kriterien der fundamentalen Unternehmensbewertung. Derartige, exotischere Indizes sollten aber nicht Bestandteil einer einfachen und intelligenten Anlagestrategie sein (→ Seite 152).

Titelauswahl

Steht das Anlageuniversum fest, zum Beispiel alle Aktiengesellschaften der Industrieländer, stellt sich die Frage, wie daraus die Titel, also die Aktien der Unternehmen, ausgewählt werden, die in die Indexberechnung einfließen. Häufig werden formale Anforderungen an die Unternehmen definiert, die erfüllt sein müssen. Oft werden die Unternehmen auch nach ihrer Größe ausgewählt. Die Größe eines Unternehmens wird anhand der Marktkapitalisierung gemessen.

GUT ZU WISSEN

Marktkapitalisierung

Die **Marktkapitalisierung** einer Aktiengesellschaft ist ihr Börsenwert. Sie entspricht der Summe der ausstehenden Aktien multipliziert mit dem Aktienkurs. Für die Indexberechnung wird meist nur der Wert der frei handelbaren Aktien im Streubesitz (auch Free Float genannt) berücksichtigt. Zum Streubesitz zählen alle Aktien, die nicht von Großaktionären gehalten werden. Als Großaktionär gilt in der Regel, wer einen Anteil von mehr als 5 Prozent am Grundkapital hält.

Gewichtungsmethoden

Sind alle Aktien ausgewählt, stellt sich die Frage, mit welchem Gewicht sie in den Index einfließen sollen. Was ist nun eine sinnvolle Gewichtung der einzelnen Aktiengesellschaften in einem Index?

Gleichgewichtung: Die wohl einfachste Methode wäre es, jedes Unternehmen gleich zu gewichten (auch: Equal Weight).

Ein Kursanstieg einer Aktie um 2 Prozentpunkte wird dabei durch einen gleich hohen Kursverlust einer anderen Aktie ausgeglichen, sodass sich der Index nicht verändert, wenn davon abgesehen alle übrigen Aktienkurse unverändert bleiben. Auf den ersten Blick mag viel für eine Gleichgewichtung (→ Abb. 3) sprechen, da sie die Risiken gleichmäßig verteilt. Es gibt aber auch gute Gründe dagegen (→ Seite 43), weshalb in der Praxis keiner der bekannten Indizes nach der Methode der Gleichgewichtung berechnet wird. Viele Indizes werden aber in dieser Berechnungsvariante veröffentlicht, erkennbar an dem Zusatz „Equal Weight" in der Bezeichnung des Index (zum Beispiel „DAX Equal Weight").

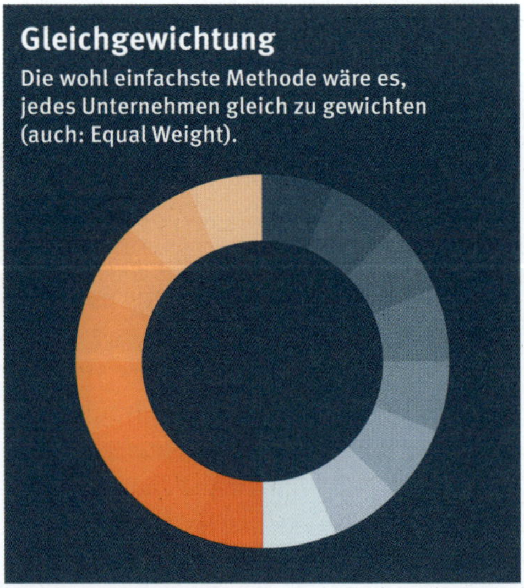

Abb. 3: Gleichgewichtung

Preisgewichtung: Eine weitere eher ungewöhnliche Gewichtungsmethode besteht darin, einfach alle Aktienkurse zu addieren und durch die Anzahl der Aktiengesellschaften zu dividieren. Eine Aktie, deren Börsenkurs doppelt so hoch ist wie der einer anderen, hat dann ein doppelt so hohes Gewicht im Index. Man spricht dann von einer Preisgewichtung (→ Abb. 4).

Abb. 4: Preisgewichtung

Der Dow Jones Industrial Average Index und der japanische Nikkei 225 sind die einzigen bekannteren Indizes, die nach dieser Methode berechnet werden. Als die Firma Apple im Jahr 2020 einen Aktiensplit im Verhältnis 4:1 durchführte, sank der Aktienkurs auf ein Viertel des vorherigen Werts. Wer vorher eine Aktie im Wert von 460 Dollar besaß, hatte danach vier Aktien im Wert von je 115 Dollar im Depot. Das Gewicht von Apple im Dow Jones Industrial Average Index sank dadurch von rund 12 auf rund 3 Prozent. Der Dow Jones hat deshalb zwar nicht an Wert verloren, aber vom einen auf den anderen Tag hat die Apple-Aktie ihre Bedeutung für den Index auf ein Viertel reduziert, obwohl sich am Unternehmenswert nichts verändert hat.

Theoretisch könnte das kleinste Unternehmen mit der geringsten Zahl an Aktionären den größten Anteil im Index haben, nur weil dessen Aktienkurs am höchsten ist. Eine solche Preisgewichtung kann daher dazu führen, dass der Aktienindex sich ganz anders entwickelt als das Anlageuniversum, dessen Wertentwicklung er eigentlich abbilden soll. Der Dow Jones wurde übrigens 1896 als Preisindex konstruiert, weil dies damals einfach und praktikabel war.

Marktkapitalisierungsgewichtung: Am weitesten verbreitet ist die Gewichtung nach Marktkapitalisierung. Hier haben die Unternehmen mit dem höchsten Börsenwert den größten Anteil am Index. Auch der DAX und der MSCI World werden nach Marktkapitalisierung gewichtet.

Bei kleinen Ländern, in denen es nur wenige große Aktiengesellschaften gibt, kann dies zu einer sehr hohen Gewichtung einzelner Unternehmen führen: Im Schweizer SMI-Index hat der weltgrößte Nahrungsmittelkonzern Nestlé Ende 2024 mit einer Marktkapitalisierung von um die 200 Milliarden Euro ein Gewicht von rund 15 Prozent. Einige Indexanbieter begrenzen daher das Gewicht einzelner Unternehmen. Für den DAX gibt es eine solche Kappungsgrenze: Demnach darf ein einzelner Titel maximal ein Gewicht von 15 Prozent haben.

Typisch für weltweite Indizes, die nach Marktkapitalisierung gewichtet sind, ist folgender Zusammenhang: Schon wenige Dutzend der größten Aktiengesellschaften reichen aus, um den Index weitgehend abzudecken.

Dies drückt auch die folgende Tabelle aus: Die zwei größten Aktiengesellschaften des hier unterstellten weltweiten Index von Solactive machen bereits 10 Prozent des Indexwerts aus. Um 20 Prozent des Indexwerts zu erhalten, braucht man bereits zehn Aktiengesellschaften und für 90 Prozent sind es 930. Um auch die restlichen 10 Prozent des Indexwerts abzudecken, braucht man 2.538 Aktiengesellschaften. Die kleinsten rund zweieinhalbtausend Aktiengesellschaften bringen also zusammen eben so viel auf die Waage wie die größten zwei.

ANTEIL AM WERT DES INDEX, IN PROZENT	BENÖTIGTE ANZAHL DER TITEL
10	2
20	10
30	17
40	60
50	114
60	199
70	330
80	538
90	930
100	3.433

Tab. 3: Verhältnis von Titelanzahl und Indexwert

HINTERGRUND

Ländergewichte

Der deutsche Aktienmarkt hat beispielsweise aktuell einen Anteil von etwa 2,2 Prozent am MSCI World Index. Die kleinere Schweiz kommt sogar auf rund 2,4 Prozent, Österreich dagegen nur auf einen Anteil von 0,05 Prozent. Um diesen Länderanteil im Index abzubilden, wird meist festgelegt, dass eine Quote von beispielsweise 85 Prozent der Marktkapitalisierung der Aktien des Landes in den Index einfließt. Das bedeutet, dass die kleineren Unternehmen automatisch nicht im Index vertreten sind, weil die großen diesen Anteil bereits ausschöpfen.

Die Gewichtung nach Marktkapitalisierung ist nicht nur auf der Ebene einzelner Länderindizes üblich, sondern auch bei länderübergreifenden Indizes.

→ Tab. 4 zeigt die Zusammensetzung einiger globaler Aktienindizes, für die es auch entsprechende ETFs gibt.

→ TIPP Factsheet anschauen

Über die in → Tab. 4 angegebenen QR-Codes gelangen Sie zum jeweils aktuellen Factsheet des Index, das die wichtigsten Informationen zusammenfasst. Sollte ein Link nicht zum Ziel führen, weil der Anbieter zwischenzeitlich die Adresse geändert hat: Suchen Sie im Web nach der Indexbezeichnung.

Zur besseren Vergleichbarkeit der Factsheets untereinander sind die Indizes in US-Dollar angegeben. Der Anbieter FTSE Russell veröffentlicht für die beiden genannten Indizes derzeit keine Factsheets in Euro. Die Anzahl der Titel ändert sich von Zeit zu Zeit.

INDEXBEZEICHNUNG	ANLAGEUNIVERSUM UND TITELAUSWAHL	FACTSHEET
MSCI World Index (NET Returns, USD)	23 Industrieländer, 1.397 große und mittelgroße Unternehmen	
Solactive GBS Developed Markets Large & Mid Cap Index (NET Returns, USD)	24 Industrieländer, 1.431 große und mittelgroße Unternehmen	
FTSE Developed Index (GROSS Returns, USD)	25 Industrieländer, 2.016 große und mittelgroße Unternehmen	
MSCI All Country World Index (NET Returns, USD)	23 Industrie- und 24 Schwellenländer, 2.650 große und mittelgroße Unternehmen	
Solactive GBS Global Markets Large & Mid Cap Index (NET Returns, USD)	24 Industrie- und 22 Schwellenländer, 3.433 große und mittelgroße Unternehmen	
FTSE All-World Index (GROSS Returns, USD)	25 Industrie- und 24 Schwellenländer, 4.242 große und mittelgroße Unternehmen	
MSCI All County World IMI Index (NET Returns, USD)	23 Industrie- und 24 Schwellenländer, 8.647 große und mittelgroße und kleine Unternehmen	

Tab. 4: Globale Aktienindizes. Stand: Ende 2024

US-Aktien haben in praktisch allen bekannten globalen Aktienindizes mit Abstand den größten Anteil. Das liegt daran, dass der US-Aktienmarkt, gemessen an der Anzahl und dem Börsenwert der Aktiengesellschaften, der größte weltweit ist. Dafür gibt es historische und kulturelle Gründe: In den USA finanzieren sich Unternehmen traditionell eher über einen Börsengang als über Bankkredite. Der große Anteil der US-Aktien ist nicht grundsätzlich ein Problem für Ihre Geldanlage, aber es gibt einfache Möglichkeiten, ihn zu reduzieren (→ Seite 152).

Indexanpassungen

Die Anbieter von Aktienindizes passen die Zusammensetzung der Indizes regelmäßig an. Denn indem sich die Aktienkurse ändern, ändert sich auch die Marktkapitalisierung der jeweiligen Unternehmen. Das hat zur Folge, dass es insbesondere unter den kleinsten Aktiengesellschaften immer wieder zu Indexanpassungen kommt, indem einige in einen Index neu aufgenommen und andere daraus entfernt werden. Ein Beispiel: Von den Unternehmen, die bei der Erstberechnung des DAX im Index waren, sind heute weniger als die Hälfte im Index enthalten. Auch können Länder neu als Schwellenland oder Industrieland eingestuft werden. Diese Anpassungen stellen sicher, dass die Aktienindizes weiterhin die Wertentwicklung des von ihnen erfassten Anlageuniversums repräsentieren.

Ein Maß für die Häufigkeit der Indexanpassungen ist die **Umschlagshäufigkeit** (im Englischen Turnover Rate). Sie gibt an, welcher Anteil des Anlagevolumens in den letzten zwölf Monaten durch Indexanpassungen verändert wurde.

Im Factsheet des MSCI World Aktienindex, das monatlich aktualisiert wird, findet sich diese Turnover Rate, die in → Tab. 5 auszugsweise dargestellt ist:

INDEX	TURNOVER RATE (IN PROZENT, LETZTE ZWÖLF MONATE)
MSCI World	2,36
MSCI Emerging Markets	5,64
MSCI ACWI	2,57

Tab. 5: Turnover Rate MSCI Indizes. Stand: Ende 2024

So wurden im MSCI World Index in den letzten zwölf Monaten 2,36 Prozent der Aktienwerte durch Indexanpassungen verändert.

Beim Schwellenländerindex MSCI Emerging Markets sind Indexanpassungen mit einer Turnover Rate von 5,64 Prozent deutlich häufiger.

Die Indexzusammensetzungen sind ein Spiegel ihrer Zeit. Die Website Visual Capitalist hat die nach Marktkapitalisierung (Market Cap) zehn größten Aktiengesellschaften am 1. Januar 2000 mit denen am 1. Juli 2022 verglichen: Nur Microsoft ist 22 Jahre später noch unter den zehn größten Unternehmen vertreten (→ Tab. 6). Und der damalige Mobilfunkriese Nokia wurde durch das Technologieunternehmen Apple verdrängt, das frühzeitig den Wandel hin zu Smartphones erkannt und bis heute maßgeblich geprägt hat.

RANG	UNTERNEHMEN	LAND	MARKET CAP (1. JANUAR 2000), IN US-DOLLAR	RANG	UNTERNEHMEN	LAND	MARKET CAP (1. JULI 2022), IN US-DOLLAR
1	Microsoft	USA	606 Milliarden	1	Saudi Aramco	Saudi-Arabien	2,27 Billionen
2	General Electric	USA	508 Milliarden	2	Apple	USA	2,25 Billionen
3	NTT Docomo	Japan	367 Milliarden	3	Microsoft	USA	1,94 Billionen
4	Cisco	USA	352 Milliarden	4	Alphabet	USA	1,43 Billionen
5	Walmart	USA	302 Milliarden	5	Amazon	USA	1,11 Billionen
6	Intel	USA	280 Milliarden	6	Tesla	USA	707 Milliarden
7	Nippon Telegraph	Japan	271 Milliarden	7	Berkshire Hathaway	USA	612 Milliarden
8	Nokia	Finnland	219 Milliarden	8	United Health Group	USA	485 Milliarden
9	Pfizer	USA	206 Milliarden	9	Johnson & Johnson	USA	472 Milliarden
10	Deutsche Telekom	Deutschland	197 Milliarden	10	Tencent	China	435 Milliarden

Tab. 6: Die größten Unternehmen weltweit 2000 und 2022

HINTERGRUND

Indexanbieter

MSCI ist ein US-amerikanisches Finanzdienstleistungsunternehmen, das insbesondere für seine Aktienindizes bekannt ist. Von den beiden Gründern Morgan Stanley und Capital International sind heute nur noch die Anfangsbuchstaben im Firmennamen übrig geblieben. Capital International veröffentlichte 1968 den ersten globalen Aktienindex.
FTSE Russell ist heute eine britische Tochtergesellschaft der London Stock Exchange. Die Abkürzung FTSE (Aussprache: „Footsie“) steht für Financial Times und Stock Exchange, die das Unternehmen 1995 gründeten.
Auch **Solactive** gehört zu den global agierenden Finanzdienstleistern, ist aber ein in Deutschland beheimatetes kleineres Unternehmen. Solactive wurde 2007 von Steffen Scheuble gegründet.

Rentenindex

Rentenindizes und Aktienindizes ähneln sich in vielerlei Hinsicht. Ein Rentenindex ist ebenfalls ein statistisches Maß, das ausdrückt, wie sich ein Investment in einen bestimmten Korb von Schuldverschreibungen (auch **Renten**, **Anleihen**, im englischen **Bonds**) entwickelt. **Anleihen-ETFs** sind ETFs, deren Anlagestrategie darin besteht, einen Rentenindex nachzubilden. Auch hier gibt es Preis- und Performance-Indizes. Jeder Rentenindex hat, wie ein Aktienindex auch, ein **Anlageuniversum**.

Nach Art des Emittenten wird zwischen Staatsanleihen und Unternehmensanleihen unterschieden. Nach Ländern und Regionen kann man zum Beispiel zwischen Emittenten aus der Eurozone und weltweiten Emittenten unterscheiden.

Auch für jede **Währung** gibt es eine Reihe von Rentenindizes, die jeweils nur Anleihen enthalten, die in der jeweiligen Währung emittiert wurden.

Eine Einteilung nach der **Restlaufzeit** der gehaltenen Anleihen ist ebenfalls weit verbreitet. Einige Indizes enthalten nur kurzfristige Geldmarktanleihen. Das sind Schuldverschreibungen mit einer Restlaufzeit von maximal zwölf Monaten. Andere Indizes enthalten nur Anleihen mit bestimmten Restlaufzeiten von zum Beispiel zehn bis zwölf Jahren. Es gibt auch Indizes, deren Anlageuniversum nur Anleihen mit einem bestimmten **Rating** enthalten.

Schließlich kann man das Anlageuniversum des Rentenindex auch ausschließlich auf solche Anleihen begrenzen, deren Rückzahlung an die Entwicklung der Inflationsrate gekoppelt ist, sie werden **inflationsindexierte Anleihen** genannt.

HINTERGRUND

Inflationsindexierte Anleihen

Bei inflationsindexierten Anleihen (auch: Inflationsanleihen) hängen Zins und Rückzahlung von der aktuellen Inflationsrate ab. Anders als man intuitiv vermuten könnte, schützen sie jedoch nicht vor hoher Inflation. Kein Staat würde solche Anleihen ausgeben, wenn die Verzinsung von vornherein immer höher wäre als bei konventionellen Anleihen. Ihre Wertentwicklung kann auch bei hohen Inflationsraten negativ sein. Sie schützen nur vor unerwarteter Inflation, das heißt nur dann, wenn sich die Inflationserwartungen nach dem Kaufzeitpunkt verändern.

Der größte an der Börse Frankfurt gelistete Anleihen-ETF bildet den **Bloomberg Euro Corporate Bond Index** ab. Er setzt sich aus festverzinslichen Unternehmensanleihen zusammen, die in Euro begeben wurden. Der Sitz der Unternehmen kann aber auch außerhalb der Eurozone liegen. Das Rating der Anleihen muss „Investment Grade" sein. Das bedeutet, dass deren Bonität gut oder sehr gut ist. Außerdem gibt es eine Untergrenze für das ausstehende Volumen, um nur sehr große Anleihen zu berücksichtigen, die regelmäßig gehandelt werden. Die Restlaufzeit der Anleihen muss mindestens ein Jahr betragen. Darüber hinaus gibt es einige weitere formale Auswahlkriterien.

WICHTIG

Anleihen-ETFs können ein sinnvoller Baustein einer bequemen und rentablen Anlagestrategie mit ETFs und eine Alternative zu Festgeld sein. Wie Sie geeignete sichere Anleihen-ETFs finden → Seite 152.

Rendite und Ausschüttungsrendite

Die **Durchschnittsrendite** der im Fondsvermögen enthaltenen Anleihen errechnet sich aus den Zinserträgen und den Kursveränderungen bis zum Rückzahlungszeitpunkt, zu dem die Anleihen zum vollen Nennwert von 100 Prozent zurückgezahlt werden. Sie drückt den durchschnittlichen jährlichen Gesamtertrag der Anleihen bis zur Fälligkeit aus.

Die **Ausschüttungsrendite** hingegen drückt aus, welcher Prozentsatz der Anlagesumme tatsächlich jährlich ausgeschüttet wird. Die Ausschüttungsrendite beinhaltet also nur eine der beiden Komponenten der Gesamtrendite. Je nach Zinsentwicklung kann die Ausschüttungsrendite über oder unter der durchschnittlichen Anleiherendite liegen.

Wenn Sie wissen möchten, wie hoch die durchschnittliche Rendite oder die jährliche

Ausschüttungsrendite eines Rentenindex oder eines Anleihen-ETFs ist, finden Sie diese Angaben in den Kurzinformationen (Factsheets) der ETFs.

Das Risiko eines Rentenindex wird vor allem von zwei Faktoren bestimmt: dem **Rating** und der **durchschnittlichen Laufzeit** der im Index enthaltenen Anleihen. Auch hierzu finden Sie Angaben in den Kurzinformationen der Indizes oder der ETFs.

HINTERGRUND

Laufzeit und Risiko des Rentenindex

Festverzinsliche Schuldverschreibungen bergen ein Kursänderungsrisiko. Dieses Risiko ist umso größer, je länger die Restlaufzeit der Anleihe ist (→ Seite 19). In diesem Zusammenhang kann Ihnen auch der Begriff **Duration** begegnen, eine Kennzahl, die die durchschnittliche **Kapitalbindungsdauer** eines zinstragenden Finanzprodukts angibt. Bei einem Rentenindex oder einem Anleihen-ETF mit einer Duration von acht Jahren ist bei einem Anstieg des Marktzinses um einen Prozentpunkt mit einem Kursrückgang von etwa 8 Prozent zu rechnen. Bei einer Duration von vier Jahren wäre das Risiko nur halb so groß.

HINTERGRUND

Rating und Risiko des Rentenindex

Das Rating drückt die Fähigkeit eines Schuldners aus, die aufgenommenen Schulden zuzüglich Zinsen zurückzuzahlen. Je geringer die Fähigkeit ist, desto höher ist das sogenannten **Emittentenrisiko**. Ratings werden von Rating-Agenturen vergeben (→ Abb. 5, Seite 37). Die bekanntesten Rating-Agenturen sind Standard & Poor's, Moody's und Fitch. Sie bewerten sowohl Unternehmen als auch Staaten. Für die Bonität Deutschlands vergeben sie derzeit die Bestnote. Deshalb kann sich der deutsche Staat auf dem Finanzmarkt zu niedrigeren Zinsen Geld leihen als viele andere Staaten. Das Ausfallrisiko ist praktisch null. Der Staat kann sich über das Steuermonopol jederzeit unbegrenzt Geld beschaffen, um seine Schulden zu bezahlen. Deutsche Staatsanleihen gelten daher für unbegrenzte Anlagesummen als sicher. Bei Unternehmensanleihen ist das Risiko größer.

Ratings. Notenskalen der drei wichtigsten Rating-Agenturen
Ratings für langfristige Emissionen mit einer Laufzeit von mehr als einem Jahr.

RATING			
STANDARD & POOR'S	MOODY'S	FITCH	BONITÄT
AAA	Aaa	AAA	außergewöhnlich hoch, praktisch kein Ausfallrisiko
AA+ AA AA-	Aa1 Aa2 Aa3	AA+ AA AA-	sehr gut bis gut
A+ A A-	A1 A2 A3	A+ A A-	gut bis befriedigend
BBB+ BBB BBB-	Baa1 Baa2 Baa3	BBB+ BBB BBB-	befriedigend bis ausreichend
BB+ BB BB-	B1 B2 B3	BB+ BB BB-	mangelhaft, beträchtliches Ausfallrisiko
CCC CC C	Caa Ca C	CCC CC C	ungenügend hohes Ausfallrisiko, Insolvenz absehbar
SD/R		RD	partieller Zahlungsausfall, Unternehmen steht unter Aufsicht
SD-D	D	DDD-D	Insolvenz, Schuldner leistet keine Zahlungen mehr

Abb. 5: Ratings. Notenskalen der drei wichtigsten Rating-Agenturen

Achtung: Verwechslungsgefahr

In der Berichterstattung über ETFs tauchen immer wieder auch andere Finanzprodukte auf, deren Wertentwicklung von einem Index abhängt. Dabei handelt es sich jedoch um Anlagen, die auf einem anderen rechtlichen Rahmen basieren als Investmentfonds. Im Folgenden werden die wichtigsten Produkte genannt, die ähnliche Namen haben, aber definitiv keine ETFs sind. Auf all diese Produkte können Sie im Rahmen einer einfachen und intelligenten Anlagestrategie mit ETFs verzichten.

Exchange Traded Note (ETN): Exchange Traded Notes (ETNs) sind ebenfalls Wertpapiere, die wie ETFs an der Börse gehandelt werden. Es handelt sich jedoch nicht um Investmentfonds, sondern um Schuldverschreibungen. Anders als bei klassischen Schuldverschreibungen wird hier kein Zinssatz vereinbart. Der Emittent muss die Schuld in der Regel auch nicht zu einem be-

Abb. 6: Ähnlich klingende Finanzprodukte, die keine ETFs sind

stimmten Eurobetrag zurückzahlen. Stattdessen wird im Verkaufsprospekt vereinbart, dass der Wert der Schuldverschreibung beziehungsweise des Rückzahlungsanspruchs einem bestimmten **Referenzwert** (auch Basiswert genannt) entspricht. Die ETNs mit dem größten Anlagevolumen an der Börse Frankfurt beziehen sich derzeit überwiegend auf verschiedene Kryptowerte wie Bitcoin oder Ethereum. Anders als oft behauptet, handelt es sich bei den Kryptowerten nicht um Währungen, sondern um spekulative Vermögenswerte, die nicht von einer offiziellen Stelle oder Organisation herausgegeben und kontrolliert, sondern von einem Computernetzwerk nach komplexen mathematischen Formeln generiert werden.

Andere ETNs verfolgen besonders riskante, „gehebelte" Anlagestrategien in einzelne Aktiengesellschaften oder Aktienindizes. Bei einem „dreifachen Hebel" wird zusätzlich zum Anlagebetrag der doppelte Betrag als Kredit aufgenommen, sodass aus einem in einen Index investierten Euro drei Euro werden. Steigt der Index dann um 10 Prozent, steigt der Kurs des ETN um rund 30 Prozent. Dieser Hebel funktioniert auch in die andere Richtung, weshalb ETNs mit Hebel (auch Leverage genannt, mehr dazu → Seite 101) besonders riskant sind. Aufgrund der Fremdkapitalkosten verliert der Anleger bei einem gehebelten ETN mit Sicherheit Geld, auch wenn sich der Basiswert unter Schwankungen am Ende überhaupt nicht verändert hat.

Im Vergleich zu ETFs können ETNs ein zusätzliches Risiko bergen, das nichts mit der Anlagestrategie selbst zu tun hat. Denn

Anleihen bergen immer ein Emittentenrisiko. Im Falle einer Insolvenz des Emittenten besteht die Gefahr, dass ETN-Anleger leer ausgehen, auch wenn sich der Basiswert gut entwickelt hat. Es gibt aber auch ETNs, die dieses Risiko minimieren, indem sie sich im Verkaufsprospekt verpflichten, die Schuldverschreibungen „physisch" zu besichern. Damit ist gemeint, dass bei einem Zahlungsausfall der Basiswert des ETN in ausreichender Höhe als Sicherheit zur Verfügung steht.

Exchange Traded Commodities (ETC): Eine Untergruppe der ETNs sind die ETCs. Ihre Basiswerte sind Rohstoffe (im Englischen Commodities). Die größten ETCs an der Börse Frankfurt beziehen sich auf den Goldpreis.

Andere Basiswerte sind beispielsweise Silber, Öl, Platin oder auch Rohstoffindizes. Achtung: Viele Rohstoffe werden nicht physisch am Kapitalmarkt gehandelt, sondern nur indirekt in Form von deutlich komplizierteren Finanzprodukten.

Exchange Traded Product (ETP): Dem Namen nach ist ETP ein Sammelbegriff für alle börsengehandelten Wertpapiere. Meist werden darunter jedoch nur ETNs und ETCs verstanden. Die Bezeichnung wird von den Anbietern solcher Produkte nicht einheitlich verwendet.

Index-Zertifikat: Auch ein Index-Zertifikat ist rechtlich gesehen eine Schuldverschreibung, die an der Börse gehandelt wird und deren Wertentwicklung von derjenigen eines bestimmten Index abhängt. Als im Jahr 2000 die ersten ETFs an der Deutschen Börse zugelassen wurden, waren Index-Zertifikate bereits seit zehn Jahren handelbar. Das erste Zertifikat bezog sich auf den DAX-Performance-Index. Allerdings tragen Anleger bei Zertifikaten ein Emittentenrisiko (siehe dazu oben unter ETN). Teilweise ist außerdem eine Partizipation der Anleger an den Dividendenerträgen ausgeschlossen.

Indexpolice und ETF-Rentenversicherung: Private Rentenversicherungen gibt es auch in den Varianten Index-Police und fondsgebundene Rentenversicherung mit ETFs (ETF-Rentenversicherung).

Indexpolicen sind Rentenversicherungen, bei denen die jährlichen Erträge an die Wertentwicklung eines Index gekoppelt sind. Mit ETFs haben diese Produkte nichts gemeinsam, außer dass der Begriff Index in der Produktbezeichnung auftauchen kann. Sie sind für den Anleger deutlich komplexer als ETFs und auch um ein Vielfaches teurer.

Bei **ETF-Rentenversicherungen** können die Versicherten ihre Beiträge auch in ETFs anlegen, wobei der Versicherer die Auswahl an ETFs erheblich einschränken kann. Die Kosten reduzieren die Rendite meist zwischen 1 und 3 Prozent pro Jahr und sind damit um ein Vielfaches höher als bei einer direkten Anlage in ETFs.

Einige Berater vermitteln derartige private Rentenversicherungen, um Provisionen zu kassieren, andere, um ihren Kunden dafür lukrative Vermittlungshonorare in Rechnung stellen zu können (mehr zu den Fallstricken in der Beratung → Seite 110). Das Verkaufsargument sind meist angebliche Steuervorteile, die aber oft nicht ins Gewicht fallen oder mit erheblichen Nachteilen einhergehen. Investieren Sie besser direkt in ETFs (→ Seite 198 und zu Nettopolicen → Seite 208).

→ TIPP Rentenversicherungen überprüfen

Private Lebens- und Rentenversicherungen sind für die Altersvorsorge in der Regel nicht empfehlenswert. Dennoch sollen Sie nicht übereilt kündigen. Sie können Ihre Verträge im Rahmen einer Beratung durch die Verbraucherzentrale überprüfen lassen. (→ Interview, Seite 41)

Als Hintergrundinfo dazu: Warum Rentenversicherungen sich nicht für die Altersvorsorge eignen

www.verbraucherzentrale.de/node/13896

Zusammenfassung

Exchange Traded Funds, kurz ETFs, sind Investmentfonds, bei denen Sie zusammen mit einer Vielzahl anderer Anlegerinnen und Anleger in einen gemeinsamen Anlagetopf investieren. ETFs weisen zwei besondere Vorteile auf: Zum einen können sie an der Börse gehandelt werden. Das spart im Vergleich zu herkömmlichen Investmentfonds hohe Gebühren. Zum anderen ist ihre Anlagestrategie einfach und transparent: Sie folgen einem bestimmten Index, der die Wertentwicklung eines Marktes abbildet. Mit einem Aktien-ETF partizipieren Sie beispielsweise an der Entwicklung von bis zu rund 9.000 Aktien weltweit. Mit einem Anleihen-ETF können Sie Ihr Geld in verzinsliche Wertpapiere investieren, die weniger stark im Wert schwanken als Aktien, beispielsweise in europäische Staatsanleihen. Damit Sie ETFs nicht mit anderen, ähnlich klingenden Produkten verwechseln, die im Falle einer Insolvenz des Emittenten hohe Risiken bergen, sollten Sie genau auf die Bezeichnung achten.

„Verbraucher erzielen bei Indexpolicen trotz guter Börsenentwicklung kaum Erträge"

WERNER BAREIS, Fachberater Altersvorsorge, Banken, Kredite bei der Verbraucherzentrale Baden-Württemberg

Wie sind Indexpolicen konstruiert?

Indexpolicen verhalten sich zu ETFs wie Limonade mit Orangengeschmack zu frisch gepresstem Orangensaft. Sie sehen auf den ersten Blick lecker aus, aber wer davon kostet, wird enttäuscht sein. Denn bei den meisten Varianten stecken die Versicherer die Gelder der Versicherten letztlich überwiegend in das klassische Sicherungsvermögen: Der Löwenanteil wird also in festverzinsliche Anlagen angelegt. Nur wenn mit diesem Vermögen höhere Erträge erwirtschaftet werden als die garantierten, werden diese Überschüsse aktienmäßig angelegt, aber auch nur indirekt über Derivate. Das sind im Grunde spekulative Wetten, die mit Aktien oder Investment in einen Aktienindex nichts gemeinsam haben. Dabei passiert nicht selten Folgendes, wie ich in meiner Beratung erlebt habe. Der Versicherer teilte seinem Kunden in der jährlichen Standmitteilung mit: „Die starken Kursschwankungen der vergangenen zwölf Monate führten dazu, dass trotz einer positiven Jahresrendite des Euro Stoxx 50 in Höhe von 17,81 Prozent die Jahresrendite von R+V-IndexInvest kein positives Ergebnis erzielt hat."

Wie steht es mit deren Ertragsprognosen?

Ich sehe in unseren Beratungen regelmäßig, dass Verbraucher bei Indexpolicen trotz guter Börsenentwicklung kaum Erträge erzielen. Schon die Grundkonstruktion einer Indexpolice nützt den Verbrauchern wenig: Es geht bei diesen Produkten darum, sich vor kurzfristigen Wertschwankungen der Anlageklasse Aktien zu schützen. Auf lange Sicht sind solche Wertschwankungen aber nicht relevant. Nach jedem Crash kam bislang eine Erholung mit neuen Höchstständen. Auf Sicht von 20 Jahren hat es noch nie Verluste mit aktienförmigen Anlagen gegeben, wenn man weltweit gestreut und auf niedrige laufende Kosten der Anlage geachtet hatte. Das läuft schon seit 200 Jahren so.

Was läuft falsch im Vertrieb derartiger Finanzprodukte?

Seit Jahrzehnten versuchen Anbieter, den Versicherten Finanzprodukte zu verkaufen, die suggerieren, man könne von den langfristig hohen Renditen der Aktien profitieren, ohne gleichzeitig die kurz- und mittelfristigen Wertschwankungen zu haben. Solche Produkte finden sich sogar in der geförderten privaten wie in der betrieblichen Altersversorgung. Verkauft werden sie als Garantiefonds, Anlage-Zertifikate, Wertsicherungsfonds, „Value at Risk"-Strategien oder simple fondsgebundene Rentenversicherungen mit Kapitalerhaltgarantie. Praktisch all diese Produkte haben am Ende dazu geführt, dass für die Anlegenden oft kaum mehr als Renditen auf Sparbuch-Niveau herauskamen.

Aktienmarkt und Börse

Mit Aktien-ETFs können Sie ganz bequem in einige Tausend Aktiengesellschaften investieren, die in einem Aktienindex enthalten sind. Sie müssen nur einige Basics über ein Investment in Aktien kennen.

War es bislang riskant, an der Börse zu investieren? Und hat es sich gelohnt, dieses Risiko einzugehen? Und wie eingehend musste man sich mit der fundamentalen und technischen Aktienanalyse auseinandersetzen, um Erfolg zu haben? Klar ist: Aktien waren bislang die mit Abstand rentabelste Anlageklasse.

Die Basics über Aktien

Mit dem Erwerb von Aktien können Sie sich an dem Vermögen und dem Erfolg einer Aktiengesellschaft beteiligen (→ Seite 18). Mit der Aktie sind aber noch weitere Rechte verbunden.

Eine Aktie ist ein Wertpapier (auch: Urkunde). Sie bescheinigt ihrem Besitzer, dass er der Aktiengesellschaft einen bestimmten Geldbetrag zur Verfügung gestellt und dafür einen Anteil an der Gesellschaft erworben hat. Den Besitzer der Urkunde nennt man Aktionär. Bis 1994 konnten sich Aktionäre ihre Aktien noch in Papierform von ihrer Bank aushändigen lassen. Inzwischen werden Aktien nicht mehr einzeln, sondern in einer Sammel- oder Globalurkunde von einer Bank in einem Depot verwahrt.

Rechte der Aktionäre

Als Gegenleistung für die Überlassung des Kapitals gewährt die Gesellschaft ihren Aktionären verschiedene Rechte, die im Aktiengesetz und in der Satzung der Aktiengesellschaft geregelt sind:

- → Teilnahmerecht an der Hauptversammlung mit Stimmrecht
- → Auskunftsrecht auf der Hauptversammlung
- → Recht auf Beteiligung am Unternehmensgewinn (Dividende)

- Bezugsrecht bei der Ausgabe neuer Aktien
- Recht auf Beteiligung am Liquidationserlös bei Auflösung der AG

Aktionärinnen und Aktionäre haben als Miteigentümerinnen und Miteigentümer das Recht auf Mitbestimmung bei wichtigen Entscheidungen des Unternehmens. Sie können der Geschäftsführung (Vorstand) und dem Kontrollorgan (Aufsichtsrat) auf der jährlichen Hauptversammlung das Vertrauen aussprechen oder entziehen. Außerdem können sie auf der Hauptversammlung

HINTERGRUND

Forschung: Nur wenige Gewinner dominieren den Aktienmarkt

Hendrik Bessembinder, Wirtschaftswissenschaftler an der Arizona State University, hat die Entwicklung von 28.114 US-amerikanischen Aktiengesellschaften zwischen 1926 und 2022 untersucht und festgestellt, dass mit 58,6 Prozent sogar die Mehrzahl der Aktiengesellschaften schlechter abgeschnitten hat als ein Investment in kurzlaufende Staatsanleihen. Meistens wäre es also besser gewesen, nicht in eine Aktiengesellschaft zu investieren, sondern stattdessen eine kurzlaufende Staatsanleihe zu kaufen. Ganz anders stellt sich dies dar, wenn die Anlagesumme auf viele Aktien verteilt wird. Denn wie Bessembinder ebenfalls herausfand, hat der gesamte Aktienmarkt das Vermögen aller Aktionäre nur deshalb deutlich gesteigert, weil sich einige wenige Aktiengesellschaften über viele Jahre besonders gut entwickelt haben. Diese wenigen Unternehmen treiben mit ihrer steigenden Marktkapitalisierung den Aktienmarkt an.

In einer weiteren Studie zur Wertentwicklung von über 64.000 globalen Aktiengesellschaften wurden diese Beobachtungen bestätigt. Hier wurde zwar nur ein dreißigjähriger Zeitraum zwischen 1990 und 2020 untersucht, aber mit demselben Ergebnis. Ein Investment in 55,2 Prozent der US-Aktien und in 57,4 Prozent der Nicht-US-Aktien schnitt schlechter ab ein Investment in einmonatige US-Staatsanleihen. Für Nicht-US-Aktien wurde die Beobachtung ebenfalls bestätigt, wonach lediglich eine kleine Minderheit der Aktiengesellschaften für den gesamten Vermögenszuwachs am Aktienmarkt verantwortlich ist. Dies spiegelt sich in der positiven Entwicklung der nach Marktkapitalisierung gewichteten Aktienindizes wider. Bei Gleichgewichtung der Aktien im Index wäre das Ergebnis deutlich schlechter.

Fragen an den Vorstand stellen, die dieser grundsätzlich beantworten muss. Ferner können sie mitbestimmen, welcher Teil des Unternehmensgewinns ausgeschüttet wird.

Beschließt die Hauptversammlung den Verkauf der Aktiengesellschaft an einen Dritten oder ihre Auflösung im Wege eines Übernahmeangebots, haben sie Anspruch auf ihren Anteil des Veräußerungserlöses.

Risiken der Aktionäre

Da die Aktionärinnen und Aktionäre der Aktiengesellschaft Kapital zur Verfügung gestellt haben, tragen sie das Risiko, bei einer entsprechend schlechten Ergebnisentwicklung keine Dividende zu erhalten. Im schlimmsten Fall ist die Gesellschaft nicht mehr in der Lage, ihre Verbindlichkeiten (zum Beispiel Kreditzinsen, Zahlungsverpflichtungen gegenüber Lieferanten) zu begleichen. Sie muss dann Insolvenz anmelden, und sogar der Totalverlust des eingezahlten Kapitals ist für die Aktionärinnen und Aktionäre möglich. Die letzte Aktiengesellschaft, die als DAX-Mitglied Insolvenz anmelden musste, war die Wirecard AG. Zu einer Insolvenz kommt es zwar relativ selten. Dennoch ist es keine Selbstverständlichkeit, dass es Aktiengesellschaften dauerhaft gelingt, ordentliche Gewinne zu erwirtschaften.

HINTERGRUND

Die älteste Aktiengesellschaft

Als erste Aktiengesellschaft gilt die 1602 in den Niederlanden gegründete Ostindien-Kompanie (Vereenigde Oost-Indische Compagnie, kurz VOC). Jeder Bürger konnte Aktien erwerben. Mit dem Geld wurde eine Hochseeflotte finanziert, um mit Schiffen unter anderem Gewürze und feine Stoffe aus Übersee zu importieren. Solche Unternehmungen waren besonders riskant und sehr teuer. Ein Ruhmesblatt in der Geschichte der Menschheit ist das Geschäft der ältesten Aktiengesellschaft im Rückblick wahrlich nicht: In den niederländischen Überseegebieten verursachte die Profitgier der Kaufleute unermessliches Elend. In Südostasien, dem Kernland des niederländischen Kolonialreichs, ließ die VOC systematisch Einheimische und gelegentlich auch Händler anderer Nationen ermorden, um das Handelsmonopol für Gewürze zu erobern.

Die Idee der Aktiengesellschaft

Die Aktiengesellschaft verteilt das Risiko, das jedes Unternehmen mit sich bringt, auf viele Köpfe. Jeder Aktionär kann entscheiden, in welchem Umfang er sich beteiligen möchte. Mehr als sein eingesetztes Geld kann er dabei nicht verlieren. Erst die Idee der Aktiengesellschaft machte es möglich, extrem kostspielige Investitionen zu finanzieren, die selbst sehr wohlhabende Menschen allein nicht hätten stemmen können, wie zum Beispiel teure Schiffsexpeditionen, den Bau von Eisenbahnen, die Industrialisierung und unzählige Innovationen, die unser Leben besser gemacht haben.

Bis heute wird das Profitstreben einiger Aktiengesellschaften zu Recht für viele Übel in der Welt verantwortlich gemacht. An einer Tatsache kommt man aber nicht vorbei: Aktiengesellschaften bestimmen unser aller Lebenswirklichkeit in einem nicht zu unterschätzenden Ausmaß.

Ein kleiner Rundgang durch die Aktienwelt

Bevor Sie morgens das Haus verlassen, um zur Arbeit oder wohin auch immer zu gehen: Werfen Sie einen Blick auf Ihr Smartphone? Welche Marke haben Sie? Apple, Samsung, Xiaomi? Welcher Telekommunikationsanbieter versorgt Sie unterwegs mit mobilen Daten? Vodafone, Telefonica oder die Deutsche Telekom? Alles Aktiengesellschaften. Wenn Sie sich auf den Weg zu Ihrem Arbeitsplatz machen, fahren Sie mit dem Auto? Dann wird es sicher ein Auto sein, das eine Aktiengesellschaft gebaut hat. In Deutschland sind etliche erfolgreiche Autobauer beheimatet. Oder nehmen Sie lieber ein Fahrrad? Vielleicht ist die Gangschaltung von Shimano, einer japanischen Aktiengesellschaft? Oder bevorzugen Sie den öffentlichen Nahverkehr, dessen Busse von Autokonzernen und dessen Züge meist von Siemens, Alstom, Bombardier oder Talgo fabriziert werden?

Wenn Sie auf Ihrem Weg von Weitem einige Windräder sehen, könnte es sein, dass sie von Vestas oder Nordex gebaut wurden. Und auf den letzten Metern zu Ihrem Ziel kommen Sie vielleicht an einer Filiale von Starbucks vorbei?

Springen Sie nun in Gedanken an Ihren Arbeitsplatz, wenn Sie noch beruflich aktiv sind – oder Ihren früheren Arbeitsplatz, wenn Sie es nicht mehr sind. Wahrscheinlich steht irgendwo in der Nähe Ihres Arbeitsplatzes ein Computer. Egal um welche Marke es sich handelt, er wurde mit Sicherheit zumindest überwiegend von einer Aktiengesellschaft hergestellt. Das Gleiche gilt für das Betriebssystem, wenn es von Microsoft oder Apple stammt. Wenn Sie gelegentlich an Online-Meetings teilnehmen, verwenden Sie vielleicht Zoom, Teams oder Webex? Auch das sind Produkte von Aktiengesellschaften.

Was machen Sie in der Mittagspause? Gehen Sie zum familiengeführten Italiener um die Ecke, der womöglich Nudeln des Nahrungsmittelkonzerns Barilla verarbeitet? Oder sind Sie Fan von McDonalds? Trinken

Sie zum Essen gerne eine Coca-Cola oder lieber eine Pepsi?

Nach dem Essen, die Sonne scheint, da bietet sich ein kleiner Umweg zur Apotheke an, in der Sie noch schnell ein E-Rezept einlösen könnten – für ein Medikament, das vielleicht von Johnson&Johnson, Novartis oder Bayer stammt?

Schließlich wartet der Feierabend auf Sie. Wie verbringen Sie diesen am liebsten? Wieder einmal mit dem Partner beziehungsweise der Partnerin, den Kindern oder Enkeln ins Kino gehen und sich den neuesten Blockbuster von Marvel (gehört zu Disney), Columbia Pictures (gehört zu Sony) oder New Line Cinema (gehört zu Warner Bros. Discovery) ansehen? Oder lieber zu Hause auf dem Sofa die neueste Serie von Netflix schauen oder online mit Freunden ein Videospiel von Nintendo oder Electronic Arts spielen? Weder noch? Wie dem auch sei, wenn Sie einen Fernseher besitzen, dann wurde er wahrscheinlich von einer Aktiengesellschaft gebaut.

Dieser gedankliche Rundgang zeigt, dass in unserer Lebensrealität viele Aktiengesellschaften nicht wegzudenken sind. Wenn Sie jetzt neugierig geworden sind, können Sie im Internet nach den Marken oder Unternehmen suchen, denen Sie in Ihrem Leben immer wieder begegnen. Die Chancen stehen gut, dass Sie (das eine oder andere Mal) mit einer Aktiengesellschaft in Berührung kommen. Fakt ist: Viele Produkte all dieser Unternehmen und Tausender weit weniger bekannter Unternehmen werden täglich von Verbrauchern und anderen Unternehmen gekauft, weil sie eines ihrer Bedürfnisse befriedigen. Man kann darüber streiten, wie man zu all diesen Produkten steht. Bedürfnisse und Geschmäcker sind eben verschieden. Ohne jeden Zweifel gibt es auch Unternehmen, die aus reiner Profitgier den Verbrauchern Produkte verkaufen, die sie nicht brauchen und die ihren Bedarf nicht decken. Das wissen die Verbraucherzentralen aus eingereichten Beschwerden und aus der Verbraucherberatung wie kaum eine andere Institution. Und es ist Ihr gutes Recht, diese Lebenswirklichkeit unserer Konsumgesellschaft im Ganzen oder in Teilen kritisch zu sehen.

Es gibt auch gute Argumente dafür, unseren konsumorientierten Lebensstil für die Klimakrise und die Zerstörung unserer Lebensgrundlagen verantwortlich zu machen. Aus diesem Grund ist in den letzten Jahren die Kritik am Kapitalismus immer lauter geworden. Für die einen ist er Garant für Wachstum und Wohlstand, für die anderen steht sein Ende unausweichlich bevor: Dieses Wirtschaftssystem zerstöre den Planeten und zersetze die Demokratie durch zunehmende Kapital- und Machtkonzentration. Am Kapitalismus scheiden sich die Geister. Schon der Begriff ist negativ besetzt, und die Börse wird, übrigens oft fälschlicherweise mit dem Kapitalismus gleichgesetzt. Dabei ist die Börse, mal einfach betrachtet, nichts anderes als ein Wochenmarkt, auf dem statt Obst und Gemüse Aktien, Schuldverschreibungen und Ähnliches gehandelt werden.

HINTERGRUND

Kritik am Kapitalismus

Kapitalismus ist ein Wirtschaftssystem, in dem Produktionsmittel in Privateigentum sind. Entstanden Anfang des 19. Jahrhunderts mit der Industrialisierung, basiert er auf Privateigentum, Gewinnstreben und Marktwettbewerb. Der Staat greift in modernen kapitalistischen Systemen ein, aber die Marktkräfte entscheiden über Produktion und Preis. In Deutschland wurde die Soziale Marktwirtschaft eingeführt, um die Vorteile der Marktwirtschaft zu nutzen und die Folgen einiger unsozialer Auswirkungen wie Arbeitslosigkeit zu reduzieren oder zu vermeiden.

Kritik am Kapitalismus richtet sich oft gegen die übermäßige Anhäufung von Reichtum bei einigen Wenigen, rücksichtsloses Gewinnstreben und fehlenden Marktwettbewerb. Während es der Kapitalismus ermöglicht, dass Unternehmen Wohlstand schaffen, führt das immense Vermögen einiger weniger zu politischem Einfluss, der die Demokratie untergräbt. Der wachsende Einfluss der Reichen widerspricht der Gleichheit vor dem Gesetz und der Solidarität. Auch die Umweltzerstörung ist eine negative Seite des Systems. Unter den richtigen Marktregeln, für die die Politik verantwortlich ist, kann das Gewinnstreben auch Innovationen wie erneuerbare Energien und die Entwicklung lebensrettender Medikamente fördern.

„... es braucht ein Gegengewicht zur Finanzlobby, mit klarem Wertekompass, Sachverstand und starkem Rückhalt in der Bevölkerung."

Dr. GERHARD SCHICK, Vorstand von Finanzwende e. V.

Was sind Ihre Forderungen für einen funktionierenden Finanzmarkt?
Finanzmärkte brauchen starke Regeln und eine Aufsicht, die diese konsequent durchsetzt. Sonst wird es für uns alle extrem teuer. Das haben die Finanzkrisen und Betrugsfälle der letzten Jahre deutlich gezeigt. Etwa Wirecard: Defizite bei Bilanzkontrolle, Wirtschaftsprüfung und Finanzaufsicht führten zu Milliardenverlusten für Anlegerinnen und Anleger.

Warum fehlt es bisher an diesen Strukturen?
Weil die Unternehmen der Finanzbranche so viel Geld wie keine andere Branche in Lobbyarbeit „investieren", gelingt es ihnen regelmäßig, politische Unterstützung für ihre Anliegen zu organisieren. Auch dafür ist Wirecard mit einem Lobbybudget von 62 Millionen Euro für die Jahre 2016 bis 2020 ein trauriges Beispiel. Gleichzeitig lassen sich Seitenwechsler aus der Politik nach ihrer politischen Karriere ihr Wissen als Lobbyistinnen und Lobbyisten vergolden und schaffen so ein undurchsichtiges Netzwerk.

Was könnte dem entgegenwirken?
Es braucht ein Gegengewicht zur Finanzlobby, mit klarem Wertekompass, Sachverstand und starkem Rückhalt in der Bevölkerung. Deshalb haben wir den Verein Bürgerbewegung Finanzwende gegründet. Unser Ziel ist, dass die Finanzmärkte uns Kundinnen und Kunden dienen: mit guten Dienstleistungen, mit verständlichen und günstigen Finanzprodukten.

Aber nun zurück zu den ETFs als Geldanlage und Altersvorsorge. Wer den Kapitalismus als Wirtschaftssystem kritisch sieht, mit allen Begleiterscheinungen wie dem Klimawandel und den zunehmend knapper werdenden Ressourcen, stellt sich unweigerlich die Frage: Ist es ethisch vertretbar, Produkte und Dienstleistungen von Aktiengesellschaften zu erwerben oder in deren Aktien zu investieren? Dazu kann man kontrovers diskutieren. Bedenken Sie Folgendes:

→ **Die Verantwortung liegt bei der Gesellschaft, nicht allein beim Einzelnen:** Die Individualisierung eines gesellschaftlichen Problems bietet keine Lösung. Die Verantwortung für das Regelwerk, unter dem Unternehmen agieren und Einfluss ausüben können, trägt die gesamte Gesellschaft. Dieses Problem lässt sich nicht allein durch das Konsum- oder Anlageverhalten der Bürgerinnen und Bürger lösen. Es erfordert politische und regulatorische Veränderungen, um unerwünschte Effekte zu minimieren.

→ **Greenwashing im Finanzsektor:** Greenwashing ist in der Finanzwelt weit verbreitet. Lassen Sie sich nicht von nachhaltigen Versprechungen der Finanzindustrie blenden, ohne sie kritisch zu hinterfragen (mehr dazu → Seite 186).

Denken Sie nochmals an den Aktien-Rundgang (→ Seite 46). An all den Unternehmen, die aus unserer Lebensrealität nicht wegzudenken sind, können Sie sich beteiligen – und das mit Aktien-ETFs schon für kleine Anlagesummen. Das klingt relativ sicher? Einerseits ja, denn die Dividendenzahlungen schwanken bei einer so breiten Streuung von Jahr zu Jahr nicht besonders stark. Das bietet eine gewisse Sicherheit. Andererseits ist die Bewertung der Unternehmen an der Börse unvorhersehbar. Wenn Sie an einem Tag zum Beispiel 10.000 Euro in einen Aktien-ETF investieren, kann es passieren, dass ein paar Wochen später der Wert auf 7.000 Euro geschrumpft ist. Wer in Aktien-ETFs investieren will, sollte daher wissen, wie es an der Börse normalerweise zugeht.

Börse: Das Auf und Ab gehört dazu

André Kostolany, der sich spätestens seit den 1970er-Jahren mit zahlreichen Kolumnen und Büchern einen Namen als Börsenexperte gemacht hatte, prägte für die Börse folgendes sprachliche Bild:

„Mit der Wirtschaft und der Börse verhält es sich wie mit einem Mann und seinem Hund beim Spaziergang. Der Mann geht langsam und gleichmäßig. Der Hund läuft hin und her. Aber beide gehen in die gleiche Richtung. Der Mann ist die Wirtschaft, der Hund ist die Börse."

Kostolanys Beschreibung macht deutlich, dass die Aktienkurse und die wirtschaftliche Entwicklung der Volkswirtschaft, insbesondere aber der Aktiengesellschaften zusammenhängen, wenn auch relativ lose. Gleichzeitig bringt es die Unberechenbarkeit der Aktienkursentwicklung wunderbar zum Ausdruck: Das Herrchen wird kaum ahnen, an welcher Ecke der Hund nicht mehr mitläuft, sondern stehen bleibt (Aktienkurse steigen nicht oder fallen sogar), um interessante Düfte zu erschnüffeln, und wann er in ungezügelter Vorfreude ein Stück des Weges voranstürmt (Aktienkurse steigen dynamisch). So kann es vorkommen, dass trotz guter wirtschaftlicher Entwicklung eines

Unternehmens der Aktienkurs immer noch niedriger ist als vor einigen Jahren. Ist der Weg steinig und steil (die Wirtschaft wächst nicht oder schrumpft), gehen Hund und Herrchen etwas langsamer oder legen eine längere Pause ein (die Aktienkurse fallen oder crashen sogar). Geht es dagegen sanft auf einer Wiese bergab, vielleicht sogar mit Rückenwind (die Weltwirtschaft boomt), geht es für beide etwas leichter und schneller. Mal eilen die Börsenkurse der erhofften wirtschaftlichen Entwicklung weit voraus, mal hinken sie ihr hinterher. Dieses Auf und Ab ist der Normalzustand an der Börse. Allerdings klingt das viel harmloser, als es ist. Denn so mancher Crash hat in der Vergangenheit schon Existenzen vernichtet.

Am „Schwarzen Donnerstag", dem 24. Oktober 1929 verlor der Dow Jones Industrial Average Index an einem Tag 11 Prozent seines Werts. Am darauffolgenden „Schwarzen Montag" verlor er weitere 12,8 Prozent und am „Schwarzen Dienstag" noch einmal 11,7 Prozent. Abb. 7 zeigt den Menschenandrang vor der New Yorker Börse an diesem Tag. Viele mussten oder wollten panikartig ihre Aktien loswerden. Dies war der Beginn der als Great Depression bekannten Wirtschaftskrise, die das Ende einer Phase beispiellosen Wirtschaftswachstums einläutete, die als Roaring Twenties bekannt geworden ist. Zuvor hatte sich der Dow Jones innerhalb von nur acht Jahren von 63 Punkten im August 1921 auf 381 Punkte im September 1929 versechsfacht. Innerhalb von zwei Wochen hatte der Dow Jones fast die Hälfte seines Werts eingebüßt. Die Talfahrt setzte sich bis zum Sommer 1932 fort, als der Dow bei rund 41 Punkten schloss – dem niedrigsten Stand des 20. Jahrhunderts und 89 Prozent unter seinem Höchststand, der erst im November 1954 wieder erreicht werden sollte. Eine Durststrecke am Aktienmarkt, die 25 Jahre andauerte? So stellt sich dies jedenfalls mit Blick auf den Dow-Jo-

Abb. 7: Wall-Street-Börsenkrach 1929. Viele mussten oder wollten panikartig ihre Aktien loswerden.

nes-Index dar. Einen anderen vergleichbar bekannten Aktienindex gab es zu der Zeit nicht.

Was sich vor dem Hintergrund dieser Zahlen wie ein epischer Crash an der Börse anhört, war in Wirklichkeit zwar ein heftiger Crash, aber längst nicht so dramatisch, wie oft dargestellt. Denn Sie erinnern sich: Der Dow Jones Industrial Average Index ist ein Preisindex. Schon aus diesem Grund ist er nicht repräsentativ für die Entwicklung des Aktienmarkts. Hinzu kommt die kuriose Gewichtung der Indexbestandteile nach dem Preis. Wie Gerd Kommer und Felix Großmann in ihrem Blog darlegen (**gerd-kommer.de**), lag die Dividendenrendite von US-Aktien in der ersten Hälfte des 20. Jahrhunderts im Durchschnitt bei über 5 Prozent per annum. Allein zwischen 1929 und 1954 summierte sich die Dividendenrendite auf 142 Prozent. Zudem sind nominale Indexzahlen nicht aussagekräftig, da sie nichts über die reale Kaufkraftentwicklung aussagen. Auf den Börsencrash von 1929 folgte jedoch ein starker Preisverfall (Deflation), der durch eine beispiellose Wirtschaftskrise ausgelöst wurde. Will man den Kaufkraftverlust messen, den eine Aktienanlage nach dem Börsencrash erlitten hat, muss man den Indexstand nicht nur um Dividendenerträge, sondern auch um Inflation beziehungsweise Deflation bereinigen. Immerhin sanken die Preise vom Herbst 1930 bis zum Winter 1933 um fast 30 Prozent, wie die amerikanische Notenbank schreibt, nachzulesen unter **federalreservehistory.org**. So zeichnen Kommer und Großmann für den Crash von 1929 auf der Basis repräsentativer und realer Indexdaten folgendes Bild: Der Kursrückgang betrug nicht 89, sondern 79 Prozent. Den alten Höchststand erreichten die Anleger bereits nach sieben Jahren, 1936, und nicht erst 1954. Wer kurz vor dem Crash US-Aktien gekauft hatte, hatte 25 Jahre später immerhin noch eine reale Rendite von rund 4,5 Prozent per annum einfahren können. Die Schwankungen waren heftig, aber unterm Strich ist das eine reale Rendite, die nicht ganz so weit unter dem historischen langfristigen Durchschnitt liegt.

Schließlich weisen Kommer und Grossmann zu Recht darauf hin, dass der US-Aktienmarkt nicht mit dem globalen Aktienmarkt gleichgesetzt werden kann und dass ein global anlegender Investor sein Vermögen nicht ausschließlich in US-Dollar betrachtet, sondern in der für ihn relevanten Währung, sei es Pfund, Schweizer Franken oder Euro. In diesem Licht betrachtet, verliert der Crash von 1929 einen großen Teil seines Schreckens. Die Autoren fassen zusammen, dass er sich vielmehr in ein „allgemeines Grundmuster" einreiht, bei dem der weltweite Aktienmarkt innerhalb von ein bis drei Jahren rund 40 bis 60 Prozent seines realen Werts verliert.

HINTERGRUND

Dow-Jones-Crash von 1929: Eine Einordnung

- Der Dow Jones enthält als Kursindex keine Dividendenerträge, weshalb er nicht repräsentativ ist für ein Investment in Aktien.
- Der Dow Jones ist wegen seiner Preisgewichtung nicht einmal repräsentativ für den US-Aktienmarkt.
- Die nominale Betrachtung des Dow Jones ist nicht zielführend, denn Deflation dämpfte den Kaufkraftverlust: In realen Werten waren die Verluste geringer.
- Bei globaler Streuung des Aktieninvestments fielen die Verluste noch geringer aus.

In der jüngeren Börsengeschichte gab es die **Dotcom-Blase**, die **Finanzkrise** und den **Corona-Crash**. Diese drei Börsencrashs hatten jeweils völlig unterschiedliche Ursachen. Da sich ein Crash entsprechenden Ausmaßes aber jederzeit wiederholen kann und wahrscheinlich eines Tages auch wird, soll im Folgenden kurz auf sie eingegangen werden. Denn Sie müssen sich darüber im Klaren sein, was alles auf Sie zukommen kann, wenn Sie Ihr Geld in Aktien-ETFs investieren.

Die Dotcom-Blase von 2000

Die Dotcom-Blase (auch als Internet-Blase, New-Economy-Blase bezeichnet) war eine klassische Spekulationsblase am Aktienmarkt, die durch neue Technologien und die Hoffnung auf völlig neue Marktchancen ausgelöst wurde. Professor Robert Shiller lehrt an der Yale University und erhielt 2013 den Nobelpreis für Wirtschaftswissenschaften. Er warnte in seinem Buch „Irrationaler Überschwang“ (Campus Verlag) sowohl vor der Dotcom-Blase als auch vor der Immobilienblase, die später die Finanzkrise auslösen sollte. Er definiert eine Spekulationsblase sinngemäß als Situation, in der Nachrichten über Preiserhöhungen den Enthusiasmus der Anleger beflügeln, der sich durch psychologische Ansteckung von Person zu Person verbreite, wobei Geschichten, die die Preiserhöhung rechtfertigen könnten, verstärkt würden und eine immer größere Gruppe von Anlegern hinzukäme, die trotz Zweifel am tatsächlichen Wert der Investition teils durch Neid auf die Erfolge anderer und teils durch die Begeisterung eines Spekulanten angezogen würden.

Wer diese Definition heute liest, denkt vielleicht unwillkürlich an die verheißungsvollen Erzählungen über dezentrale Währungen wie die erste Kryptowährung Bitcoin, deren Preisentwicklung so manche Spekulationsblase in den Schatten stellt. Oder denken Sie etwa an die bevorstehenden Entwicklungen im Bereich der künstlichen Intelligenz, die bei Investoren in KI-Aktien eine große Euphorie ausgelöst haben. Doch zurück zur Dotcom-Blase. Zwischen November 1997 und März 2000 stieg der Dow Jones um 40 Prozent, während der technologielastige Nasdaq-Index um 185 Prozent stieg. Am 10. März 2000 erreichten die Kurse der Internet- und Technologie-Aktien ihren Höhepunkt. Die Aktien im Nasdaq-Index verloren 78 Prozent und sein kleiner deutscher Bruder, der Nemax-50-Index, sogar 97 Prozent ihres Werts. Ein weltweites Aktienportfolio, gemessen am MSCI World, verlor etwas mehr als 50 Prozent seines Werts.

Das Platzen der Dotcom-Blase hat dennoch nichts daran geändert, dass sich einige der großen Hoffnungen und Erwartungen an die neue Technologie erfüllt haben. Die digitale Wirtschaft ist längst Teil unseres Alltags geworden. Konzerne wie Amazon (Börsengang 1997) und eBay (1998) sowie etwas später Google (2004) und Meta (2012) gehören heute zu den Gewinnern der Internettechnologie, was sich auch in ihrer beeindruckenden Kursentwicklung widerspiegelt. Hunderte anderer Dotcom-Unternehmen sind verschwunden. An ihre Namen erinnert sich heute kaum noch jemand.

Die Finanzkrise 2007 bis 2008

Die Finanzkrise, die nur sieben Jahre nach dem Dotcom-Crash einen erneuten Börsencrash und eine Weltwirtschaftskrise auslöste, hatte ihren Ursprung weder in einer neuen Technologie noch in überzogenen Erwartungen an börsennotierte Unternehmen. Sie kam aus einer ganz anderen Ecke des Kapitalmarkts: dem Immobilienmarkt. Robert Shillers Definition einer Blase passt zur damaligen Situation auf dem US-Immobilienmarkt: Praktisch alle Immobilienbesitzer hatten eine lange Phase der Wertsteigerung hinter sich. Zwischen 1997 und 2006 haben sich die Immobilienpreise mehr als verdoppelt. Beflügelt von der Begeisterung über die Wohlstandsgewinne durch Immobilienbesitz verbreitete sich durch psychologische Ansteckung der Irrglaube, die Preise würden immer weiter steigen.

Dass sich der Immobilienpreisboom in den USA zu einer globalen Finanzkrise entwickeln konnte, hat aber nicht nur mit dem Versagen des Marktes zu tun, sondern auch mit einer gehörigen Portion krimineller Energie in der Finanzbranche. Möglich wurde die Finanzkrise durch eine Kreditvergabepraxis, bei der die Bonität der Schuldner keine Rolle mehr spielte, weil die Kredit gebenden Banken ihre (faulen) Kredite gleich als Wertpapiere verpackt an Investoren in aller Welt weiterverkauften. Diese faulen Kredite verursachten weltweit bei vielen

Finanzinstituten und Versicherern große Probleme und führten unter anderem auch zur Pleite der Investmentbank Lehman Brothers, was bis zu 50.000 Anlegerinnen und Anlegern in Deutschland erhebliche Verluste bescherte. Banken und Sparkassen hatten ihnen Zertifikate verkauft, die im Zuge der Lehman-Pleite unter die Räder kamen.

Um die Finanzkrise zu stoppen, mussten die Staaten zunächst mit Steuergeldern Banken und Versicherer retten („too big to fail") und dann Konjunkturpakete finanzieren, um die Wirtschaft zu stützen. Vielleicht erinnern Sie sich noch an die sogenannte Abwrackprämie, mit der in Deutschland der Verkauf von Neuwagen angekurbelt wurde. Der weltweite Aktienmarkt ist während der Finanzkrise übrigens ähnlich stark eingebrochen wie beim Dotcom-Crash.

Der Corona-Crash 2020

Die Covid-19-Pandemie ist ein Paradebeispiel dafür, wie sich ein von außen kommender, nicht vorhersehbarer Schock auf die Aktienmärkte auswirken kann. Sie löste den schnellsten und kürzesten Börsencrash aller Zeiten aus.

Die Unsicherheit über die Auswirkungen der Pandemie und des Shutdowns auf die wirtschaftliche Entwicklung und die Unternehmensgewinne war enorm und führte zu Kursverlusten des MSCI World Index von rund 34 Prozent innerhalb nur eines Monats. Dass dieser Kursverlust bereits nach sechs Monaten wieder aufgeholt werden konnte, dürfte auch viel damit zu tun haben, dass Pharmahersteller wie Biontech und Pfizer, beides übrigens Aktiengesellschaften, bereits im April 2020 den Start einer klinischen Studie für einen bereits entwickelten Impfstoff ankündigten.

Nachdem Sie sich nun ein wenig mit dem unvermeidlichen Auf und Ab an der Börse vertraut gemacht haben, erfahren Sie im nächsten Abschnitt, warum es sich lohnen kann, das Risiko einer Aktienanlage einzugehen und den damit verbundenen „Stress" auszuhalten.

Renditen der Anlageklassen

Im Wesentlichen lassen sich Geldanlagen in die folgenden typischen Anlageklassen unterteilen:

- → Bargeld und Sichteinlagen
- → Schuldverschreibungen
- → Aktien
- → Rohstoffe
- → Immobilien

Kryptowerte sind hier als Anlageklasse nicht aufgeführt. Sie zahlen weder Zins noch Dividende und besitzen keinerlei inneren Wert. Anders als Rohstoffe kann man sie nicht einmal zur industriellen Produktion verwenden. Es handelt sich daher um rein spekulative Werte.

Für die genannten typischen Anlageklassen liegen historische Renditedaten vor, wobei die Daten für den US-amerikanischen Kapitalmarkt am weitesten in die Vergangenheit zurückreichen.

> **!** WICHTIG
>
> **Geldmarkt, T-Bills, Bonds, Rentenmarkt**
>
> Alle kurzfristig verfügbaren Geldanlagen mit Zinsanspruch (Tagesgelder, Sichteinlagen, Termin- oder Festgelder sowie Schuldverschreibungen mit kurzen Laufzeiten) kann man als den **Geldmarkt** zusammenfassen. In den US-amerikanischen Studien repräsentieren die als **T-Bills** (Treasury Bills) bekannten dreimonatigen US-Staatsanleihen eine Anlage am Geldmarkt. Ist die Laufzeit der Zinspapiere aber länger als ein Jahr, spricht man vom **Rentenmarkt** (im Englischen: **Bonds**).

In den letzten Jahrzehnten haben Forscher weltweit historische Daten zu den wichtigsten Anlageklassen recherchiert und ausgewertet, um ihre langfristige Entwicklung besser zu verstehen. Aktien und Anleihen wurden bereits lange vor der Einführung moderner Indizes gehandelt. Für den ältesten globalen Aktienindex MSCI World Index liegen Daten erst seit dem 31.12.1969 vor. Um jedoch die Entwicklung der globalen Aktienmärkte vor dieser Zeit nachvollziehen zu können, wird oft das Regelwerk der Indexberechnung auf ältere Daten angewendet. Das stellt die Wissenschaftler vor erhebliche Herausforderungen: Welche Unternehmen waren zu einem bestimmten Zeitpunkt an der Börse notiert? Wie haben sich ihre Kurse über die Zeit entwickelt? Wann und in welcher Höhe wurden Dividenden ausgeschüttet? Ferner müssen Aktiensplits, Übernahmen oder Delistings berücksichtigt werden. Da diese Informationen oft nicht zentral verfügbar sind, mussten sie mühsam aus historischen Dokumenten, insbesondere Zeitungsarchiven, rekonstruiert werden. Eine besonders beeindruckende und aufschlussreiche Darstellung dieser historischen Entwicklung stammt vom Wirtschaftswissenschaftler Jeremy J. Siegel, einem führenden Experten auf dem Gebiet langfristiger Investments. In seinem Buch „Stocks for the Long Run" (deutsche Ausgabe: „Aktien für die Ewigkeit"), zeigt Siegel anhand von Daten aus den USA die langfristige Performance von Aktien im Vergleich zu den anderen Anlageklassen: Bonds steht für den Rentenmarkt, Bills steht für den Geldmarkt, US-Dollar steht für Bargeld. Aus dieser Grafik (→ Abb. 8, Seite 57) lassen sich wichtige Schlussfolgerungen ziehen.

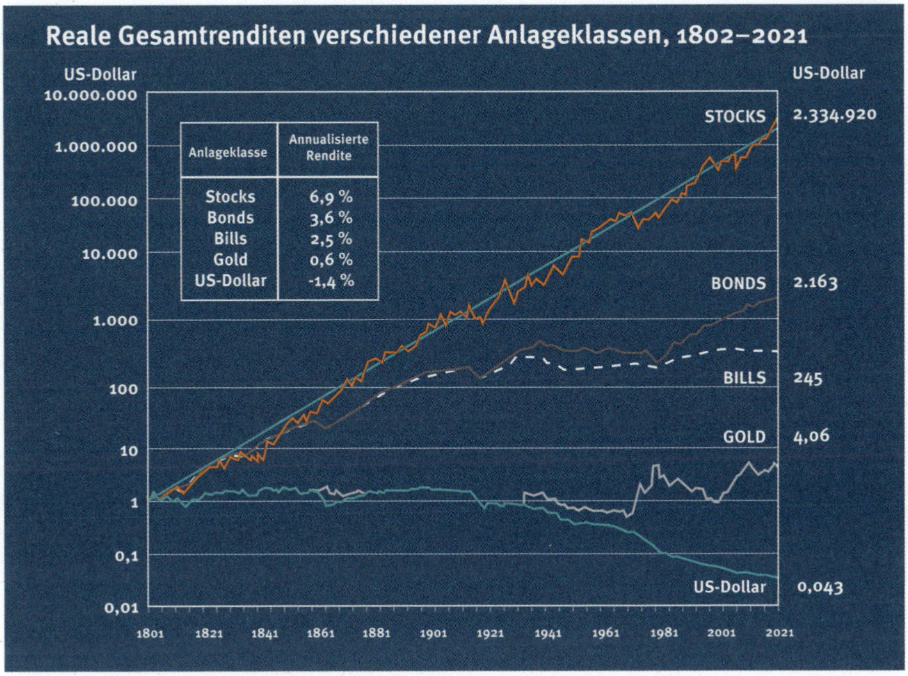

Abb. 8: Langfristige Renditen im Überblick.

- **Auf der horizontalen Achse** finden Sie die Kalenderjahre 1801–2021. Es wurden also Kapitalmarktdaten der USA aus 220 Jahren ausgewertet.
- **Auf der vertikalen Achse** steht der reale Gegenwert einer Anlage in US-Dollar, wobei etwaige Erträge reinvestiert wurden. Man kann also einen Dollar im Jahr 1801 mit einem Dollar im Jahr 2021 vergleichen, da der Kaufkraftverlust bereits berücksichtigt wurde. Außerdem ist die vertikale Achse logarithmisch skaliert. Das bedeutet, dass gleich große Abschnitte auf der Achse gleich große relative Veränderungen darstellen. Der Abstand von 1 US-Dollar zu 10 US-Dollar (Verzehnfachung) ist der gleiche wie der Abstand von 10 US-Dollar zu 100 US-Dollar.

Nun zu den dargestellten Kurven: Die Kurve mit der Bezeichnung **US-Dollar** zeigt den realen Gegenwert eines US-Dollar im Zeitverlauf. In den ersten hundert Jahren gab es in den USA praktisch keine Inflation. Danach hat der Dollar aber stetig an Kaufkraft verloren. Ein Dollar aus dem Jahr 1801 hat im Jahr 2021 nur noch eine Kaufkraft von 0,043 US-Dollar.

Betrachtet man nun die Entwicklung einer Anlage in **Gold**, so stellt man fest, dass der Wert des Goldes gemessen an seiner

Kaufkraft in den ersten 160 Jahren relativ wenig schwankte. Allerdings bot eine Anlage in Gold ab den 1970er-Jahren auch einen gewissen Schutz vor Inflation. Der 1801 in Gold angelegte US-Dollar hatte 220 Jahre später eine Kaufkraft von 4,06 US-Dollar. Das entspricht einer realen Rendite von 0,6 Prozent pro Jahr.

Die nächste Anlageklasse in der Grafik sind die **US-Bills** (Geldmarkt, T-Bills). Hier konnten die Anleger ihr Geld in den ersten hundert Jahren real vervielfachen. So wurden aus einem Dollar nach hundert Jahren 100 Dollar. Doch im letzten Jahrhundert war mit einer Anlage in T-Bills kaum noch etwas zu verdienen, es reichte gerade einmal, um die Inflationsrate auszugleichen. Eine Investition in langfristige Schuldverschreibungen (Bonds) war da schon deutlich lukrativer.

Im Vergleich dazu weist die Anlage in **US-Stocks, also Aktien** (Stocks) über die gesamten 220 Jahre eine höchst bemerkenswerte Konstanz auf. Werfen Sie einen Blick auf den Einbruch Ende der 1920er-Jahre (Große Depression) oder auf die beiden Einbrüche zu Beginn dieses Jahrhunderts (Dotcom-Blase und Finanzkrise). In der Grafik tauchen diese drei Crash-Ereignisse nur noch als vorübergehende kleinere Rücksetzer auf. Die vielleicht verblüffendste Zahl in der Grafik ist aber: Eine Anlage von einem US-Dollar im Jahr 1801 in Aktien hätte im Jahr 2021 einer Kaufkraft von sagenhaften

GUT ZU WISSEN

Der Zinseszinseffekt, „das achte Weltwunder“

Albert Einstein wird immer wieder nachgesagt, er habe den Zinseszinseffekt als achtes Weltwunder bezeichnet. Ein eingängiges Zitat, auch wenn es gar nicht von ihm stammt. Wenn Sie die obigen Zahlen nachrechnen wollen, können Sie das wie folgt tun:

Endkapital = Anfangskapital x (1 + Zinssatz per annum/100) ^ Anlagedauer in Jahren, wobei das ^-Zeichen für „hoch“ steht, also eine Potenzierung darstellt.

Im obigen Beispiel für Aktien: 1 x (1,069)^220 entspricht gerundet 2,37 Mio. Die Abweichung zur obigen Zahl ergibt sich aus der gerundeten Renditeangabe. Wenn Sie keinen Taschenrechner zur Hand haben, finden Sie im Internet Zinsrechner. Oder Sie verwenden eine Faustformel, die 72er-Regel: Dividiert man die Zahl 72 durch die jährliche Rendite, erhält man ungefähr die Anzahl der Jahre, die es dauert, bis sich der Anlagebetrag verdoppelt hat. Bei 6,9 Prozent hat sich Ihr Kapital also nach etwa 10 ½ Jahren verdoppelt. Nach 220 Jahren sind es rund 21 Verdoppelungen.

2.334.920 US-Dollar entsprochen. Bevor Sie jetzt die Stirn runzeln und sagen: Jetzt wird's aber albern, wie soll das denn gehen – werfen Sie einen Blick auf den Kasten, in dem die jährlichen Renditen für alle dargestellten Anlageklassen aufgeführt sind. Dieser sagenhafte Vermögenszuwachs ist das Ergebnis einfacher Mathematik: Die Rendite, die dahintersteht, beträgt (nur) 6,9 Prozent pro Jahr.

Das sind beeindruckende Zahlen für den größten Kapitalmarkt der größten Marktwirtschaft der Welt. Allerdings haben die USA weder einen Weltkrieg verloren noch eine Währungsreform erlebt. Für Deutschland sähen die Renditen aufgrund der Währungsreformen insbesondere am Geld- und Rentenmarkt ganz anders aus. Die Daten von Jeremy Siegel sind nicht repräsentativ für eine Anlage in den Aktienmarkt, die global breit gestreut ist. Daher ist es sinnvoll, den Blickwinkel zu erweitern und die globalen Kapitalmärkte zu betrachten. Dazu haben die Forscher Elroy Dimson, Paul Marsh und Mike Staunton, damals noch Professoren an der London Business School, Daten zu Finanzmarktrenditen für zahlreiche Länder seit 1900 ausgewertet und veröffentlicht. Die Publikation mit dem bezeichnenden Titel „Triumph of the Optimists: 101 Years of Global Investment Returns" erschien 2002 bei Princeton University Press. Seither werden die Untersuchungen laufend erweitert, aktualisiert und jährlich von der Schweizer Bank UBS im „UBS Global Investment Returns Yearbook" veröffentlicht. Die durchschnittliche reale Rendite für die 21 untersuchten Länder beträgt in der 2024 erschienenen Ausgabe des Jahrbuchs 5,1 Prozent per annum. Das ist deutlich weniger als der Wert für die USA, aber viel wichtiger ist, dass in allen Ländern Anleger mit Aktien eine höhere Rendite erzielen konnten als mit Renten. Diesen Unterschied nennt man Risikoprämie: Aktionäre können mit einer Prämie gegenüber einer Anlage in Renten rechnen als Ausgleich dafür, dass sie das Risiko hoher Wertschwankungen tragen müssen.

→ TIPP

Elroy Dimson, Professor für Finance an der University of Cambridge, gibt per Video einen Einblick in die Ergebnisse des von ihm mitverfassten UBS Global Investment Returns Yearbook 2024. Das Video ist in englischer Sprache, nutzen Sie bei Bedarf in den YouTube-Einstellungen die automatische Übersetzung auf Deutsch im Untertitel. Zum Video gelangen Sie hier

> GUT ZU WISSEN
>
> **Risikoprämie (Equity Risk Premium)**
>
> Die Rendite der Anlageklasse Aktien lag in der Vergangenheit im Durchschnitt deutlich über der Rendite aller anderen Anlageklassen. Gegenüber einer Anlage am Rentenmarkt betrug die Differenz in den USA im Durchschnitt über 220 Jahre 3,3 Prozent per annum, gegenüber einer Anlage am Geldmarkt sogar 4,3 Prozent per annum. Bei einer globalen Betrachtung über 21 Länder lag die Differenz zwischen der Rendite von Aktien und Renten im Zeitraum von 1900 bis 2023 ebenfalls bei 3,3 Prozent per annum. Diese Überrendite wird als Risikoprämie bezeichnet (englisch: Equity Risk Premium).

Was bedeuten die historischen Renditen nun für Ihre Anlagestrategie mit Aktien-ETFs?

- Die Aktienanlage hat sich im Durchschnitt an den Kapitalmärkten aller Länder langfristig immer gelohnt - trotz zweier Weltkriege und diverser Kurseinbrüche.
- Kurzfristige Zinspapiere sind für den langfristigen Vermögensaufbau nicht attraktiv.
- Die Anlageklasse Aktien war im langfristigen Vergleich die mit Abstand rentabelste Anlageklasse.

Werden Aktien auch in Zukunft die renditestärkste Anlageklasse bleiben? Ja, und zwar aus dem folgenden Grund. Die Zinsen, die Banken und Staaten zahlen können, müssen langfristig niedriger sein als die Renditen, die Unternehmen erzielen. Denn die Höhe dieser Zinsen hängt vor allem von der Kapitalnachfrage und dem Kapitalangebot der Unternehmen ab. Unternehmen nehmen nur dann Kredite auf, wenn sie damit Projekte finanzieren können, deren Renditen deutlich über den Zinskosten liegen.

Nun fehlt nur noch ein Vergleich mit der Anlageklasse **Immobilien**. Hier ist die Datenlage leider bei Weitem nicht so gut wie bei Wertpapieren. Die mangelhaften Daten sind auch der Grund dafür, dass die Forschungsergebnisse recht unterschiedlich ausfallen können. Die Wissenschaftler Jordà, Knoll, Kuvshinov, Schularick und Taylor haben die Renditen verschiedener Anlageklassen über 145 Jahre für 16 Länder analysiert („The Rate of Return on Everything, 1870–2015“). Über die Hauspreisentwicklung bestehe demnach weitgehend Konsens in der Literatur: Im langfristigen Mittel stiegen die Hauspreise etwas stärker als das allgemeine Preisniveau. Ihre Rendite war also real im positiven Bereich. Allerdings sei darin der Mietertrag beziehungsweise die ersparte Miete bei selbst genutztem Wohnraum nicht enthalten. Kalkuliere man diese mit ein, ergäbe sich eine Risikoprämie für die Anlage in Immobilien, die vergleichbar sei mit der Risikoprämie einer Anlage in Aktien.

Zu einer anderen Einschätzung gelangen die Autoren Gerd Kommer und Jonas Schweizer, die in ihrem Blog gerd-kommer.de ebenfalls eine Schätzung der Gesamtrendite von Immobilien veröffentlicht haben, in der sie zu deutlich niedrigeren Renditen kommen. Knackpunkte bei der Berechnung einer Gesamtrendite von Immobilien sind insbesondere die Schätzung der Mietrendite, der Instandhaltungskosten und der Versicherungskosten, für die jeweils keine validen langfristigen Daten vorliegen. Auf Basis ihrer Berechnungen stellen sie fest, dass die historischen Renditen von Wohnimmobilien „recht deutlich" unter denen von Aktien und etwas über denen von Staatsanleihen liegen. Wenn Sie sich für eine eigene Immobilie interessieren, finden Sie alle wesentlichen Informationen zur Frage „Kaufen oder Mieten" in der gleichnamigen Publikation von Gerd Kommer.

Die Berechnung von Renditen für die Anlageklasse **Rohstoffe** ist, abgesehen von einigen Metallen wie zum Beispiel Gold und Silber, für viele Rohstoffe ebenfalls komplizierter als bei Wertpapieren. Man denke nur an Palmöl, Kaffee, Tabak, Eier oder Zucker. Wer diese Rohstoffe kauft, muss mit erheblichen Lagerkosten rechnen, und eine langfristige Anlage ist bei verderblichen Waren nicht sinnvoll. Die Forscher Dimson, Marsh und Staunton stellen im UBS Global Investment Returns Yearbook 2023 bei einer Untersuchung der Preisentwicklung von 29 Rohstoffen zwischen 1900 und 2022 fest, dass 21 davon einen negativen realen Preisanstieg verzeichneten. Am besten schnitt Nickel mit einem realen Preisanstieg von 1,20 Prozent pro Jahr ab. Ein gleichgewichtetes Portfolio aus den 29 Rohstoffen legte erstaunlicherweise trotzdem real um gut 2 Prozent pro Jahr zu. Dass diese Rendite sogar über der von Nickel liegt, ist erstaunlich. Dieses Ergebnis ist auf die Risikostreuung, hier mittels der Gleichgewichtung, zurückzuführen. All diese Zahlen sind jedoch nicht aussagekräftig, wenn es darum geht, Rohstoffe als Investment zu betrachten. Kein Kapitalanleger wird physisch in einen Korb zum Teil verderblicher Rohstoffe investieren wollen, deren Lagerung mit Kosten verbunden ist. Außerdem ist es teuer, physisch gekaufte Rohstoffe später wieder zu verkaufen. In der Praxis investieren Anleger daher meist in **Rohstoff-Futures**. Dabei kauft man nicht den physischen Rohstoff, sondern nur das Recht, den Rohstoff zu einem bestimmten Liefertermin kaufen zu können („Future"). Der Preis für diese Lieferung wird ausgehandelt und spiegelt natürlich auch die Erwartungen der Marktteilnehmer über die zukünftige Entwicklung des Rohstoffpreises wider. Bevor dieser Liefertermin erreicht wird, verkauft man das Recht wieder und kauft dafür erneut das Recht, den Rohstoff zu einem weiter in der Zukunft liegenden Zeitpunkt zu erhalten. Auf diese Weise müssen die Investoren den Rohstoff nie abnehmen und lagern.

Die Preisentwicklung der Futures ist jedoch nicht identisch mit der Preisentwicklung der täglichen Rohstoffpreise. Warum das so ist, muss man nicht unbedingt im Detail wissen. Wichtig ist nur: Eine Investition zum Beispiel in Öl-Futures kann sich als Flop erweisen, obwohl sich der tägliche Ölpreis sehr gut entwickelt hat. Auch der umgekehrte Fall ist möglich. Aus den Futures verschiedener Rohstoffe kann wiederum ein **Rohstoffindex** konstruiert werden. Entsprechende Rohstoffinvestments orientieren sich in der Regel an einem Rohstoffindex wie beispielsweise dem S&P Goldman Sachs Commodity Total Return Index.

Wie hätte sich nun ein Investment in Rohstoff-Futures entwickelt? Die Wissenschaftler Dimson, Marsh und Staunton veröffentlichen im UBS Global Investment Returns Yearbook 2023 auch die Ergebnisse ihrer Berechnungen für eine Investition in ein gleichgewichtetes Portfolio von 29 Rohstoff-Futures für den Zeitraum von 1877 bis 2022. Für den untersuchten Zeitraum beobachten sie eine Risikoprämie von 3,28 Prozent pro Jahr gegenüber einer Investition in T-Bills. Das ist deutlich weniger als die Risikoprämie von US-Aktien gegenüber T-Bills in Höhe von 4,3 Prozent pro Jahr – aber deutlich mehr, als die Preisentwicklung der Rohstoffe hätte erwarten lassen.

Ein Blick auf den oben genannten Rohstoffindex und die Rohstoff-ETFs, die diesen oder einen anderen Rohstoffindex abbilden, zeigt jedoch, dass Rohstoffinvestments trotz der geringeren Risikoprämie deutlich riskanter sind als ein Aktieninvestment. Zwischen 2008 und 2020 verloren Anlegerinnen und Anleger mit Rohstoff-ETFs bis zu 90 Prozent des eingesetzten Kapitals. Ist es im Hinblick auf die Risikostreuung wichtig, auch in Rohstoffe zu investieren? Nein. Eine bequeme und rentable Anlagestrategie funktioniert auch sehr gut ohne die Anlageklasse Rohstoffe (mehr dazu → Seite 181).

HINTERGRUND

Kapitalrendite und Wachstumsrate

Die jährliche Rendite der gesamten Vermögenswerte aus allen Anlageklassen in einer Volkswirtschaft ist deutlich größer als die jährliche Wachstumsrate der Volkswirtschaft gemessen am Bruttoinlandsprodukt. Weltweit und in den meisten Ländern betrugen die Kapitalrenditen in etwa das Doppelte der Wachstumsrate der Wirtschaft („The Rate of Return on Everything, 1870–2015"). Der Grund dafür ist, dass im Bruttoinlandsprodukt auch risikoärmere Einkommensquellen wie Löhne und Gehälter enthalten sind, die nicht so stark wachsen wie die Einkommensquellen Aktien, Immobilien und Schuldverschreibungen, die mit höheren Risiken verbunden sind.

Dass eine Anlage in Aktien die Rendite einer langfristigen Anlagestrategie erhöht, ist eine wichtige Grunderkenntnis für Ihre persönliche Anlagestrategie. Ebenso wichtig ist aber auch die Erkenntnis, dass der fortlaufende Aktienhandel an den Börsen die Umsetzung einer Anlagestrategie mit Aktien-ETFs sehr einfach macht. Genau darum geht es im folgenden Abschnitt: die Markteffizienzhypothese. Klingt kompliziert, ist aber eigentlich ganz einfach.

Die Markteffizienzhypothese

Haben Sie selbst ein Unternehmen oder kennen Sie jemanden, der eines hat? Oder denken Sie einmal an Ihre Zahnarztpraxis vor Ort oder, wenn es Ihnen angenehmer ist, an Ihren Friseursalon. Was glauben Sie, wäre dieser Betrieb wert, wenn er verkauft würde? Schwer zu sagen, oder? Gehört die Immobilie dem Unternehmer bzw. der Unternehmerin? Hat das Unternehmen Kredite zur Finanzierung des Geschäfts? Gibt es weitere Vermögenswerte auf den Konten des Unternehmens? Und wie hoch ist der Gewinn? Angenommen, das Unternehmen erwirtschaftet nach Deckung aller Kosten einen Gewinn von 5.000 Euro im Monat, was wäre das Unternehmen dann wert? Das weiß wahrscheinlich auch Ihr Friseur oder Ihre Zahnärztin nicht so genau. Wissen kann man es erst, wenn ein Käufer eine Zahl nennt, zu deren Zahlung er bereit ist. Und genau das passiert an der Börse jede Sekunde. Bei jedem Börsenkurs wandern Aktien vom Verkäufer in die Tasche eines Käufers. Der eine verkauft die Aktie, weil er gerade Geld braucht, der andere, weil er zum aktuellen Kurs einen ordentlichen Kursgewinn einstreichen will. Und auf der anderen Seite steht ein Käufer, der den aktuellen Kurs vielleicht für ein Schnäppchen hält.

Wenn Sie also in einem Marktbericht zur aktuellen Entwicklung des DAX mit moderaten Kursgewinnen in Höhe von 1,2 Prozent lesen: „Anleger nutzen offenbar die niedrigen Kurse vom Vortag zum Einstieg", dann ist das nichts anderes als inhaltsloser Börsenjargon. Jeder einzelne Kurs ist das Ergebnis eines Handels zwischen zwei Parteien: Die eine nutzt den Kurs zum Einstieg, die andere zum Ausstieg. Es ergibt keinen Sinn zu behaupten, dass Anleger die Kurse zum Einstieg nutzen würden, weil jeder gekauften Aktie eine verkaufte Aktie gegenübersteht. Der aktuelle Kurs bringt stets Angebot und Nachfrage zum Ausgleich. Korrekterweise müsste es im Marktbericht also lauten: „Käufer und Verkäufer haben sich heute darauf geeinigt, dass die Unternehmen im DAX im Durchschnitt 1,2 Prozent mehr wert sind als gestern". Wenn Sie jetzt sagen: „Das ist doch lächerlich, warum sollten die Unternehmen an einem Tag 1,2 Prozent mehr wert sein als an einem anderen?" – dann haben Sie nicht ganz Unrecht. Eine rationale Erklärung für die kleinen täglichen Schwankungen des Aktienmarkts ist nicht immer plausibel. Und vorhersagen lassen sie sich schon gar nicht. Diese täglichen Schwankungen folgen einem **Zufallspfad** (englisch: random walk). Wenn der Kurs an einem Tag steigt, sagt das noch nichts darüber aus, ob er am nächsten Tag wieder steigt oder fällt.

Die Zufälligkeit kurzfristiger Aktienkursentwicklungen gab einem Buch seinen Namen, das erstmals 1973 erschien und heute längst ein Klassiker der Investmentliteratur ist: A Random Walk Down Wall Street. Der Autor Burton G. Malkiel war Professor für Wirtschaft und Finanzen in Yale und Princeton. In der deutschen in 2023 erschienenen aktualisierten Auflage seines Buches fasst er die Erkenntnisse der **technischen Analyse für Anleger** zusammen (→ Gut zu wissen). Bei der technischen Analyse geht es um die Erstellung und Interpretation von Kursverläufen (engl.: Charts, daher auch Chartanalyse). Dabei werden vergangene Kursverläufe und Handelsvolumina von Ak-

GUT ZU WISSEN

Die Chartanalyse ist wertlos

In „A Random Walk down Wall Street" stellt Burton G. Malkiel sinngemäß fest, dass sich die künftige Entwicklung anhand der Kurshistorie nicht verlässlich prognostizieren lässt. Technische Strategien hält er lediglich für amüsant und oft auch nervenberuhigend, aber im Grunde findet er sie wertlos. Von technischen Theorien hält er ebenfalls nichts, denn sie machten nur die Menschen reicher, die technische Dienste bereitstellen und vermarkten, oder sie wirtschaften den Brokern in die Tasche, die Techniker beschäftigen, weil sie hoffen, dass deren Analysen die Anleger dazu animieren könnten, ihnen mehr Aufträge zu erteilen.

tien untersucht, um die Richtung zukünftiger Veränderungen zu bestimmen.

Die **schwache Form der Markteffizienzhypothese** (auch **Effizienzmarkthypothese** genannt) lautet wie folgt:

→ Der Markt preist Informationen über die vergangene Kursentwicklung effizient in den aktuellen Kursen ein!

Wenn Sie irgendwo lesen, dass aufgrund der technischen Analyse jetzt ein besonders guter Zeitpunkt sei, Aktien zu kaufen (oder zu verkaufen), oder dass die Kurse weiter steigen (fallen) werden, wenn ein „Widerstand" (eine „Haltelinie") durchbrochen wird, dann amüsieren Sie sich darüber, aber richten Sie niemals Ihre Anlagestrategie danach aus. Auch dann nicht, wenn ein Charttechniker oder eine Charttechnikerin ein paar Mal richtiggelegen hat. Denn das wird einigen Charttechnikern rein zufällig immer mal wieder gelingen.

Neben der schwachen gibt es noch die mittelstrenge und die strenge Markteffizienzhypothese. Dabei geht es jeweils um die Frage, welche Informationen in den aktuellen Kursen eingepreist sind.

Nun zur **mittelstrengen Form der Markteffizienzhypothese.** Lohnt es sich denn wenigstens, Kennzahlen zur Geschäftslage und zur zukünftigen Entwicklung zu analysieren, um darauf aufbauend eine Anlagestrategie zu entwickeln (**Fundamentalanalyse**)? Hier schaut man nicht auf den Kursverlauf. Stattdessen versucht man, den wahren Wert des Unternehmens abzuschätzen. Ähnlich wie oben bei der Ermittlung des Werts einer Zahnarztpraxis oder eines Friseursalons. Die Idee ist relativ einfach: Der wahre Unternehmenswert ergibt sich letztlich aus den zukünftigen Gewinnen oder auch Dividenden.

Nehmen wir den Friseursalon als Beispiel: Der Salon erwirtschaftet monatlich einen Gewinn von 5.000 Euro, und das wird sich auch in Zukunft voraussichtlich nicht ändern. Wenn Sie den Salon kaufen, erhalten Sie einen Gewinn von 60.000 Euro pro Jahr. Wenn Sie den Salon für 600.000 Euro kaufen, erhalten Sie eine Rendite von 10 Prozent pro Jahr (Rechnung: 60.000 / 600.000 = 0,1 = 10 Prozent). Oder anders ausgedrückt: Wenn Sie eine Rendite von 10 Prozent erzielen wollen, dürfen Sie höchstens das Zehnfache des Gewinns bezahlen. Würde man hingegen das Zwanzigfache des Gewinns, in diesem Fall 1,2 Mio. Euro, bezahlen, läge die Rendite nur noch bei 5 Prozent. Diese Bewertungsidee kann man auf Aktien übertragen. Sie spiegelt sich in der Kennzahl **Kurs-Gewinn-Verhältnis** (KGV, im Englischen price/earnings, kurz P/E Ratio) wider.

GUT ZU WISSEN

Was ist das KGV?

Das **Kurs-Gewinn-Verhältnis,** kurz KGV, entspricht dem Kurs pro Aktie geteilt durch den Gewinn pro Aktie. Je höher der Wert, desto teurer ist das Unternehmen. Für die Aktien des Aktienindex MSCI World liegt es Ende 2024 bei etwa 22. Nach einem Börsencrash kann das KGV auch mal geringer als 10 sein, in Phasen hoher Gewinn- und Kurssteigerungen sogar über 30.

Für den Friseursalon beträgt das KGV bei einem Kaufpreis von 1,2 Mio. Euro genau 20. Der Kehrwert der Kennzahl ist die Gewinnrendite (Gewinn pro Aktie geteilt durch Kurs pro Aktie). In diesem Fall läge sie bei 5 Prozent. Die Gewinnrendite lässt sich am besten mit einem klassischen Zinssatz vergleichen. Wenn der Salon eine sichere Gewinnmaschine ohne Risiko ist, werden Sie wahrscheinlich bereit sein, ein KGV von 20 zu zahlen, um eine Rendite von 5 Prozent zu erzielen. Wenn Sie für andere sichere Geldanlagen deutlich weniger als 5 Prozent Zinsen erhalten, würden Sie vielleicht sogar einen noch höheren Preis für den Salon bezahlen. Aber leider ist die Welt der Prognosen alles andere als eine sichere Welt. Je nach Umsatz- und Kostenentwicklung wird der Jahresgewinn in der Realität wahrscheinlich schwanken. Wenn nebenan ein anderer Friseur aufmacht, kann die Konkurrenz den Gewinn auch ganz zunichtemachen. Würden Sie dann mit diesem Wissen immer noch ein KGV von 20 bezahlen? Schwierige Frage. Im Prinzip macht sich der Fundamentalanalyst all diese Gedanken und noch viele mehr. Er muss die zukünftige Umsatzentwicklung einschätzen, die weitere Marktentwicklung und die Konkurrenzsituation berücksichtigen, die Entwicklung der Betriebskosten, der Investitionskosten und so weiter. Der Analystin und dem Analysten stehen Konjunktur- und Marktprognosen, Bilanz und Gewinn- und Verlustrechnung und viele weitere Daten zur Verfügung. Im besten Fall kann man auch mit dem Management sprechen. Die Analyse all dieser Informationen dient in erster Linie dazu, die zukünftige Gewinnentwicklung vorherzusagen. Burton G. Malkiel wiederum verlangt von einem Fundamentalanalysten, dass er im Grunde ein Prophet sein müsse – nur ohne den Vorteil der göttlichen Eingebung. Ob die Fundamentalanalyse so wertlos wie die Chartanalyse ist, darüber lässt sich streiten.

Die wichtigsten Kritikpunkte am Nutzen der Fundamentalanalyse für den Anleger betreffen

→ den **Wert der Informationsgrundlage** selbst,

- die **Methodik der Wertermittlung** sowie
- die **Unberechenbarkeit von allgemeinen Marktstimmungen.**

Die **Informationsgrundlage** des Analysten ist in der Regel öffentlich zugänglich. Jeder andere hat diese Information auch, und in jedem Aktienkurs, der nach Bekanntwerden der Information ermittelt wird, wird diese Information bereits eingepreist sein. In der Praxis kann man dies täglich an der Börse beobachten: Sobald eine überraschend gute Nachricht über ein Unternehmen bekannt wird, steigt der Kurs. Spätestens nach drei Handelstagen haben sich die Kurse meist dauerhaft auf einem neuen Niveau eingependelt, wie die Forschenden Andreas Neuhierl, Anna Scherbina und Bernd Schlusche anhand von über 203.621 Pressemitteilungen von Unternehmen herausgefunden haben. Genau das ist mit „Einpreisen" von Informationen gemeint. Im Gegensatz dazu hätten nicht öffentliche Informationen (Insider-Informationen) einen hohen Wert, da sie anderen Marktteilnehmern noch nicht vorliegen und daher nicht eingepreist werden können. Insiderhandel ist jedoch strafbar.

Das nächste Problem der Fundamentalanalyse betrifft die **Methodik der Wertermittlung:** Angenommen, der Analyst hat gute Arbeit geleistet und die richtigen Informationen gesammelt. Dann stellt sich die Frage, wie all diese Informationen auszuwerten sind. Es gibt aber nicht die eine Methode der Fundamentalanalyse, sondern viele verschiedene, um aus gegebenen Informationen mittels mathematischer Berechnungen einen „wahren" Aktienpreis zu schätzen. Wenn der geschätzte „wahre" Wert nicht dem aktuellen Wert entspricht, kann dies zwei Ursachen haben: Entweder der Analyst irrt sich, oder „der Markt" (im Sinne der kollektiven Intelligenz aller Anleger) hat die Informationen tatsächlich nicht richtig eingepreist. Angenommen, der Analyst ist tatsächlich klüger als der Markt. Selbst dann bleibt ein drittes Problem, weshalb die Fundamentalanalyse für Anleger wertlos sein kann: Die **allgemeine Marktstimmung** an den Börsen kann sich ändern.

Mal dominieren Optimismus und hohe Wachstumserwartungen, was dazu führt, dass KGVs von zum Beispiel 25 üblich sind. Ein KGV von 25 entspricht einer Rendite von nominal lediglich 4 Prozent, was deutlich unter der historischen Aktienmarktrendite liegt. Das Kalkül der Anleger lautet dann: Aktien mögen im Moment teuer sein, aber wenn die Gewinne jedes Jahr überdurchschnittlich steigen, zahle ich gerne einen höheren Preis. Diese Stimmung kann über Jahre gleichbleiben, sie kann sich aber auch unvorhersehbar schnell ändern. Wenn Pessimismus und niedrige Wachstumserwartungen dominieren, kann das Bewertungsniveau lange bei einem KGV von 10 verharren. Auch eine korrekte Fundamentalanalyse kann jederzeit durch eine Änderung der Marktstimmung über den Haufen geworfen werden.

Nach der **mittelstrengen Form der Markteffizienzhypothese** ist neben der Chartanalyse auch die Fundamentalanalyse für den Anleger wertlos, da der Markt alle öffentlichen Informationen zuverlässig einpreist.

Nach der **strengen Form der Markteffizienzhypothese**, einem rein theoretischen Konstrukt, wären sogar alle marktrelevanten Informationen im Kurs enthalten. Investoren könnten dann nicht einmal von Insiderwissen profitieren und Insiderhandel müsste nicht unter Strafe gestellt werden.

Die Autoren Martin Weber, Heiko Jacobs, Christine Laudenbach, Sebastian Müller und Philipp Schreiber fassen in ihrem Ratgeber „Die genial einfache Vermögensstrategie – So gelingt die finanzielle Unabhängigkeit" den aktuellen Forschungsstand zur Markteffizienzhypothese zusammen. Im Farbspektrum von Schneeweiß (vollständig effiziente Märkte) bis Pechschwarz (unstrittige Ineffizienzen von bedeutsamer Größe) liege er ihrer Einschätzung nach irgendwo zwischen Cremeweiß und Hellgrau. Die Markteffizienzhypothese besagt also nicht, dass Aktienkurse immer richtig im Sinne von rational sind. Dies ist streng genommen nie der Fall. Vielmehr unterstellt die Markteffizienzhypothese lediglich, dass niemand aktuell weiß, ob die Kurse gerade zu hoch oder zu niedrig sind.

Denken Sie nach diesem theoretischen Exkurs noch einmal an das Auf und Ab der Aktienmärkte. Zweifellos gab es immer wieder wilde Spekulationsblasen und panikartige Korrekturbewegungen. Widerspricht das nicht der Theorie effizienter Märkte? Überraschenderweise wurden 2013 zwei Kapitalmarktforscher gleichzeitig mit dem Nobelpreis für Wirtschaftswissenschaften ausgezeichnet, die zu dieser Frage scheinbar gegensätzliche Ergebnisse publiziert haben: Eugene Fama und Robert Shiller. Eugene Fama gilt aufgrund seiner Forschungen seit den 1970er-Jahren als Vater der Theorie effizienter Märkte. Robert Shiller gilt als einer der Begründer des Forschungsgebiets „Behavioral Finance", das sich unter anderem mit dem irrationalen Verhalten von Menschen in wirtschaftlichen Situationen beschäftigt. Shiller ist der Auffassung, dass es durchaus zu Fehlbewertungen durch irrationale Übertreibungen kommen kann. Allerdings können Anleger und Anlegerinnen aus diesen Fehlbewertungen kaum Profit schlagen, so die Forscher. Das ist der wichtigste Grund, warum ETFs die erste Wahl für Ihre Anlagestrategie sein sollten.

Zusammenfassung

Die Basics zu Aktienmarkt und Börse: Die Güter und Dienstleistungen, die Aktiengesellschaften auf der ganzen Welt tagtäglich produzieren und verkaufen, sind aus unserer Lebenswirklichkeit nicht mehr wegzudenken. Viele dieser Produkte tragen entscheidend dazu bei, unser Leben zu verbessern. Es gibt aber auch Schattenseiten des Profitstrebens der Unternehmen. Die Verantwortung für das Regelwerk, nach dem Unternehmen agieren und Einfluss ausüben können, trägt die gesamte Gesellschaft. Als Anleger haben Sie darauf wenig Einfluss.

Wer Aktien kauft, erhält einen Anteil am Gewinn dieser Unternehmen. Während die Dividendenausschüttungen von Jahr zu Jahr relativ stabil bleiben, schwanken die Aktienkurse je nach Stimmungslage sehr stark.

Historisch gesehen war eine breit gestreute Investition in Aktien deutlich rentabler als jede andere Anlageklasse.

Aktuelle Kurse spiegeln stets alle verfügbaren Informationen wider, weshalb sich die Chart- und auch die Fundamentalanalyse nicht lohnt.

Warum ETFs die erste Wahl sein sollten

Dass sich eine Investition in Aktien in der Vergangenheit gelohnt hat, propagieren auch Versicherer, Banken und Finanzvermittler. Doch ihre Produkte sind oft so teuer, dass langfristig ein großer Teil der Rendite von den Kosten aufgefressen wird. Sie sollten bei der Geldanlage ETFs den Vorzug geben: Sie ermöglichen es Ihnen, bequem und rentabel zu investieren.

ETFs sind Investmentfonds, die an einer Börse gehandelt werden und deren Anlagestrategie darin besteht, einfach die Wertentwicklung eines bestimmten Index nachzubilden. Diese Strategie wird als passives Fondsmanagement bezeichnet.

Passives oder aktives Management?

Passives Fondsmanagement trifft keine eigenständigen Anlageentscheidungen, sondern kopiert lediglich die Zusammensetzung des gewählten Index. Es kauft die Aktien des jeweiligen Index und hält sie so lange, wie sie im Index vertreten sind (Buy-and-Hold-Strategie).

Im Gegensatz dazu steht das aktive Fondsmanagement, bei dem Fondsmanager bewusst Entscheidungen treffen, um eine überdurchschnittliche Rendite (auch als Outperformance bezeichnet) zu erzielen. Dies kann beispielsweise durch Stock Picking (gezielte Auswahl einzelner Aktien) oder Market Timing (taktische Steuerung von Kauf- und Verkaufszeitpunkten) erfolgen.

Um die Leistung des aktiven Fondsmanagements objektiv beurteilen zu können, lassen sich die Renditen eines aktiv verwalteten Fonds mit einer geeigneten Benchmark (Messlatte) vergleichen. Für einen Fonds, der in große deutsche Unternehmen investiert, wäre beispielsweise der DAX eine geeignete Benchmark. Weltweite Aktienfonds hingegen kann man mit einem globalen Aktienindex wie dem MSCI World vergleichen, während ein Mischfonds mit bis zu 50 Prozent Aktienanteil an einer Mischung aus Anleihen- und Aktienindizes bewertet werden kann. In der Forschung sind die Vergleichsmethoden meist noch viel ausgefeilter. Entscheidend ist immer, dass die Performance des Fonds in einem fairen Kontext, auch im Hinblick auf mögliche Risiken bewertet wird, damit der Vergleich nicht auf ungleichen Voraussetzungen basiert („Äpfel mit Birnen").

Der Anbieter eines aktiv verwalteten Fonds TEQ Capital (vormals 10xDNA Capital) um Frank Thelen warb Ende 2024 beispielsweise für den 10xDNA – Disruptive-Technologies-Fonds: „Investiert in innovative Technologieunternehmen, die das Potenzial haben, unsere Welt zu transformieren. Der Fokus liegt auf aussichtsreichen, disruptiven Technologien – global, sektorübergreifend und unabhängig von der Marktkapitalisierung der Unternehmen. Somit ermöglicht der 10xDNA – Disruptive-Technologies-Fonds Anlegern, am breiten technologischen Wandel teilzuhaben." Dieses Fondsmanagement scheint offensichtlich an den Wert seiner eigenen Fundamentalanalyse zu glauben, indem es – auch auf der Grundlage öffentlich verfügbarer Informationen – Unternehmen auswählt, von denen es überzeugt ist, dass sie sich durch einen technologischen Vorsprung auszeichnen werden. Andere aktive Fondsmanager setzen explizit auf Market Timing, so zum Beispiel die DJE Kapital AG, die für ihren Mischfonds „Multi Asset & Trends PA" ihr Anlagekonzept so beschreibt: „Die Auswahl der Einzeltitel für den DJE – Multi Asset & Trends folgt einem konsequenten Bottom-up-Ansatz. Die Basis dafür bilden fundamentale Faktoren wie Marktpositionierung, Bilanz- und Gewinnpotenzial, Bewertung, Managementqualität und Nachhaltigkeitskriterien. Das Fondsmanagement allokiert die Anlageklassen flexibel und gewichtet die Einzeltitel, Sektoren und Länder je nach erwarteter Marktsituation (...)". Das klingt alles sehr profund. Doch schon seit Jahrzehnten haben Forscher aus aller Welt immer wieder nachgewiesen, dass es den meisten Fonds mit aktivem Management auf Dauer nicht gelungen ist, eine bessere Performance zu erzielen als ihr Vergleichsindex. Im Gegenteil: Ihre Wertentwicklung lag im Durchschnitt systematisch unter der ihres Vergleichsindex (Underperformance). In der folgenden Tabelle 7 finden Sie einige ausgewählte Studien und Publikationen, die die Performance von Aktienfonds untersucht haben, und deren Ergebnisse:

AUTOREN UND TITEL	ERGEBNISSE	ZUR STUDIE
Jensen (1967): The Performance of Mutual Funds in the Period 1945–1964	Ein Großteil der 115 untersuchten Fonds konnte den Markt (Buy-and-Hold-Portfolio) langfristig nicht schlagen, insbesondere nach Berücksichtigung der Gebühren.	
Sharpe (1991): The Arithmetic of Active Management	Nach Kosten ist die Rendite des durchschnittlichen aktiv verwalteten Fonds geringer als die Rendite des durchschnittlichen passiv verwalteten Fonds (theoretische Argumentation).	
Carhart (1997): On Persistence in Mutual Fund Performance	Underperformance der meisten Fonds etwa in Höhe ihrer Kosten. Je höher die Fondskosten und je aktiver der Handel, desto geringer die Performance.	
Fama und French (2010): Luck versus Skill in the Cross-Section of Mutual Fund Returns	Underperformance nach Kosten	
Leippold und Rüegg (2019): How Rational and Competitive is the Market for Mutual Funds?	Teilweise Outperformance vor Kosten, nach Kosten Underperformance.	

Tab. 7: Studien zur Performance von Aktienfonds

Angesichts dieser schlechten Erfolgsquote ist es nicht verwunderlich, dass die meisten aktiv gemanagten Fonds wenige Jahre nach ihrer Lancierung sang- und klanglos wieder vom Markt verschwinden. Schließlich sind sie schlecht für das Image der Fondsbranche. Auch dafür gibt es Belege. Burton Malkiel untersuchte in seinem Buch „A Random Walk Down Wall Street“ das Schicksal von US-Aktienfonds, die 1970 auf den Markt kamen. Von den damals 358 Fonds seien bis 2017 280 Fonds vom Markt verschwunden. Nur die Fonds mit den besten Leistungsbilanzen hätten überlebt. Einen jährlichen Renditevorsprung von 1 Prozent oder mehr schafften laut Malkiel nur 3 Prozent der ursprünglich 358 Fonds. Der Indexanbieter S&P Dow Jones Indices veröffentlicht in seinen jährlichen Scorecards regelmäßig unter anderem Daten zur Underperformance von Fonds. Demnach hätten von den vor 20 Jahren am Markt verfügbaren US-Aktienfonds je nach Anlagesegment nur rund ein Drittel bis heute überlebt. Bei den europäischen

Fonds wären nach zehn Jahren etwa die Hälfte verschwunden. Wer sich die heutigen Fonds ansieht, betrachtet also nur diejenigen, die nicht schon längst mangels Erfolgs vom Markt verschwunden sind und erhält so ein verzerrtes und viel zu positives Bild der Performance von Aktienfonds (Survivorship Bias).

GUT ZU WISSEN

Survivorship Bias

Langzeitanalysen von Wertpapieren können aufgrund des Survivorship Bias irreführend sein. Der Survivorship Bias ist eine Stichprobenverzerrung, die dadurch entsteht, dass nur Wertpapiere betrachtet werden, die heute noch existieren. Wertpapiere, die den Beobachtungszeitraum aufgrund von Misserfolgen nicht „überlebt" haben, werden nicht berücksichtigt. Aussagen wie „Das haben deutsche Aktienfonds in den letzten 30 Jahren gebracht" sind daher mit Vorsicht zu interpretieren. In der empirischen Kapitalmarktforschung wird der Effekt des Survivorship Bias korrigiert, was allerdings aufwendig ist. In der Fondswerbung wird der Effekt benutzt, um die Produkte besser aussehen zu lassen, als sie sind.

Und was ist mit den Fonds, denen es tatsächlich gelungen ist, eine Outperformance zu erzielen? Die Anlegermagazine sind voll davon, und die Anbieter von Gütesiegeln zeichnen jedes Jahr Dutzende von Fonds aus. Das wirft die Frage auf, ob diese Fonds bessere Chancen haben, ihren Vergleichsindex zu schlagen. Leider ist dies nicht der Fall! Eine überdurchschnittliche Wertentwicklung eines Fonds in der Vergangenheit liefert keinerlei Anhaltspunkte dafür, dass der Fonds auch in Zukunft überdurchschnittlich abschneiden wird. Bei der großen Zahl an ständig neu aufgelegten Fonds wird es immer wieder einen geben, der phasenweise oder sogar für längere Zeit besonders gut abschneidet. Dafür sorgt der Zufall ganz von allein.

Nur kann niemand zuverlässig vorhersagen, welcher aktiv verwaltete Fonds seinen Vergleichsindex in Zukunft schlagen wird. Mit ETFs können Sie den Index zwar auch nicht schlagen, aber ihre Rendite wird nur minimal unter der des Index liegen. Der Grund dafür sind vor allem die im Vergleich zum aktiven Management deutlich niedrigeren Kosten dank der passiven Anlagestrategie.

Kostenersparnis durch ETFs

ETFs sind aus mehreren Gründen kostengünstiger als herkömmliche Investmentfonds, und zwar sowohl bezüglich der jährlichen Kosten im Fondsvermögen als auch bezüglich der einmaligen Kosten bei Kauf und Verkauf. Zu den **jährlichen Kosten**:

1. Jährliche Kosten für Research und aktives Management entfallen. Einen Index nachzubilden ist billiger.
2. Die jährlichen Kosten für Kauf und Verkauf der Wertpapiere (Handelskosten, Transaktionskosten) sind geringer, da sich die Positionen im Fondsvermögen nur dann ändern, wenn sich die Zusammensetzung des Index ändert.
3. Die laufenden Kosten sind auch deshalb geringer, weil die bei anderen Fonds üblichen Vertriebsprovisionen (auch bekannt als Kickback-Zahlungen) nicht anfallen. Hierbei verwenden die Fondsgesellschaften einen Teil der jährlichen Verwaltungsvergütung zur Zahlung einer Provision an den Vertrieb (Bank, Sparkasse, Fondsvermittler, Versicherungsvertreter).
4. Schließlich fallen bei ETFs die Kosten auch deshalb niedriger aus, weil keine Transaktionskosten anfallen, wenn andere Anleger Geld in den Fonds investieren oder aus dem Fonds abziehen (→ Gut zu wissen).

GUT ZU WISSEN

Ausgabe und Rücknahme (Creation and Redemption)

Wenn Sie herkömmliche Fondsanteile über die Fondsgesellschaft kaufen, erhält diese Bargeld von Ihnen, das sie anschließend anlegen muss. Dabei fallen Transaktionskosten an, schließlich muss das frische Geld in Aktien investiert werden. Diese Transaktionskosten werden von allen Anteilsinhabern getragen. Wenn Sie den Fonds zehn Jahre halten, müssen Sie anteilig die Transaktionskosten bezahlen, die andere Anleger durch Anteilskäufe und -verkäufe verursacht haben. Anders beim Kauf von ETFs über die Börse: Hier muss der Käufer die Transaktionskosten für seinen Anlagebetrag alleine tragen. Er kauft die Fondsanteile entweder von einem anderen Anleger oder von einem sogenannten autorisierten Marktteilnehmer (auch Market Maker genannt). Auf Ebene des ETF fallen keine Transaktionskosten an. Der Market Maker kann im Hintergrund mit der Fondsgesellschaft Fondsanteile handeln, muss aber beim Kauf statt Bargeld einen Korb von Wertpapieren liefern (beim Verkauf ist es umgekehrt).

Für ETFs wie für andere Fonds gilt: Die Höhe der laufenden jährlichen Kosten finden Sie im sogenannten **Basisinformationsblatt**. Dabei handelt es sich um eine gesetzlich standardisierte Pflichtinformation. Sie finden es auf der Internetseite der Fondsgesellschaft, wenn Sie nach dem Namen des Fonds suchen (→ Seite 178).

Auch bei den **einmaligen Kosten** sind ETFs günstiger als andere Fonds.

5. Bei herkömmlichen Aktienfonds fällt ein Ausgabeaufschlag von meist 5 Prozent an. Bei ETFs zahlen Sie eine Orderprovision, die je nach Broker zwischen null Euro und 1 Prozent des Kurswerts liegt.
6. Zwar sind im An- und Verkauf von ETFs noch einmalige Kosten versteckt („Geld-Brief-Spanne"). Sie machen aber bei großen ETFs in der Regel kaum mehr als 0,1 Prozent der Anlagesumme aus. Diese Differenz ist eine wichtige Einnahmequelle für den Market Maker, der die Ausgabe und Rücknahme von Fondsanteilen anbietet.

GUT ZU WISSEN

Geld-Brief-Spanne (Bid-Ask-Spread)

Der Kurs, zu dem ein Wertpapier angeboten wird, bezeichnet man als Briefkurs (im englischen ask price). Der Geldkurs dagegen ist der Preis, den ein Käufer zu zahlen bereit ist (im englischen bid price). Diejenigen, die das Bargeld haben, stellen den Geldkurs und diejenigen, die die Wertpapiere haben, die früher Urkundenbriefe genannt wurden, stellen den Briefkurs. Damit ist klar: in der Regel liegt der Briefkurs über dem Geldkurs.

Sie können ETFs jederzeit verkaufen, aber immer nur zum niedrigeren Geldkurs. Wenn Sie ETFs kaufen wollen, müssen Sie den höheren Briefkurs akzeptieren. Je größer die Spanne zwischen diesen beiden Kursen (Geld-Brief-Spanne, Bid-Ask-Spread), desto höher sind die versteckten einmaligen Kosten, die Sie als Käufer oder Verkäufer tragen.

Finanzberatungen, Versicherungsvertreter, Maklerinnen, Banken und Versicherungen verkaufen zur Geldanlage und Altersvorsorge in der Regel eher andere Finanzprodukte. Diese bieten ebenfalls eine indirekte Anlage in Wertpapieren. Allerdings fallen deren Kosten deutlich höher aus als bei ETFs (→ Seite 110).

Kosten in Höhe von einem Prozent hier oder da, was macht das für einen Unterschied?, werden Sie sich vielleicht fragen. Schließlich wollen die Anbieterinnen und

Anbieter ja auch von etwas leben. Keine Frage – was Sie den Anbietern für ihre Produkte oder Beratungsleistungen zahlen wollen, ist Ihre Sache. Damit Sie aber auch in dieser Hinsicht eine informierte und selbstbestimmte Entscheidung treffen können, lesen Sie im folgenden Abschnitt, wie sich Kostenunterschiede auf Ihre Geldanlage und Altersvorsorge auswirken.

So wirken sich Kosten auf lange Sicht aus

Die Finanzbranche ist sehr kreativ, wenn es darum geht, sich ihre Dienstleistungen vergüten zu lassen. Bei Krediten mit gleicher Kreditsumme, Laufzeit und Tilgungsrate kann man den Effektivzins noch gut vergleichen (dank Preisangabenverordnung). Bei Geldanlagen und Altersvorsorgeprodukten ist das nicht so einfach. Hier gibt es je nach Produktart und Anbieter unterschiedliche Kostenbezugsgrößen. Streng genommen darf man dabei nicht einmal von „Kosten" sprechen, denn dieser Begriff verharmlost die Realität. Es handelt sich hierbei um diverse unterschiedliche Entgelte, die die Anbieter ihren Kunden in Rechnung stellen. Die Forschenden Gasche, Bucher-Koenen, Haupt und Angstmann haben 2013 in einer Studie die Kosten von 36 Riester-Rentenversicherungen untersucht: Allein für die Ansparphase haben sie 20 verschiedene Kostenbezugsgrößen festgestellt.

Die Anbieter sind bei der Erfindung diverser Kosten und Entgelte so kreativ, dass die EU-Gesetzgebung eigens eine Richtlinie erlassen hat, die sie verpflichtet, ihre Entgelte in einer einzigen Kennziffer zusammenzufassen, den sogenannten Effektivkosten (PRIIPs-Verordnung, PRIIPs steht für „Packaged Retail and Insurance-Based Investment Products). Die Effektivkosten müssen die Anbieter in teils so komplexen Modellen berechnen, dass kaum ein Außenstehender diese noch nachvollziehen kann.

Welchen Unterschied macht es nun, ob Sie die typischen Kosten, die im Finanzsektor üblich sind, bezahlen oder ob Sie preiswert mit ETFs investieren? Ein vereinfachter Kostenvergleich hilft weiter, zunächst für einen Sparvertrag mit monatlichen Einzahlungen von 100 Euro. Die Beiträge sollen weltweit in die Anlageklasse Aktien investiert werden. Die reale – inflationsbereinigte – Rendite lag hier in der Vergangenheit bei 5,1 Prozent per annum (→ Seite 55). Für die Berechnung nehmen wir an, dass diese Rendite auch in Zukunft erreicht wird.

→ **Variante „günstig":** Von jeder Einzahlung werden 0,5 Prozent abgezogen, und zwar immer gleichzeitig mit der Einzahlung. So können 99,50 Euro angelegt werden. Zusätzlich wird das vorhandene Vermögen laufend mit Kosten

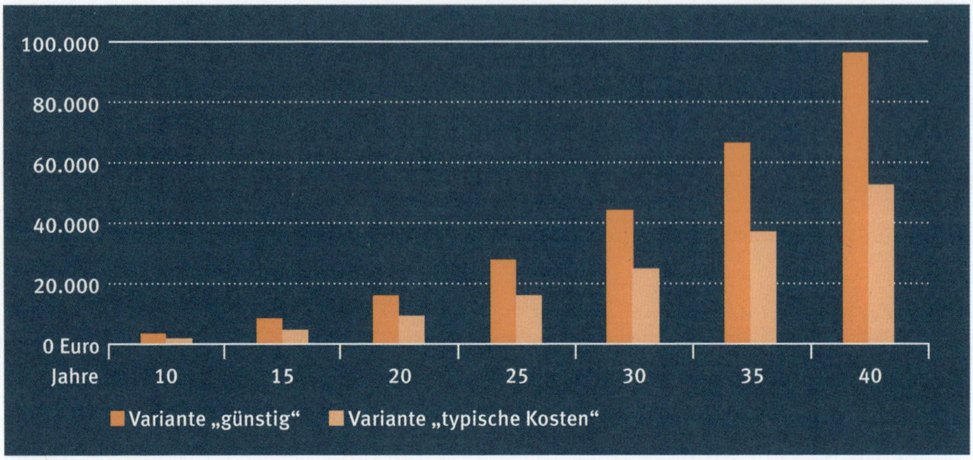

Abb. 9: Vermögenszuwachs bei Sparplan über 100 Euro monatlich, 10 bis 40 Jahre, in zwei Varianten

in Höhe von 0,2 Prozent pro Jahr belastet. Kosten in vergleichbarer Höhe fallen bei einem Sparplan mit Aktien-ETFs an.

→ **Variante „typische Kosten“:** Von jeder Einzahlung werden 4 Prozent abgezogen, und zwar immer gleichzeitig mit der Einzahlung. So können 96 Euro angelegt werden. Zusätzlich wird das vorhandene Vermögen laufend mit Verwaltungskosten in Höhe von 1,5 Prozent pro Jahr belastet. Kosten in vergleichbarer Höhe, manchmal auch deutlich höher, fallen bei vielen Fondssparplänen und fondsgebundenen Rentenversicherungen an.

Das Ergebnis dieses Kostenvergleichs sehen Sie in → Abb. 9. Sie zeigt den Vermögenszuwachs des Sparplans in Euro (nicht das Gesamtkapital) für verschiedene Anlagezeiträume.

Während in der Variante „günstig“ nach 40 Jahren ein Vermögenszuwachs nach Kosten von rund 96.500 Euro erzielt wird, sind es in der Variante „typisch“ nur 54.600 Euro. Die höheren Kosten sorgen dafür, dass hier 44 Prozent der Kapitalmarkterträge in die Taschen der Finanzindustrie und ihrer Vermittler fließen. Dabei haben Sie während dieser Anlagedauer 100 Prozent des Anlagerisikos allein getragen.

Bei der Einmalanlage über 10.000 Euro ergibt der Vergleich ein ähnliches Bild, wie → Abb. 10, Seite 79 zeigt:

Statt eines Ertrags von etwa 57.600 Euro nach 40 Jahren in der „günstigen“ Variante beträgt der typische Ertrag nur rund 29.500 Euro. Die Kosten haben rund die Hälfte des Ertrags aufgefressen.

Diese Beispiele zeigen, dass auch scheinbar kleine Kostenunterschiede schlussendlich große Auswirkungen haben können. Beim Vergleich verschiedener Geldanlagen sollte man daher immer die Gesamtkosten im Auge behalten. Diese sind bei ETFs sehr gering (→ Seite 75).

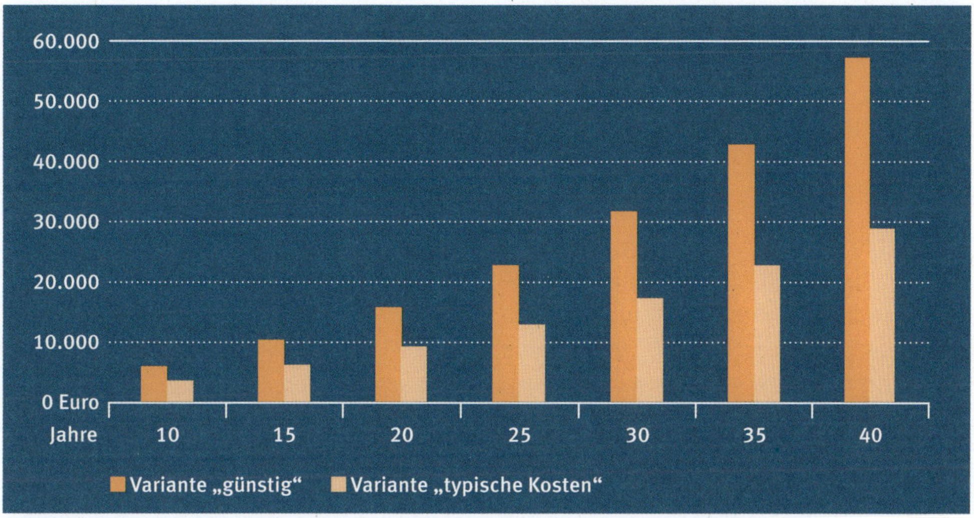

Abb. 10: Vermögenszuwachs bei Einmalanlage über 10.000 Euro, 10 bis 40 Jahre, in zwei Varianten

Ein zweiter, ebenfalls grundlegender Erfolgsfaktor einer bequemen und rentablen Anlagestrategie ist die Risikostreuung, auch Diversifikation genannt. Sie lässt sich am einfachsten mit dem bekannten Sprichwort „Lege niemals alle Eier in einen Korb“ umschreiben.

Diversifikation

Der amerikanische Ökonom Harry Markowitz hat mit seinem 1952 im Journal of Finance erschienenen Artikel „Portfolio Selection“ Pionierarbeit geleistet. Markowitz zeigte, dass die Streuung der Investition auf eine Vielzahl von Vermögenswerten (Diversifikation) das Risiko eines Portfolios senkt, ohne die erwartete Rendite zu beeinträchtigen. Für seine Arbeit erhielt er später den Alfred-Nobel-Gedächtnispreis für Wirtschaftswissenschaften. Er bewies damit den Nutzen der Diversifikation: Wenn man zwei risikoreiche Anlagen miteinander kombiniert, dann ist das Risiko dieser Kombination geringer als das Risiko jeder einzelnen Anlage. Wer nur Aktien einer einzigen Aktiengesellschaft oder nur Schuldverschreibungen eines einzigen Staates kauft, kann im schlimmsten Fall sein ganzes Geld verlieren. Investiert man dagegen in ein Portfolio von rund 1.400 Aktien, wie sie im MSCI World Index enthalten sind, musste man bislang im schlimmsten Fall „nur“ mit einem realen Verlust von etwa der Hälfte der investierten Summe rechnen, und das auch nicht dauerhaft, sondern immer nur vorübergehend. Kombiniert man nicht nur Aktien, sondern auch Anleihen oder andere Anlageklassen miteinander, sinkt das Gesamtrisiko weiter.

Es geht bei einer solchen Portfoliozusammensetzung aber keineswegs darum, das Risiko insgesamt zu minimieren. Denn

Risiko und Rendite hängen, wie bereits erläutert, zusammen. Ein minimales Risiko würde auch eine minimale Rendite bedeuten. Vielmehr geht es bei der Diversifikation darum, in Portfolios zu investieren, die für jedes gegebene Risiko die maximale Rendite bieten. Um es konkret zu machen: Wer in Aktien einer Fluggesellschaft investiert, kann mit einer Rendite rechnen, die in der Branche üblich ist. Mit Glück kann die Rendite höher sein, mit viel Pech kann auch der Totalverlust der Anlage eintreten. Kauft man dagegen Aktien von zehn Fluggesellschaften weltweit, ist das Risiko eines Totalverlusts wesentlich geringer. Geht eine Fluggesellschaft pleite, werden die Flugrouten von anderen Gesellschaften übernommen, was die Rendite sogar noch steigern kann. Wenn Sie zusätzlich in einen Anbieter von Software für Videokonferenzen investieren, können Sie von einem weiteren Diversifikationseffekt profitieren: Ihre Rendite ist dann weniger abhängig von der Entwicklung des Flugmarkts. Denn viele Videokonferenzen können teure Präsenztreffen ersetzen, zu denen die Teilnehmenden mit dem Flugzeug anreisen müssen. Was die Flugbranche verliert, kann der Videokonferenzanbieter gewinnen. Und so geht es über alle Branchen hinweg. Die Idee der Diversifikation funktioniert natürlich auch länderübergreifend: Laufen die Geschäfte für einige Aktiengesellschaften aus Deutschland aufgrund einer falschen Geschäftspolitik oder ungünstiger Wechselkurse nicht so gut, können manche Konkurrenten aus anderen Ländern davon womöglich profitieren. Selbst wenn die Aktienkurse in verschiedenen Ländern sich tendenziell in dieselbe Richtung bewegen, was in der Regel der Fall ist, gibt es noch einen Diversifikationseffekt. Die Portfolios, die Markowitz mit dem Ziel der Diversifikation zusammengestellt hat, sind vergleichbar mit den Aktienportfolios, die in einem Aktienindex enthalten sind. Für Anleihen gilt dasselbe Prinzip.

Das Prinzip der Diversifikation drückt sich auch wunderbar in folgendem Spruch aus:

„Suche nicht die Nadel im Heuhaufen – kaufe einfach den ganzen Heuhaufen.“

Die Redewendung stammt von John Bogle, dem Gründer der Investmentgesellschaft The Vanguard Group, die bereits 1976 den ersten Indexfonds für Privatanleger anbot.

Die Idee der Diversifikation ist so einfach wie genial und wirkt auf Ihre Geldanlage wie eine Unabhängigkeitserklärung: Sie brauchen keine teuer bezahlten Profis, die für Sie die besten Aktien suchen. Sie kaufen einfach alle Aktien, die in einem Aktienindex enthalten sind. Jeder Anleger kann mit ETFs eine bequeme und rentable Anlagestrategie umsetzen. Wichtig ist nur, dass diese Strategie der individuellen Risikoneigung entspricht. Die einzige Frage, die Sie beantworten müssen, lautet: Wie viel Risiko darf es sein?

Wie viel Risiko darf es denn sein?

Legen Sie das Buch für einen Moment beiseite und überlegen Sie, was Risiko für Sie im Zusammenhang mit Ihrer Geldanlage und Ihrer Altersvorsorge bedeutet. Wie viel Risiko passt zu Ihnen? Bedenken Sie dabei, dass Risiko und Rendite die zwei Seiten derselben Medaille sind. Nehmen Sie sich die Zeit, die Sie für eine Antwort brauchen.

Wahrscheinlich haben Sie gerade an die Möglichkeit eines Totalverlusts oder eines teilweisen Kapitalverlusts gedacht. Das ist ein typisches intuitives Risikomaß für viele Menschen. Mathematisch könnte man dies als Verlustwahrscheinlichkeit ausdrücken, zum Beispiel: „In einem von zehn Fällen erleiden Sie einen Verlust." Vielleicht haben Sie aber auch an die maximale Höhe des Verlusts gedacht: „Wenn ein Verlust eintritt, beträgt dieser maximal die Hälfte des Anlagebetrags." Sie können auch beides kombinieren: „In einem von zehn Fällen erleiden Sie einen Verlust. Dieser liegt im Durchschnitt bei 10 Prozent, kann aber im schlimmsten Fall auch die Hälfte des Anlagebetrags ausmachen."

Ob Sie bereit sind, für höhere Renditechancen ein Risiko einzugehen, hängt wohl auch davon ab, ob der Verlust unwiderruflich oder nur vorübergehend ist. Denken Sie an die Börsencrashs (→ Seite 50) – in allen Fällen haben sich die Kurse früher oder später wieder erholt. Je nachdem, wie Ihnen Risiko präsentiert wird und welches Risikomaß dabei verwendet wird, kann sich Ihre Einstellung zum Risiko grundlegend ändern.

Die Standardabweichung

Angenommen, Sie können in folgende Geldanlagen investieren:

→ Option A: Festgeld. Der Zinssatz beträgt garantiert 3 Prozent für fünf Jahre. Sie erhalten jedes Jahr 3 Prozent Zinsen. Der Anlagebetrag selbst ist sicher angelegt und unterliegt keinen Wertschwankungen.

→ Option B: Anlage am Aktienmarkt. Hier wechseln sich gute und schlechte Jahre ab. In einem Jahr beträgt der Ertrag vielleicht 24 Prozent, im nächsten minus 8 Prozent und so weiter. Jedes Jahr ist anders, es gibt keinen sicheren jährlichen Ertrag. Nicht einmal die Dividende ist jedes Jahr gleich, denn manchmal fällt sie, manchmal steigt sie.

INDEX PERFORMANCE – NET RETURNS (%) (FEB 28, 2025) / **FUNDAMENTALS (FEB 28, 2025)**

					ANNUALIZED							
	1 Mo	3 Mo	1 Yr	YTD	3 Yr	5 Yr	10 Yr	Since Dec 29, 2000	Div Yld (%)	P/E	P/E Fwd	P/BV
MSCI World	-0.76	1.66	20.31	2.34	13.08	15.16	10.66	6.29	1.72	22.85	19.26	3.57
MSCI Emerging Markets	0.44	3.73	14.53	1.84	3.07	5.41	4.28	7.14	2.65	15.38	12.05	1.82
MSCI ACWI	-0.65	1.86	19.72	2.29	11.97	14.03	9.94	6.14	1.81	21.81	18.19	3.27

INDEX RISK AND RETURN CHARACTERISTICS (FEB 28, 2025)

		ANNUALIZED STD DEV (%) [2]			SHARPE RATIO [2,3]				MAXIMUM DRAWDOWN	
	Turnover (%) [1]	3 Yr	5 Yr	10 Yr	3 Yr	5 Yr	10 Yr	Since Dec 29, 2000	(%)	Period YYYY-MM-DD
MSCI World	2.36	13.71	15.00	13.69	0.79	0.94	0.78	0.41	53.60	2001-05-24–2009-03-09
MSCI Emerging Markets	5.64	13.53	14.77	14.05	0.11	0.35	0.34	0.40	59.79	2007-10-29–2008-10-27
MSCI ACWI	2.57	13.02	14.39	13.22	0.75	0.90	0.75	0.40	53.06	2007-06-15–2009-03-09

[1] Last 12 months [2] Based on monthly net returns data [3] Based on EMMI EURIBOR 1M from Sep 1 2021 & on ICE LIBOR 1M prior that date

Abb. 11: Factsheet MSCI World Index NET Returns (EUR), Auszug

Mit der Standardabweichung misst man die Streuung der Rendite (im Englischen Standard Deviation genannt, eng verwandt mit der Volatilität).

Im Fall des Festgelds beträgt die Rendite konstant 3 Prozent pro Jahr. Damit gibt es kein Risiko im Sinne der Standardabweichung, denn sie ist gleich Null. Wie sieht das jedoch im Fall einer Anlage am Aktienmarkt aus?

Laut Factsheet für den MSCI World Index NET Returns (EUR) vom 28. Februar 2025 (→ Abb. 11) betrug die jährliche Rendite über die letzten zehn Jahre nominal 10,66 Prozent (unter Index Performance – NET RETURNs in der Spalte „10 Yr"). Tatsächlich lag die Rendite aber in keinem der zehn Jahre exakt bei 10,66 Prozent. Es gab in jedem Jahr erhebliche Abweichungen von diesem Wert. Das Maß dafür ist die sogenannte Standardabweichung, die im Factsheet ebenfalls genannt ist. Sie betrug in den letzten zehn Jahren 13,69 Prozent (STD DEV ist die Abkürzung für Standard Deviation):

Was bedeutet nun eine Standardabweichung von 13,69 Prozent? Vereinfacht gesagt Folgendes: In vielen Jahren – etwa zwei von drei – bewegte sich die jährliche Rendite zwischen rund +24,35 % (Rechnung: 10,66 + 13,69) und -3,03 Prozent (Rechnung 10,66 - 13,69). Man kann sich das vorstellen wie einen Korridor um den Durchschnitt herum, in dem sich die meisten Werte befinden. Starke Ausschläge nach oben oder unten spielen bei dieser Kennzahl eine größere Rolle als kleine Ausschläge.

Für den Schwellenländerindex MSCI Emerging Markets liegt die Standardabweichung mit 14,05 Prozent übrigens etwas höher. Das bedeutet: Das Auf und Ab an den Aktienmärkten der Schwellenländer ist etwas stärker ausgeprägt. Der MSCI ACWI, der sowohl Aktien aus Industrie- als auch aus Schwellenländern enthält, weist mit

13,22 Prozent eine geringere Standardabweichung auf als die beiden Indizes, aus denen er zusammengesetzt ist. Das Auf und Ab fällt also durch die Mischung von Schwellen- und Industrieländern etwas geringer aus. Die Portfoliotheorie von Markowitz funktioniert auch in der Praxis hervorragend: die Mischung senkt das Risiko!

Trotzdem dürfen Sie sich auf die Standardabweichung als alleiniges Risikomaß nicht verlassen. Sie misst nur die Schwankungen um den Mittelwert der Renditen, was kurioserweise dazu führt, dass eine Geldanlage, mit der man konstant eine Rendite von minus 3 Prozent erzielt, als risikolos erscheint, weil die negative Rendite nicht schwankt. Oder eine Anlage, die in 99 von 100 Fällen eine Rendite von plus 3 Prozent und in einem Fall sogar eine Rendite von 100 Prozent abwirft, erscheint riskanter als eine Anlage, die in 100 von 100 Fällen eine Rendite von 3 Prozent abwirft.

→ TIPP Risiken messen

Es gibt viele Möglichkeiten: Die Autorinnen und Autoren Weber, Borgsen, Glaser und andere geben in ihrem Ratgeber „Genial einfach investieren – Mehr müssen Sie nicht wissen, das aber unbedingt“ einen leicht verständlichen Überblick über weitere Risikomaße, darunter auch den Betafaktor und den Value at Risk. Der Ratgeber ist im Internet kostenlos abrufbar unter:

Risiko ist eine subjektive Größe. Ein und dieselbe Anlage kann daher von verschiedenen Personen als unterschiedlich riskant empfunden werden. So einfach die Frage klingt: „Wie viel Risiko darf es sein?“ – so schwierig kann es sein, sie zu beantworten. Dem einen fällt sie leicht, dem anderen nicht. Da sind Faustformeln und vorgegebene Antwortkategorien, wie sie im Folgenden beschrieben werden, natürlich verlockend. Sie bergen aber die Gefahr, dass Sie Risiken eingehen, die Sie nicht eingehen wollten.

Achtung: Anlageberatung mit falscher Risikobereitschaft

Bei der Anlageberatung müssen die Finanzinstitute Ihre Risikobereitschaft ermitteln und dürfen Ihnen nur Produkte verkaufen, die Ihrer Risikobereitschaft entsprechen. Doch allzu oft kommen sie dieser Pflicht nur unzureichend nach. Denn ein fundiertes Gespräch über Risiken und Renditen verschiedener Anlageklassen, Risikomaße und die subjektive Risikoeinstellung setzt sehr gut geschultes Personal voraus und kostet viel Zeit. Und Zeit kostet Geld. In der Praxis wird diese Pflicht meist so umgesetzt, dass man seine Risikoneigung aus einer von mehreren vorformulierten Antwortkategorien auswählen muss:

- Beim niedrigsten Risiko steht dann so etwas wie: „Ich bin am Erhalt meines Kapitals interessiert. Die Sicherheit der Anlage bei sofortiger Verfügbarkeit steht auf jeden Fall im Vordergrund." Aber was heißt „steht im Vordergrund"? Soll das heißen, dass man jedes Verlustrisiko ausschließen will? Oder bedeutet es, dass man Verluste hinnehmen würde, solange sie selten sind?
- Noch schwieriger ist es, die weiteren Stufen zu unterscheiden. Was sollen zum Beispiel Formulierungen wie: „Mir ist bewusst, dass diesen Renditeerwartungen auch Risiken gegenüberstehen" aussagen? Hier wird von Risiken gesprochen, ohne Risiko überhaupt definiert zu haben.
- Sogar nichtssagende Floskeln sind weit verbreitet: „Meine Renditeerwartungen liegen über dem Kapitalmarktniveau. Mir ist bewusst, dass dieses Ziel nur mit erhöhtem Risiko erreicht werden kann." Was heißt denn bitte „über dem Kapitalmarktniveau"? Solche bewusst schwammig vorformulierten Antwortkategorien sind keine Entscheidungshilfe. Sie dienen allein dem Schutz der Bank vor Schadenersatzansprüchen.

Aktienquote: 100 minus Lebensalter – einfach, aber falsch

Eine weit verbreitete Faustformel zur Bestimmung der Risikobereitschaft besagt, dass die Aktienquote 100 minus Lebensalter betragen sollte. Wer mit 20 Jahren Vermögen aufbaut, sollte demnach 80 Prozent des anzulegenden Geldes in den Aktienmarkt stecken und den Rest sicher anlegen. Ein Rentner mit 67 Jahren sollte immerhin noch 33 Prozent seines Vermögens am Aktienmarkt anlegen. Eine ganz ähnliche Faustformel wird von Anbietern verpackt als „Lebenszykluskonzept" verkauft. Dabei wird die Anlagestrategie bei Erreichen einer bestimmten Altersgrenze automatisch angepasst. Für den einen oder anderen mag so eine pauschale Festlegung der Aktienquote nach Alter tatsächlich sinnvoll sein. Aber auf die meisten trifft das nicht zu. Nehmen Sie sich die nötige Zeit, um eine informierte Entscheidung zu treffen:

- Auch wenn das Risiko eintritt, müssen Sie noch gut schlafen können.
- Gehen Sie zu wenig Risiko ein, verschenken Sie Renditemöglichkeiten und damit auch Lebensqualität im Alter.
- Die richtige Aktienquote hängt jedenfalls nicht vom Alter ab. Wenn Sie jung sind und Wohneigentum suchen, kann es durchaus angebracht sein, Ihr gesamtes Geld sicher und kurzfristig verfügbar anzulegen.

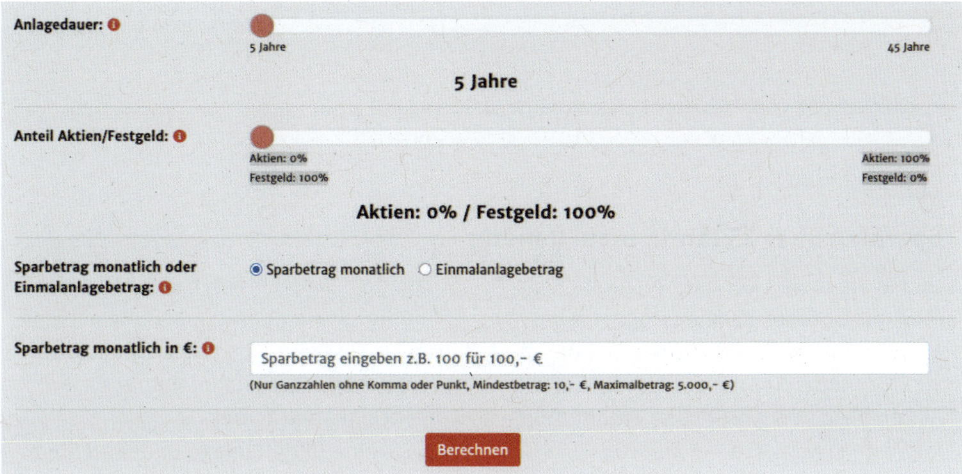

Abb. 12: Rendite-Rechner der Verbraucherzentrale (→ Seite 88)

- → Wenn Sie verschuldet sind, ist es oft besser, zunächst alle Schulden abzuzahlen.
- → Wenn Sie bereits im Ruhestand sind und über ein mehr als ausreichendes Einkommen verfügen, um davon leben zu können, kann es auch richtig sein, fast das gesamte Kapital am Aktienmarkt investiert zu lassen (→ Seite 95).

Entscheidungshilfe: Rendite-Rechner der Verbraucherzentrale

Wenn Sie das Auf und Ab des Aktienmarkts noch nicht selbst erlebt haben, kann es hilfreich sein, sich das historische Risiko verschiedener Anlagestrategien anzuschauen. Dazu hat die Verbraucherzentrale berechnet, wie sich verschiedene Portfolios aus Festgeld und globalen Aktien zwischen 1970 und 2018 entwickelt haben. Für den Aktienanteil wurde die Wertentwicklung des Aktienindex MSCI World Index NET Returns in Euro herangezogen (die Dividenden sind also inklusive), wobei laufende Kosten in Höhe von 0,5 Prozent per annum des jeweiligen Vermögens berücksichtigt wurden. Dieser Kostensatz ist aus heutiger Sicht sogar etwas zu hoch, da die laufenden Kosten der ETFs, die den MSCI World Index nachbilden, inzwischen kaum mehr als 0,2 Prozent per annum betragen. Für den in Festgeld angelegten Teil wurden durchschnittliche Einlagenzinssätze aus der Statistik der Deutschen Bundesbank verwendet.

Alle Angaben sind inflationsbereinigt, da bei der Aussage, dass eine Anlagestrategie „keine Verluste" produziert hätte, natürlich auch Kaufkraftverluste berücksichtigt werden müssen.

BEISPIEL

Sparplan über 25 Jahre: reale Rendite

Geben Sie in den Rendite-Rechner (→ Abb. 12, Seite 85) eine Anlagedauer von 25 Jahren ein und wählen Sie, dass 50 Prozent der Sparrate von 100 Euro in Aktien investiert werden, so erhalten Sie folgende Ergebnisse (→ Tab. 8):

- → Die reale Rendite lag bei dieser Auswahl im Durchschnitt bei 4,2 Prozent per annum und im schlechtesten 25-Jahres-Zeitraum bei 1,3 Prozent per annum.
- → Bemerkenswert ist, dass diese Mischung sowohl im Durchschnitt als auch im schlechtesten und besten Fall höhere reale Renditen erzielte als eine reine Festgeldanlage. Sie war also weniger riskant, wenn man nur den Endzeitpunkt betrachtet.
- → Die reine Aktienanlage in der rechten Spalte war dagegen deutlich riskanter: Im schlechtesten Fall musste man hier nach 25 Jahren sogar eine reale Rendite von minus 0,1 Prozent per annum in Kauf nehmen.

ERGEBNIS	ANLAGE NUR IN FESTGELD: 0 % AKTIEN/100 % FESTGELD	IHRE AUSWAHL: 50 % AKTIEN/50 % FESTGELD	ANLAGE NUR IN AKTIEN: 100 % AKTIEN/0 % FESTGELD
mindestens	0,9 %	**1,3 %**	-0,1 %
Durchschnitt	2,8 %	**4,2 %**	5,2 %
maximal	3,5 %	**8,4 %**	11,1 %

Tab. 8: Reale Rendite eines Sparplans über 25 Jahre

BEISPIEL

Sparplan über 25 Jahre: Risiken

Klicken Sie dann auf „weitere Details anzeigen“, so erfahren Sie einiges zum historischen Risiko dieses Sparplans (→ Tab. 9):

→ Im schlimmsten Fall hätten Sie nämlich zwischenzeitlich einen „realen Verlust“ von 39,4 Prozent hinnehmen müssen (maximaler Drawdown). Der Verlust bezieht sich hier nicht auf das ursprünglich investierte Kapital, sondern auf den Rückgang von einem Zwischenhoch zu einem Zwischentief.

→ Mit etwas Glück hätten Sie eine weniger turbulente Börsenphase erwischt, dann hätte der zwischenzeitliche reale Vermögensverlust nur 20,3 Prozent betragen.

→ Mit einer reinen Festgeldanlage hätten Sie vielleicht etwas besser geschlafen, denn hier hielten sich die Verluste während der Anlagedauer in überschaubaren Grenzen.

→ Und schließlich die letzte interessante Zahl: In keinem einzigen der 25 Jahre hat dieser Anlagemix am Ende der 25 Jahre real einen Verlust produziert.

ECKDATEN	ANLAGE NUR IN FESTGELD: 0 % AKTIEN/ 100 % FESTGELD	IHRE AUSWAHL: 50 % AKTIEN/ 50 % FESTGELD	ANLAGE NUR IN AKTIEN: 100 % AKTIEN/ 0 % FESTGELD
Höchster Zwischendurch-Vermögensverlust vom Höchst- zum Tiefststand im schlechtesten ausgewerteten Anlagezeitraum (Max Drawdown)	-1,1 %	**-39,4 %**	-55,5 %
Zwischendurch-Vermögensverlust vom Höchst- zum Tiefststand, der selbst im günstigsten der ausgewerteten Anlagezeiträume auftrat (minimaler Max Drawdown)	-0,5 %	**-20,3 %**	-35,8 %
Anzahl ausgewerteter Perioden	285	285	285
Anteil der Perioden mit realen Verlusten	0 %	0 %	0,4 %

Tab. 9: Risiken eines Sparplans über 25 Jahre

Passen Sie die Annahmen des Rechners nach Ihren Vorstellungen an. Sie können in den Rendite-Rechner auch Einmalanlagen und andere Anlagezeiträume eingeben. Bei Einmalanlagen erhalten Sie bei gleicher Anlagedauer andere Werte. Das liegt daran, dass bei einem Sparplan im Laufe der Zeit immer mehr Geld angelegt wird, weshalb die ersten Jahre für die Gesamtrendite des Sparplans kaum eine Rolle spielen, während die letzten Jahre besonders entscheidend sind.

Nutzen Sie das Tool, um eine Antwort auf die Frage nach Ihrem Risikoprofil zu finden. Ob die reale Rendite am Aktienmarkt auch in Zukunft bei rund 5 Prozent jährlich liegen wird, kann niemand mit Sicherheit sagen. Die realen Festgeldrenditen seit 1970 sind aktuell jedenfalls nicht zu erreichen. Womit Sie aber auch in Zukunft rechnen können: Eine Anlage in weltweite Aktien-ETFs wird im Durchschnitt real höhere Erträge abwerfen als eine Anlage in sicherem Festgeld.

→ **TIPP Rendite-Rechner**

Aktien, Festgeld oder beides? Rechnen Sie selbst! Den Rendite-Rechner der Verbraucherzentrale finden Sie hier: www.verbraucherzentrale.de/renditerechner

Wichtig: die Anlagedauer

Wenn Sie langfristig Vermögen aufbauen wollen, etwa für die Altersvorsorge, kann es Ihnen eigentlich egal sein, dass die Börsen hin und wieder verrücktspielen – solange das Investment am Ende der Anlagedauer rentabel war. Und das war es in der Regel: Das Risiko, in Aktien zu investieren, nimmt – verglichen mit einer sicheren Rentenanlage – mit der Zeit immer weiter ab. Jeremy Siegel und Jeremy Schwartz haben auf der Grundlage von Daten über den US-Kapitalmarkt seit 1802 herausgefunden, dass eine Einmalanlage in ein Aktienportfolio nur bis zu einer Anlagedauer von fünf Jahren riskanter war als eine Anlage in Anleihen. Ab dieser Anlagedauer kippt das Ergebnis allmählich zugunsten der Aktien. Maßgeblich für dieses Ergebnis ist die Definition von Risiko. In „Stocks for the Long Run" haben sie hier nicht etwa die jährliche Standardabweichung oder den maximalen Drawdown herangezogen. Sie haben berechnet, wie hoch die reale Rendite über die gesamte Anlagedauer im schlechtesten Fall war (→ Abb. 13, Seite 89).

Auf der horizontalen Achse ist die Anlagedauer dargestellt, auf der vertikalen Achse die jährliche reale Rendite, und zwar für Stocks (Aktien), Bonds (Anleihen) und T-Bills (Geldmarktpapiere). Die Balken zeigen jeweils die maximale und minimale jährliche Rendite.

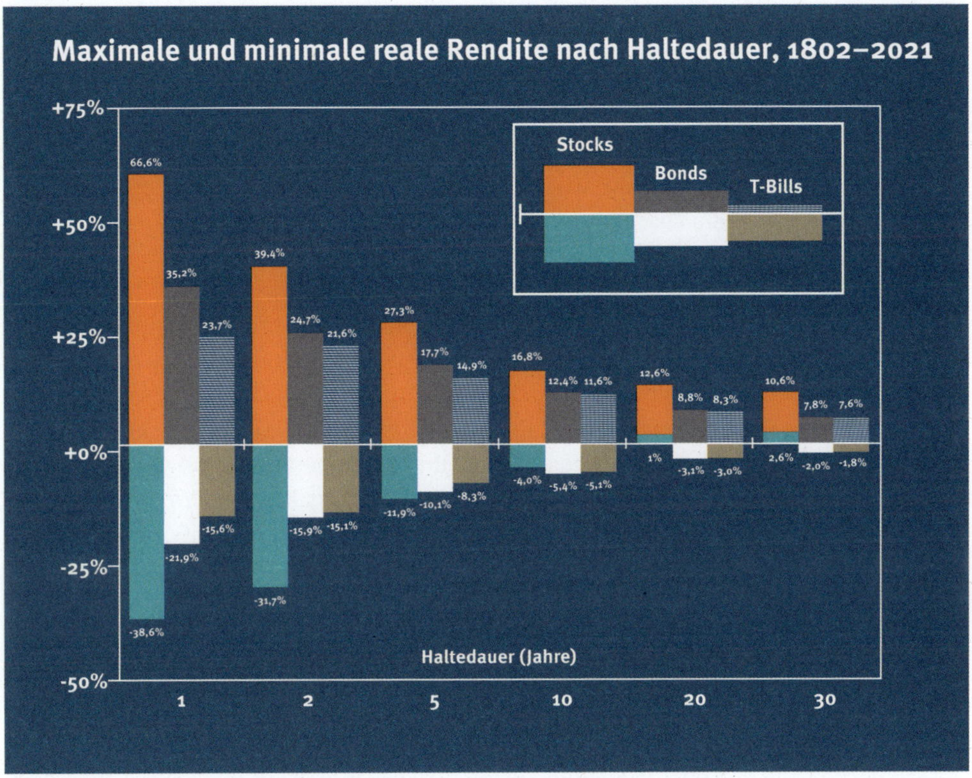

Abb. 13: Maximale und minimale reale Rendite nach Haltedauer, 1802–2021

- Bei einer Haltedauer von fünf Jahren lag die minimale Rendite für Aktien bei minus 11,9 Prozent per annum und für Anleihen bei minus 10,1 Prozent per annum.
- Man erkennt auch, dass die Länge des Balkens bei Aktien mit zunehmender Anlagedauer schneller abnimmt als bei Anleihen und Geldmarktpapieren: Der Unterschied zwischen der maximalen und der minimalen Rendite nimmt bei Aktien schneller ab.

- Bei einer Anlagedauer von 20 Jahren und mehr ist die Mindestrendite bei Aktien bereits positiv.
- Bei Anleihen und Geldmarktpapieren ist die Mindestrendite bis zu einer Haltedauer von 30 Jahren noch negativ. Dabei handelt es sich um Phasen mit hoher Inflationsrate.

Außerdem stellen die Autoren fest: In mehr als zwei Jahrhunderten hätten Aktien über einen Zeitraum von mehr als 17 Jahren noch nie negative reale Renditen erzielt. Auf Jahresbasis hätte ein Investment in Aktien ein Investment in Anleihen in rund 60 Prozent der Fälle real geschlagen, bei zehnjähriger Haltedauer in rund 80 Prozent und bei 30-jähriger Haltedauer in 99,3 Prozent der Fälle. Der letzte Zeitraum, in dem Anleihen sich über 30 Jahre besser als Aktien entwickelt haben, endete 2011 nach einem langen Zyklus sinkender Zinsen: Die Zinsen fielen in diesem Zeitraum von über 16 Prozent auf rund 2 Prozent pro Jahr. Anleger, die in dieser Zeit zehnjährige Anleihen kauften und jedes Jahr verkauften, um den Erlös wieder in zehnjährige Anleihen zu investieren (so werden Rentenindizes berechnet), profitierten von hohen Kursgewinnen.

Ob die Anlagedauer für Ihre Entscheidung, zu welchem Anteil Sie in Aktien investieren wollen, eine Rolle spielt, hängt nun maßgeblich von Ihrem Blickwinkel ab. Wenn Ihnen zwischenzeitliche Verluste nichts ausmachen, dann können Sie mit zunehmender Anlagedauer einen größeren Anteil in Aktien investieren. Wenn Sie zwischenzeitliche Verluste begrenzen wollen, führt kein Weg an einer Begrenzung der Aktienquote vorbei.

100 Prozent Aktienquote?

In verschiedenen Ratgebern wird darauf hingewiesen, dass ein optimal diversifiziertes Portfolio immer auch Anleihen und gegebenenfalls weitere Anlageklassen enthalten sollte, da die Beimischung weiterer Anlageklassen das Risiko reduziert. Im Prinzip ist das vollkommen richtig. Allerdings hat diese Empfehlung einen Haken: Das Risiko wird hier auf Jahresbasis gemessen, und zwar anhand der jährlichen Standardabweichung. Deshalb werden meist nur Aktienquoten von maximal 70 Prozent empfohlen. Nur ist die Standardabweichung nicht für jeden Menschen das Maß der Dinge, wenn es um Risiko geht. Und warum eigentlich die jährliche Standardabweichung, und nicht die Standardabweichung einer fünfjährigen Halteperiode?

Der enge Fokus auf jährliche Schwankungen ist nicht immer zielführend, insbesondere bei langfristigen Anlagen. Denn wer auch nur zum Teil auf Aktien verzichtet, verzichtet auch auf deren Risikoprämie. Eine Beimischung von Anleihen schmälert daher die mögliche Rendite des Portfolios. Darauf weisen die Forscher Jeremy Siegel und Jeremy Schwartz in „Stocks for the Long Run" hin, die die Standardabweichungen von Portfolios für Betrachtungszeiträume zwischen einem und 30 Jahren berechnet haben. Die Zusatzrenditen für höhere Aktienquoten überwiegen insbesondere bei Anlagezeiträumen von mehr als zehn Jahren die damit verbundenen zusätzlichen Risiken bei Weitem.

Auch das Forscherteam um Martin Weber hält in „Die genial einfache Vermögensstrategie" fest, dass die individuell passende Aktienquote ausschließlich von der Risikobereitschaft und der Risikofähigkeit abhängt.

Schließlich kann sich auch eine Aktienquote von 100 Prozent bezogen auf das Geldvermögen relativieren, wenn man Immobilienvermögen oder sichere Rentenansprüche in die Betrachtung einbezieht. Im Einzelfall können daher auch Aktienquoten von maximal 100 Prozent sinnvoll sein.

Zwischenzeitliche Verluste begrenzen? So einfach geht's!

Um Wertschwankungen während der Anlagedauer zu begrenzen, können Sie Ihre Aktienquote wie folgt festlegen: Sie sollte das Doppelte der von Ihnen tolerierten Wertschwankung Ihres Gesamtvermögens nicht überschreiten. Angenommen, Sie sind bereit, einen zwischenzeitlichen Verlust von 20 Prozent in Kauf zu nehmen. Dann können Sie zweimal 20 Prozent, also 40 Prozent des Anlagebetrags breit gestreut in Aktien-ETFs investieren. Dies gilt jedenfalls dann, wenn man annimmt, dass sich die Aktienkurse vom Hoch zum Tief (maximaler Drawdown) bei globaler Streuung im schlimmsten Fall real in etwa halbieren, was zumindest bisher aus historischen Daten bei verschiedenen Crashs zu beobachten war. Bei 10.000 Euro könnten demnach 4.000 Euro in Aktien-ETFs angelegt sein, der Rest wäre sicher anzulegen, zum Beispiel in Festgeld oder Anleihen-ETFs (→ Seite 169). Kommt es dann zu einem Crash, könnte sich der in Aktien-ETFs angelegte Teil im schlimmsten Fall auf 2.000 Euro halbieren. Zusammen mit dem sicheren Teil haben Sie dann noch 8.000 Euro (oder maximal 20 Prozent Verlust). Sobald Sie bereit sind, zwischenzeitliche Wertschwankungen von 50 Prozent in Kauf zu nehmen, können Sie den gesamten Anlagebetrag zu 100 Prozent in Aktien-ETFs investieren (Ausnahmen → Seite 95). Wichtig hierbei: Die beschriebene Vorgehensweise setzt die Annahme voraus, dass ein zukünftiger Crash nicht aus dem bisherigen Rahmen fällt (→ Abb. 14, Seite 92).

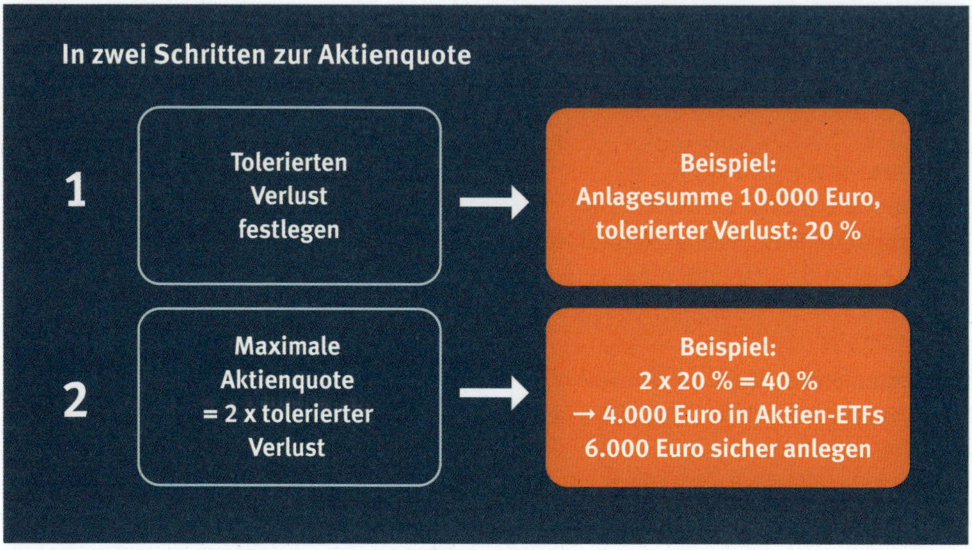

Abb. 14: So lassen sich zwischenzeitliche Verluste begrenzen.

→ TIPP Lassen Sie sich beraten

Sollten Sie nach wie vor nicht sicher sein, wie viel Risiko zu Ihnen passt, können Sie sich an die Expertinnen und Experten der Verbraucherzentrale Ihres Bundeslands wenden. Diese helfen Ihnen gerne im Rahmen einer persönlichen Beratung weiter. Die Preise dafür variieren je nach Bundesland, zu den Beratungen kommen Sie hier: www.verbraucherzentrale.de/beratung

Übrigens kann sich Ihre Risikoeinstellung im Laufe der Zeit durchaus ändern. Es macht einen Unterschied, ob man schon einige Crashs und Erholungsphasen miterlebt hat oder nicht. Und sicher werden sich auch Ihre Anlageziele von Zeit zu Zeit ändern, was eine Anpassung der Aktienquote erforderlich macht.

Zusammenfassung

Viele Argumente sprechen für ETFs: Die passive Nachbildung eines breit diversifizierten Index ist langfristig eine bequeme und rentable Anlagestrategie. Damit fahren Sie aufgrund des ziemlich effizienten Kapitalmarkts besser, als wenn Sie den verlockenden Versprechungen aktiver Fondsmanager Glauben schenken. Ein wichtiger Grund dafür ist die Kostenersparnis. Mit ETFs können Sie zu minimalen Kosten an den Renditen des Kapitalmarkts partizipieren. Andere wegen der hohen Provisionen oft angebotenen Finanzprodukte sind in der Regel so teuer, dass häufig die Hälfte der möglichen Kapitalmarkterträge durch die Kosten aufgefressen wird. Höhere Kosten lassen sich nicht durch eine höhere Rendite rechtfertigen, im Gegenteil. Für den Vermögensaufbau bedeuten höhere Kosten schlicht, dass vom Kuchen weniger für Sie übrigbleibt.

ETFs ermöglichen zudem eine sehr gute Risikostreuung: Sie können das Totalverlustrisiko einzelner Investments (wenn Sie nach der Nadel im Heuhaufen suchen) auf ein Wertschwankungsrisiko reduzieren (indem Sie den ganzen Heuhaufen kaufen). Ob Sie einen kleinen oder großen Teil Ihres Vermögens in Aktien-ETFs investieren, hängt in erster Linie von Ihrer Risikobereitschaft ab. Da Risiko und Rendite zusammenhängen, ist es wichtig, dass Sie sich genügend Zeit nehmen, um sich zu informieren und hierzu eine Entscheidung treffen, bei der Sie auch in Zukunft nachts ruhig schlafen können.

Fallstricke bei ETFs

Damit eine Anlagestrategie mit ETFs langfristig erfolgreich ist, bedarf es einer konsequenten Umsetzung. Hier erfahren Sie, wie Sie sich im komplexen Geflecht aus Beratung, Verkauf, seriöser Information und Werbung zurechtfinden und die Qualität der genutzten Informationsquellen kritisch prüfen können.

Auch bei ETFs gibt es potenzielle Fallstricke, und es gibt durchaus Gründe und Lebenssituationen, in denen es ratsam sein kann, von ETFs Abstand zu nehmen.

Vorsicht bei ETFs, wenn ...

Eine Investition in ETFs sollten Sie in den folgenden Fällen überdenken:

→ wenn es sich um einen ETF ohne diversifizierte Anlagestrategie handelt
→ wenn Sie nicht bereit sind, die Wertschwankungen zu tragen
→ wenn Sie sich Verluste finanziell nicht leisten können.

Ihr Wahl-ETF hat keine diversifizierte Anlagestrategie: Es gibt Tausende von ETFs, die meisten folgen aktuellen Anlagetrends wie künstliche Intelligenz, Wasserstoff, Verteidigung und Rüstung, Raumfahrt und viele mehr. Lassen Sie besser die Finger von derartigen Themen-ETFs. Vorsicht ist auch geboten bei ETFs, die neue, von der Fondsgesellschaft eigens kreierte Indizes abbilden. Dahinter steckt in der Regel keine diversifizierte Anlagestrategie, sondern nur der Versuch, durch aktive Anlageentscheidungen besonders hohe Renditen zu erzielen (→ Seite 71).

Sie möchten keine Wertschwankungen: Wenn Sie Wertschwankungen bei Ihrer Geldanlage vollständig ausschließen wollen, sollten Sie nicht in Aktien-ETFs investieren.

Denn leider kann sich der investierte Betrag bei einem Crash schon mal halbieren. Selbst bei Anleihen-ETFs, die sich auf deutsche Staatsanleihen konzentrieren, sind derartige Wertschwankungen möglich, wenn die Anleihen eine lange Restlaufzeit haben. Als die Zinsen im Jahr 2022 innerhalb weniger Monate von null auf 2 Prozent stiegen, verloren Anleihen mit sehr langen Restlaufzeiten rund die Hälfte ihres Werts.

Sie können sich Verluste nicht leisten: Wenn Sie auf das angelegte Geld angewiesen sind und sich deshalb auch kleinere Verluste nicht leisten können (man spricht von Risikofähigkeit oder Risikotragfähigkeit), sind ETFs ebenfalls mit Vorsicht zu genießen. Die Risikofähigkeit ist bitte nicht zu verwechseln mit Risikobereitschaft. Was es damit auf sich hat, zeigen im Folgenden einige typische Fälle aus der täglichen Beratungspraxis der Verbraucherzentralen. Hier haben Verbraucher und Verbraucherinnen jeweils weitere Anlageziele für die Anlagesumme, zum Beispiel einen Eigenheimerwerb in fünf Jahren und zugleich den Vermögensaufbau zur Altersvorsorge. Geht es dann um die Frage, ob eine Anlage in ETFs bedarfsgerecht ist, halten wir bildlich gesprochen zunächst einmal ein „Stoppschild" hoch. Das Stoppschild bedeutet nicht, dass eine Anlage in ETFs zwangsläufig ausgeschlossen ist. Es heißt zunächst nur: Haben Sie sich auch gut überlegt, wie Sie damit umgehen, wenn das Risiko eintritt? Gefährdet das Risiko das Erreichen eines Anlageziels?

Stopp – kurzfristiger Liquiditätsbedarf?

Der Klassiker: Irgendetwas geht kaputt, am Auto, an der Waschmaschine oder gar am eigenen Haus. Reparatur oder gar Neuanschaffung sind teuer. Wie finanziert man diesen kurzfristigen Liquiditätsbedarf? Das Girokonto zu überziehen, ist zwar eine Möglichkeit, aber bei Sollzinsen von 12 Prozent und mehr eine sehr teure. Natürlich ist es immer möglich, ETFs relativ schnell zu verkaufen: Zwei Börsentage später ist das Geld auf dem Konto. Aber wenn die Kurse gerade wegen einer schlechten Börsenlage sehr niedrig sind, kann ein Verkauf unangenehm sein.

Deshalb ist es in der Regel sinnvoll, für den kurzfristigen Liquiditätsbedarf eine sichere Rücklage zu haben. Was auf einem Tagesgeldkonto liegt, kann noch am selben Tag oder spätestens am nächsten Werktag auf dem Girokonto sein. Wie hoch diese Reserve sein sollte, ist individuell sehr unterschiedlich. Wer gerade seine Lehre abgeschlossen hat und in einer möblierten Wohnung zur Miete wohnt, braucht nicht so viel. Denn das Risiko für Reparatur und Ersatz von Waschmaschine und Geschirrspüler trägt der Vermieter. Da reichen vielleicht ein- oder zweitausend Euro auf einem Tagesgeldkonto. Wer mit dem eigenen Auto statt mit dem Fahrrad oder der Bahn zur Arbeit fährt, muss wegen höherer Reparaturkosten vielleicht etwas großzügiger kalkulieren. Auch wer in den eigenen vier Wänden wohnt, muss immer mit unerwarteten Instandhaltungskosten rechnen. Da die Lebensgewohnheiten und die persönlichen Bedürfnisse sehr unterschiedlich sind, sind Faustformeln mit Vorsicht zu genießen. Häufig wird eine Rücklage in Höhe von drei Nettomonatsgehältern empfohlen. In manchen Fällen ist das zu wenig, in anderen zu viel. Überlegen Sie also selbst: Welche Kosten könnten kurzfristig auf Sie zukommen und mit welchem sicher angelegten und jederzeit verfügbaren Betrag fühlen Sie sich wohl? Für diesen Betrag ist ein Tagesgeldkonto die erste Wahl. Alternativ käme auch ein Anleihen-ETF mit kurzlaufenden deutschen Staatsanleihen infrage (→ Seite 169).

Stopp – Sie brauchen das Geld zum Leben?

Ein weiteres Warnzeichen ist, wenn Sie dringend auf das Geld angewiesen sind. Das ist häufig bei Rentnerinnen und Rentnern der Fall, die immer wieder Geld aus ihrem Vermögen entnehmen müssen, um laufende Ausgaben oder Mehrkosten für Gesundheit und Pflege bezahlen zu können. In diesen Fällen ist zu überlegen, ob eine schlechte Kapitalmarktentwicklung die Finanzierung des Lebensunterhalts gefährdet. Wenn zum Beispiel ein Börsencrash dazu führt, dass der gewünschte Pflegeplatz unbezahlbar wird und die Rechnungen nicht mehr bezahlt werden können, sollte man sich die Zeit nehmen, noch einmal in Ruhe über die Risiken von ETFs nachzudenken. Manchmal lässt sich der Zielkonflikt lösen, indem man den Anlagebetrag aufteilt: Ein Teil sorgt für verlässliche Erträge über die nächsten zehn Jahre, ein anderer Teil bleibt weiterhin gewinnbringend in ETFs investiert. Etwas kniffliger wird es, wenn man das Geld zum Leben braucht und gleichzeitig dringend auf hohe Renditen angewiesen ist, weil es sonst nicht reicht. Dann kann eine Beratung zu verschiedenen bedarfsgerechten Entnahmestrategien weiterhelfen (→ Seite 214).

Stopp – mittelfristiger Liquiditätsbedarf?

Sie haben vor einigen Jahren Ihr Auto ersetzt? Und planen dies in fünf bis sieben Jahren erneut? Bei einem durchschnittlichen Kaufpreis von 45.000 Euro für einen Neuwagen liegt der Gedanke nahe, diesen Betrag, sofern er denn bereits angespart ist, bis zur nächsten Anschaffung möglichst gewinnbringend in Aktien-ETFs anzulegen (Rechenbeispiele, wie sich das auszahlen kann, lesen Sie hier: → Seite 193). Auch bei Instandhaltungsmaßnahmen am Eigenheim, neuen Möbeln oder bei einer größeren Reise geht es um große Anlagesummen. Wann immer absehbar ist, dass man mittelfristig, also „in ein paar Jahren", auf einen bestimmten Anlagebetrag zugreifen muss, stellt sich die Frage, ob man das Risiko einer Anlage in Aktien-ETFs tragen will und kann. Nehmen Sie das Beispiel Neuwagenkauf: Angenommen, Ihre Neuwagenreserve schrumpft durch einen Crash von 45.000 auf 25.000 Euro – genau dann, wenn Sie gerade in den Autohäusern nach einem Schnäppchen suchen. Wie gehen Sie damit um? Können Sie dem gelassen entgegensehen, zum Beispiel indem Sie das alte Auto noch etwas länger fahren oder auf einen Gebrauchtwagen ausweichen? Dann spricht nichts dagegen, mit dieser Anlagesumme auch Risiken einzugehen. Wenn Sie das aber vermeiden wollen, müssen Sie auf Rendite verzichten und das Geld sicher in Tagesgeld, Festgeld oder Anleihen-ETFs anlegen.

Stopp – Sie wollen mal ein Eigenheim kaufen?

Gut vier von zehn Haushalten in Deutschland leben in den eigenen vier Wänden. Viele Menschen streben eine eigene Immobilie an oder wollen sich zumindest die Option darauf offenhalten. Dazu ist in der Regel ein erhebliches Eigenkapital erforderlich. Wenn auch Sie solche Pläne verfolgen, sollten Sie einen möglichen Kapitalbedarf für den Erwerb von Wohneigentum in Ihrer Anlagestrategie berücksichtigen. Sie können dann zwar trotzdem in Aktien-ETFs investieren, sollten sich aber über die damit verbundenen Risiken im Klaren sein. Überlegen Sie daher, wie sich ein zwischenzeitlicher Wertverlust auf Ihren Traum vom Eigenheim auswirkt. Es macht sicher einen Unterschied, ob Sie die Immobilie in den nächsten zwei Jahren oder erst in 15 Jahren erwerben wollen. Denn je mehr Zeit Sie haben, desto mehr Zeit bleibt auch, Ihre Anlagestrategie anzupassen oder Verlustphasen auszusitzen. So können Sie beispielsweise nach zehn Jahren ihre Aktienquote reduzieren, um mehr Kalkulationssicherheit zu haben. Je näher der Immobilienkauf rückt, desto größer wird in der Regel das Bedürfnis nach Kalkulationssicherheit – und genau diese Sicherheit können Ihnen Aktien-ETFs nicht bieten. Hier sind Alternativen wie Tages- und Festgelder oder Anleihen-ETFs die bessere Wahl.

GUT ZU WISSEN

Immobilien – mieten ist günstiger als kaufen

Auf den ersten Blick scheint die Rechnung einfach zu sein: Lieber die monatliche Miete in die eigenen vier Wände investieren, als sie an den Vermieter zu überweisen. Schließlich ist das Geld dann weg. Doch wenn man genau rechnet, stimmt das so pauschal nicht. Wer zur Miete wohnt, kann das Geld, das er sonst als Eigenkapital hätte aufbringen müssen, langfristig gewinnbringend anlegen, zum Beispiel in Aktien-ETFs. Es geht dabei in der Regel immerhin um 20 Prozent des Kaufpreises. Als Mieter müssen Sie auch keine Erwerbsnebenkosten von 5 bis 10 Prozent des Kaufpreises zahlen. Außerdem tragen Sie als Mieter keine Instandhaltungskosten. Deshalb ist die monatliche Belastung beim Kauf in der Regel deutlich höher als beim Mieten. Wer die Kaufnebenkosten nicht mitbedenkt und nur Mietzahlungen mit Kreditratenzahlungen vergleicht, vergleicht Äpfel mit Birnen. Historische Daten zur Wertentwicklung von Immobilien zeigen: Langfristig fällt die Vergleichsrechnung tendenziell zugunsten des Mietens aus – vorausgesetzt, Mieter investieren das Geld, das sie sonst als Käufer aufbringen müssten, zumindest teilweise in die renditestärkste Anlageklasse Aktien. Hier können Immobilien renditemäßig nicht mithalten. Für den Erwerb von Wohneigentum kann es aber sehr gute andere Gründe geben, die über die finanzielle Betrachtung hinausgehen. Oft ist damit auch ein Gewinn an Lebensqualität verbunden.

→ TIPP

Mieten oder kaufen? Mehr zum Thema finden Sie unter den folgenden Links:

- → zum Blog von Alexander Weis und Jonas Schweizer: Kaufen oder mieten? – Eigenheim versus Weltportfolio geht es hier: www.gerd-kommer.de/eigenheim-vs-weltportfolio/
- → oder Sie lesen im Ratgeber von Gerd Kommer: „Kaufen oder Mieten? Wie Sie für sich die richtige Entscheidung treffen“, Campus Verlag 2021
- → Mit dem Online-Rechner der Stiftung Warentest können Sie anhand verschiedener Einflussfaktoren abschätzen, wann Kaufen oder wann Mieten vorteilhafter ist, Sie finden ihn unter: www.test.de/node/1159353-0/

Stopp – Sie haben noch Schulden?

Wenn man Geld anzulegen hat und zugleich noch Schulden abzahlen muss, stellt sich die Frage: Soll man den Anlagebetrag lieber zur schnelleren Schuldentilgung verwenden oder anders anlegen? In der Regel ist es rentabler, das Geld zur Schuldentilgung zu verwenden. Denn Kreditzinsen sind meist höher als Anlagezinsen. Es gibt noch ein zweites Argument, das für die Schuldentilgung spricht: Sie verringern das Gesamtrisiko Ihres Vermögens. Das liegt am **Leverage-Effekt** (→ Tab. 10, Seite 101).

In der Praxis ist die Berechnung der Rendite eines Investments in Immobilien viel komplizierter. Das Beispiel (→ Seite 101) soll Ihnen lediglich bewusst machen, dass der Leverage-Effekt den Einfluss der Verschuldung auf die Rendite verstärkt, und zwar in beide Richtungen. Jede Verringerung des Verschuldungsgrads einer Anlage ist daher auch eine Verringerung ihres Risikos. Wenn Sie Immobilienbesitzer sind und noch Schulden haben, aber dennoch mit dem Gedanken spielen, aktuell übriges Geld in ETFs anzulegen, machen Sie sich das damit verbundene Risiko bewusst:

- → Welche finanziellen Folgen hat es, wenn die Erträge aus der Geldanlage die Zinskosten nicht ausgleichen können?
- → Könnte es Ihnen finanzielle Probleme bereiten, wenn Ihr ETF-Portfolio im Minus ist und Sie zum Beispiel wegen Arbeitsplatzverlust, Krankheit oder Todesfall in der Familie nach fünf Jahren Ihr Eigenheim verkaufen müssen?
- → Wie gehen Sie damit um, wenn bei einem Zwangsverkauf der Verkaufserlös der Immobilie nicht ausreicht, um die Schulden zu tilgen? Die Bank wird dann verlangen, dass Sie auch die ETFs verkaufen, egal zu welchem Preis.

Zugegeben: Wo Risiken sind, sind auch Chancen. Die Kreditzinsen für Eigenheimfinanzierungen liegen zwar deutlich über den Zinsen für langfristige Rentenpapiere (→ Seite 55), aber immer noch weit unterhalb der Renditen der Aktienmärkte. Die Risikoprämie für Aktien beträgt rund 3,3 Prozentpunkte. Zieht man davon die Kosten der ETFs und die Abgeltungsteuer ab (→ Seite 198), bleiben immerhin noch gut 2 Prozentpunkte übrig. Mit Aktien-ETFs kann die Wette aufgehen. Bei teuren aktiv gemanagten Fonds oder gar fondsgebundenen Versicherungen stehen die Chancen deutlich schlechter. Diese Überlegung setzt natürlich voraus, dass Sie gelassen bleiben, wenn sich der Wert Ihres ETF-Depots in einem schlechten Börsenumfeld mal eben halbiert.

GUT ZU WISSEN

Leverage-Effekt (auch: Hebeleffekt)

Der Leverage-Effekt beschreibt die Wirkung von Schulden (Fremdkapital) auf die Rendite einer Investition (Eigenkapital).

Dazu ein stark vereinfachtes Rechenbeispiel, wie es bei der Immobilienfinanzierung vorkommen kann:

FALL	EIGEN-KAPITAL	FREMDKAPITAL	ZINSKOSTEN (BEI EINEM ANGENOMMENEN ZINSSATZ VON 3 %)	WERTSTEIGERUNG DER IMMOBILIE NACH EINEM JAHR	RENDITE DER INVESTITION
A	100.000 Euro	0 Euro	0 Euro	Annahme: + 6 %: 6.000 Euro (= 0,06 x 100.000)	6.000/100.000 = 0,06 = **6 %**
B	100.000 Euro	400.000 Euro	12.000 Euro	Annahme: + 6 %: 30.000 Euro (= 0,06 x 500.000)	(30.000 - 12.000)/100.000 = 0,18 = **18 %**
C	100.000 Euro	400.000 Euro	12.000 Euro	Annahme: -10 %: -50.000 Euro	(-50.000 - 12.000)/100.000 = -0,62 = **-62 %**

Tab. 10: Rechenbeispiel Leverage-Effekt

Fall A: Angenommen, Sie investieren 100.000 Euro Eigenkapital in eine Immobilie ohne Schulden. Wenn der Wert der Immobilie um 6 Prozent steigt, dann entspricht dies auch der Rendite Ihres Investments.

Fall B: Nehmen Sie aber zusätzlich 400.000 Euro Kredit auf, für die Sie einen Zinssatz von 3 Prozent zahlen müssen, können Sie sich eine Immobilie im Wert von 500.000 Euro leisten. Wenn deren Wert um 6 Prozent steigt, steigt die Rendite der investierten 100.000 Euro auf 18 Prozent. Das liegt daran, dass Sie für die Schulden nur 3 Prozent Zinsen bezahlen müssen, aber eine Rendite von 6 Prozent damit einfahren. Schulden können also die Rendite deutlich nach oben treiben („hebeln").

Fall C: Läuft die Investition dagegen nicht wie geplant und bringt statt 6 Prozent Rendite nach einem Jahr ein Minus von 10 Prozent, sieht die Rechnung so aus: Die investierten 500.000 Euro bringen ein Minus von 50.000 Euro, dazu kommen 12.000 Euro Zinsen, das macht eine negative Rendite von 62 Prozent bezogen auf das Investment.

> **WICHTIG**
>
> Lassen Sie sich nicht von den hohen Renditechancen an den Aktienmärkten zu Risiken verführen, die Sie nicht eingehen wollen. Machen Sie sich diese bewusst und überlegen Sie, ob Sie sie wirklich aussitzen können:
>
> 1. Bei einem Börsencrash kann sich der in Aktien-ETFs mit weltweiter Streuung investierte Betrag jederzeit kurzfristig halbieren.
> 2. Die Renditen an den Aktienmärkten können auch über längere Zeiträume mal negativ sein.

Verkaufstricks und der Faktor Mensch

Eine erfolgreiche Anlagestrategie steht und fällt mit ihrer konsequenten Umsetzung. Nicht umsonst bemühen Finanzinstitute in ihrer Werbung gerne das Bild des Kapitäns auf dem Segelschiff, wenn es um das Thema Geldanlage geht. Den richtigen Kurs zu setzen sei schon eine Herausforderung, aber man müsse ihn auch in stürmischen Gewässern halten können. Dafür sei ein erfahrener Kapitän mit einer Top-Crew und exklusiver Kompetenz unverzichtbar. Doch für eine bequeme und rentable Anlagestrategie benötigen Sie weder teure Profis noch ein aktives Management. Allerdings ist das „Kurshalten in stürmischen Gewässern" durchaus eine Herausforderung. Gerade wenn Sie ETF-Einsteiger oder -Einsteigerin sind, gibt es viele Faktoren, die dazu führen können, dass Sie nicht die erhofften durchschnittlichen Renditen der Aktienmärkte erzielen. Wenn Sie also das Ruder selbst in die Hand nehmen und Kapitän Ihrer Geldanlage werden wollen, müssen Sie wissen, was da auf Sie zukommt. Frei nach dem Motto „Gefahr erkannt, Gefahr gebannt" geht es im Folgenden um den Faktor Mensch mit all seinen Fehlern, Verhaltensmustern und seiner Anfälligkeit für Manipulationen, Nebelkerzen und Verkaufstricks der Finanzindustrie.

Selbstüberschätzung

Machen wir uns nichts vor: Wir Menschen neigen dazu, unsere Fähigkeiten zu überschätzen. Wir halten uns mehrheitlich für überdurchschnittlich sichere Autofahrer, bessere Managerinnen oder bessere Lehrer. Bei Männern ist der Hang zur Selbstüberschätzung (im Englischen Overconfidence Bias) durchaus etwas stärker ausgeprägt als bei Frauen.

Selbstüberschätzung ist auch der Grund, warum Privatanleger und viele Investmentprofis weltweit aktive Anlagestrategien verfolgen, in der Hoffnung, überdurchschnittliche Renditen zu erzielen (→ Seite 71 und Interview mit Martin Weber → Seite 104).

In engem Zusammenhang damit steht der **„Hindsight Bias“**, (auch Rückschaufehler genannt). Wir neigen dazu, die Vorhersagbarkeit eines Ereignisses zu überschätzen, nachdem es eingetreten ist. Dann fallen Sätze wie: „Ich habe es ja gesagt! Die Aktienkurse mussten steigen“ oder „Ich hatte ein ungutes Gefühl, die Märkte liefen heiß, es war klar, dass ein Crash kommen musste“. Kurzum: Hinterher ist man immer schlauer.

Und je mehr man sich mit Aktien und der Börse beschäftigt, desto größer ist die Gefahr, dass man eines Tages anfängt, Marktentwicklungen vorherzusagen. Vielleicht reden Sie dann auch häufiger mit Bekannten über die Börse und wollen es selbst einmal mit dem Kauf einer einzelnen Aktie versuchen. Wenn Sie Ihre eigenen Fähigkeiten überschätzen, besteht die Gefahr, dass Sie die in diesem Ratgeber beschriebene passive Anlagestrategie (Buy-and-Hold → Seite 194) aufgeben, was langfristig zu Renditeeinbußen führt. Je häufiger Sie handeln, desto höher sind die Kosten und Steuern, und umso geringer die Rendite. Und mit jedem Tag, an dem Sie am Spielfeldrand stehen und Ihr Geld nicht in Aktien-ETFs investieren – weil Sie glauben, die Märkte seien überhitzt und man solle lieber auf günstigere Kurse warten –, entgeht Ihnen die Risikoprämie des Aktienmarkts.

Selbstwertdienliche Verzerrung

Viele Anlegerinnen und Anleger neigen dazu, Erfolge bei ihren Investitionen auf die eigene Kompetenz zurückzuführen, während Misserfolge eher auf äußere Umstände wie ungünstige Marktbedingungen oder unvorhergesehene Ereignisse geschoben werden. Dieses Phänomen wird als Selbstwertdienliche Verzerrung oder Self-Attribution Bias bezeichnet. Solche Denkmuster finden sich nicht nur bei Privatanlegern, sondern auch unter professionellen Investoren.

Entwickelt sich beispielsweise ein aktiv verwalteter Fonds in einem bestimmten Jahr überdurchschnittlich gut, dann wird dies von dem Anbieter und manchmal auch von den Medien dem „exzellenten“ Management zugeschrieben, dass „das richtige Händchen“ hatte. Verläuft die Entwicklung hingegen negativ, stehlen sich Anbieter und Management mit der vermeintlich unvorhersehbaren Marktentwicklung aus der Verantwortung. Diese Verzerrung unterstützt die Neigung zur Selbstüberschätzung. Deshalb ist es wichtig, auch als erfahrene Anlegerin oder Anleger kritisch zu bleiben. Dokumentieren Sie Ihre Anlageentscheidungen und halten Sie an einer strukturierten Anlagestrategie fest.

„... der größte Fehler ist, überhaupt nicht zu investieren ..."

PROF. DR. DR. H.C. MARTIN WEBER, Seniorprofessor an der Fakultät für Betriebswirtschaftslehre der Universität Mannheim

Was ist der größte Fehler, den man als Investor machen kann?
Es klingt banal, aber der größte Fehler ist, überhaupt nicht zu investieren, zumindest, wenn man investieren kann. Und wenn man investieren kann, dann sollte man breit diversifiziert investieren, in Aktien, Anleihen und Rohstoffe.

Welchen Fehler sollt man als langfristiger Anleger vermeiden?
Der zweite große Fehler besteht häufig darin, dass man zu viel handelt. Man denkt immer, da passiert was, da muss ich dabei sein. Aber es zeigt sich: Die ruhige Hand, die bringt's. Man kauft, wenn man Geld hat, man verkauft, wenn man Geld braucht.

Was ist ein weiterer typischer Anlagefehler?
Der Hang zur Selbstüberschätzung. Man ist sich zu sicher, dass man doch besser ist als die anderen. Man kommt einfach besser durchs Leben, wenn man denkt, man ist der Größte, aber das ist man auf dem Kapitalmarkt nicht. Deshalb sollte man bescheiden und demütig sein.

Rahmungseffekt

Der Rahmungseffekt (im Englischen Framing) beschreibt die Tatsache, dass Menschen in ein und derselben Situation unterschiedliche Entscheidungen treffen, je nachdem, wie sie präsentiert wird. Zum Beispiel die Frage: Wie viel Risiko wollen Sie tragen (→ Seite 81)? Die Art und Weise, der Rahmen, wie Ihnen das Risiko einer Aktienanlage dargestellt wird, hat Einfluss darauf, ob Sie bereit sind, dieses Risiko einzugehen oder nicht.

Will ein Finanzberater Sie manipulieren, damit Sie in riskantere Aktienfonds mit höheren Gebühren investieren, wird er Ihnen die hohen Renditen von Aktien mit Grafiken untermauern, und die Risiken nicht zum Ausdruck bringen.

Will Ihnen ein Versicherungsvertreter eine Rentenversicherung zur Altersvorsorge statt des bestehenden ETF-Depots verkaufen, wird er die garantierten Rentenleistungen und die Finanzkraft seines Versicherungspartners hervorheben. Gleichzeitig wird er hinsichtlich eines ETF-Depots Angst vor Börsenturbulenzen schüren. Dass man mit klassischen Rentenversicherungen wegen der hohen Kosten nur einen Bruchteil der Kapitalmarkterträge erzielen kann, kommt in diesem Rahmen gar nicht vor. Versicherer verkaufen Sicherheit, und ein Verkaufserfolg lässt sich leichter erzielen, wenn die Angst vor dem Risiko groß ist. Gegen den Rahmungseffekt ist kein Kraut gewachsen. Jede Entscheidung wird in einem bestimmten Rahmen getroffen. Sie können sich aber immer fragen, ob jemand Ihre Entscheidung aus Eigeninteresse beeinflussen will, indem er den Rahmen vorgibt. Dies hilft Ihnen dabei, die notwendige Distanz zu wahren.

Verlustaversion

Menschen haben eine besondere Abneigung gegen Verluste (Verlustaversion, im englischen Loss Aversion). Die Freude über einen Kursgewinn von 10.000 Euro ist geringer als der Schmerz über einen Verlust in gleicher Höhe. Das weiß auch die Finanzindustrie und bringt deshalb Finanzprodukte mit Garantieversprechen auf den Markt: Zertifikate mit Kapitalschutz, Indexpolicen mit Wahlrecht zwischen garantierter Verzinsung und Indexpartizipation, Investmentfonds mit Höchststandsgarantie und vieles mehr. Doch diese Produkte enthalten regelmäßig hohe offen ausgewiesene oder versteckte Kosten. Und wenn sie die Verlustrisiken reduzieren, reduzieren sie zwangsläufig auch die Renditechancen. Deshalb sind die Renditen dieser Produkte in der Praxis sehr niedrig. Auch wenn es schwerfällt: Lassen Sie sich bei der Umsetzung Ihrer Anlagestrategie nicht vom ständigen Blick auf Gewinne und Verluste ablenken. Wer sein Geld in Aktien-ETFs anlegt, wird auf dem Papier zwischenzeitlich Verluste erleiden. Und selbst wenn die Aktienmärkte dauerhaft gut laufen, werden Sie nicht umhinkommen, dann und wann Verluste zu spüren.

Das liegt daran, dass Sie den Referenzpunkt für Gewinne und Verluste automatisch nachziehen. Aus den investierten 10.000 Euro werden eines Tages 25.000 Euro, und wenn der Wert wieder auf 15.000 Euro fällt, fühlt sich das trotz objektivem Gewinn wie ein Verlust an – schließlich war das Depot einmal mehr wert. Das Auf und Ab an der Börse ist ein normaler Zustand, für den Sie als Anleger mit höheren Renditen entschädigt werden als bei Geldanlagen, deren Wert nicht schwankt. Mit jedem Tag, an dem Sie über Aktien-ETFs am Aktienmarkt investiert sind, entscheiden Sie sich für diese Risikoprämie. Für den zukünftigen Erfolg Ihrer Anlagestrategie ist es jedoch völlig unerheblich, ob Sie gerade „im Plus“ oder „im Minus“ sind.

Mentale Buchhaltung

Wenn es um Geld geht, legen die Menschen gerne eigene Budgets für verschiedene Anlageziele fest (mentale Buchhaltung, im Englischen Mental Accounting). Diese mentale Buchhaltung kann jedoch dazu führen, dass keine bedarfsgerechte Anlagestrategie für das Gesamtvermögen verfolgt wird.

> **BEISPIEL**
>
> Sie legen monatlich 100 Euro für Ihr Kind zurück und erhalten dafür 3 Prozent Zinsen, während Sie gleichzeitig Ihren eigenen Autokredit mit 7 Prozent Zinsen abbezahlen. Auf dem mentalen Konto für das Kind verbuchen Sie zwar eine Rendite von 3 Prozent, rational handelt es sich aber insgesamt betrachtet um eine negative Rendite von 4 Prozent.
>
> Rechnung:
> **-7** Prozent Kreditzins **+ 3** Prozent Anlagezins = **-4** Prozent.
>
> Weit rentabler wäre es, nicht für das Kind zu sparen, sondern den eigenen Kredit schneller zu tilgen. Später können Sie eine höhere Sparrate für das Kind einplanen.

Auch bei der Planung der Anlagestrategie für die Altersvorsorge und der Festlegung der Risikobereitschaft ist es hilfreich, die Denkbarrieren der mentalen Konten zu durchbrechen. Angenommen das Thema Aktien und Börse ist neu für Sie und Sie möchten für die 100 Euro, die Sie für Ihre Altersvorsorge zurücklegen, nur Wertschwankungen von 25 Prozent akzeptieren. Dann könnten Sie 50 Euro in Aktien-ETFs investieren (→ Seite 81). Der Rest in Höhe von 50 Euro wäre mit geringem Wertschwankungsrisiko anzulegen. Wenn Sie aber den Blick vom ETF-Depot auf Ihre gesamte Altersvorsorge erweitern, mit der Aussicht auf eine gesetzliche Rente von 1.600 Euro und eine Betriebsrente von 300 Euro, dann sieht Ihre Risikobereitschaft unter diesem Gesichtspunkt vielleicht anders aus. In diesem Rahmen wäre es für Ihr mentales Konto „Altersvorsorge“ (statt des mentalen Kontos „ETF-Depot“) kein so großes Risiko, die gesamte Sparrate von 100 Euro in Aktien-ETFs anzulegen. Denn eine Wertschwankung von 50 Prozent bezogen auf 100 Euro Sparrate fällt bei 1.900 Euro Rentenanspruch, der keinem Kapitalmarktrisiko unterliegt, deutlich weniger ins Gewicht.

Ähnlich verhält es sich, wenn Sie bereits Rente beziehen und einen Großteil Ihres Vermögens in Immobilien investiert haben. Auch hier kann die Optimierung einzelner mentaler Konten die Entscheidungen wesentlich beeinflussen.

BEISPIEL

Sie befinden sich bereits im Ruhestand und verfügen über eine sanierte und schuldenfreie Immobilie im Wert von 340.000 Euro sowie über Zinsanlagen in Höhe von 20.000 Euro, die als Rücklage für unvorhergesehene Ausgaben dienen. Es ist zu entscheiden, ob eine weitere Geldanlage in Höhe von 40.000 Euro vollständig oder nur teilweise in Aktien-ETFs investiert werden soll.

- ☐ Bei einem Kursrückgang von 50 Prozent würde eine vollständige Anlage in ETFs zu einem zwischenzeitlichen Verlust von 20.000 Euro führen. Wie fühlt sich das an?
- ☐ Perspektivenwechsel: Bezogen auf das Gesamtvermögen beträgt der Verlust nur 5 Prozent (Rechnung: 20.000 / 400.000 = 0,05). Wie fühlt sich das Risiko nun für Sie an?

Diese Frage können nur Sie selbst beantworten. Es gibt Menschen, die sich bei einem solchen Verlust unwohl fühlen. Anderen wiederum bereitet der Verlust dank des Perspektivenwechsels keine schlaflosen Nächte.

Versuchen Sie, Anlageentscheidungen immer mit Blick auf das Gesamtvermögen zu treffen. Sonst kann es passieren, dass Sie sich durch die mentale Buchhaltung einen beträchtlichen Teil Ihrer Renditechancen entgehen lassen.

Es versteht sich von selbst, dass die Vorliebe für mentale Konten auch vom Finanzvertrieb ausgenutzt wird, um Ihnen viele verschiedene Produkte zu verkaufen: Einen Bausparvertrag für den Immobilienwunsch, eine Generationenpolice für das Kind, einen Riester-Vertrag für die Altersvorsorge, einen Multi-Asset-Fonds für den Vermögensaufbau. Zu jedem Anlageziel, über das man im Kopf Buch führt, wird ein passendes Produkt verkauft. Bedarfsgerecht ist so ein Sammelsurium sicher nicht, aber es bringt den Vermittlern jeweils entsprechend hohe Provisionen.

Rezenz-Effekt

Der Rezenz-Effekt (im Englischen Recency Bias) beschreibt die Tatsache, dass Menschen dazu neigen, neueren Informationen mehr Gewicht beizumessen als älteren. Läuft es also an der Börse drei Jahre lang nicht so gut, erwartet kaum jemand für das nächste Kalenderjahr zweistellige Renditen, anders als nach drei sehr guten Börsenjahren. Wenn Sie Ihre Anlagestrategie mit ETFs umsetzen, wird irgendwann auch eine Phase mit negativen Jahresrenditen kommen. Lassen Sie es dann nicht zu, dass Sie aufgrund der aktuellen Nachrichtenlage an Ihrer Anlagestrategie zweifeln oder gar aus der Bahn geworfen werden und dann doch dem Drängen des Bausparberaters nachgeben und einen Bausparvertrag abzuschließen, „sicherheitshalber".

Es wird auch Phasen geben, in denen sich die europäischen Aktienmärkte schlechter entwickeln als die amerikanischen, oder in denen die Emerging Markets jahrelang nur seitwärts laufen. Das heißt aber nicht, dass es besser ist, ganz auf Aktien aus Europa oder den Schwellenländern zu verzichten. Ein MSCI AC World ohne Europa („ex Europe") oder gar ohne USA („ex USA") ist keine gute Alternative, sondern schlicht ein schlecht diversifizierter Index. Diversifikation bedeutet zwangsläufig, dass Sie mit einem Teil Ihrer Anlagen immer weniger zufrieden sein werden als mit anderen Teilen. Denken Sie daran: „Suche nicht die Nadel im Heuhaufen, kaufe einfach den ganzen Heuhaufen" (→ Seite 79).

Wer Tageszeitungen und Anlegermagazine liest, muss auch mit Fehlinformationen und Nebelkerzen rechnen. Redaktionen, die auf Aktualität in der Berichterstattung angewiesen sind, werden immer wieder vermeintliche Star-Fondsmanager interviewen, die einmal mehr das Ende der Buy-and-Hold-Anlagestrategie mit ETFs verkünden und das hohe Lied des Stock Pickings und der Titelselektion singen, unterlegt mit „aktuellen Daten", die dies belegen sollen.

WICHTIG

Halten Sie an einer gut diversifizierten Anlagestrategie fest, auch wenn aktuelle Informationen Sie daran zweifeln lassen. Immerhin basiert sie auf 124 Jahren historischer Daten.

Gegenwartspräferenz

Wenn man Menschen fragt, ob sie lieber 100 Euro sofort oder 200 Euro in einem Jahr haben wollen, entscheiden sich viele für die 100 Euro sofort. Dies drückt eine starke Gegenwartspräferenz aus. Fragt man sie dagegen, ob sie lieber 100 Euro in vier Jahren oder 200 Euro in fünf Jahren haben möchten, entscheiden sich die meisten für 200 Euro in fünf Jahren. Vier oder fünf Jahre, das ist sowieso weit weg, dann lieber ein Jahr später das Doppelte. Aber eigentlich ist es die gleiche Entscheidung, nur vier Jahre später.

Dass die Menschen eine ausgeprägte Gegenwartspräferenz haben, wissen auch die Versicherungen und ihre Vertreter. Deshalb werden Studierende schon auf dem Campus von Finanzvertrieben umworben, mit anfänglichen Sparraten für private Rentenversicherungen von zum Beispiel 25 oder 50 Euro im Monat, aber mit eingebauter Dynamik von 10 Prozent. Dynamik bedeutet, dass sich der monatliche Beitrag Jahr für Jahr automatisch um einen bestimmten Prozentsatz erhöht, wenn nicht widersprochen wird. Die kleine Rate kann man sich vielleicht sogar als Student noch irgendwie leisten und die steigenden Beiträge tun noch nicht weh. Die sind ja weit weg! Eine Dynamik von 10 Prozent führt aber zu einer Verdoppelung der Beiträge alle sieben Jahre. Mit diesem Trick kassieren die Vermittler automatisch weiter Abschlussprovisionen.

Ob Sie sich auf eine automatische Erhöhung Ihrer Sparraten einlassen oder diese lieber selbst manuell anpassen, bleibt Ihnen überlassen. Bei den meisten Banken können Sie eine Dynamikoption für einen ETF-Sparplan aktivieren.

Eine starke Gegenwartspräferenz kann auch dazu führen, dass Sie eines Tages versucht sind, einen Teil Ihres Altersvorsorge-Depots mit ETFs zu verkaufen, um sich endlich ein schickes Auto, ein Sabbatical oder einen tollen Urlaub leisten zu können. Wenn die Aktien sich gut entwickelt haben, könnten Sie versucht sein, Ihre Sparraten zugunsten eines höheren Lebensstandards zu stoppen.

All dies mag berechtigt sein. Nur weil Sie mit Anfang 30 einen ETF-Sparplan mit 300 Euro monatlich begonnen haben, heißt das noch lange nicht, dass Sie diesen bis zum Rentenbeginn ununterbrochen weiterführen müssen. Schließlich gibt es auch noch ein Leben vor der Rente. Wichtig dabei ist lediglich, dass Sie sich über die Konsequenzen für die finanziellen Möglichkeiten in der Zukunft im Klaren sind (→ Seite 188). Behalten Sie bei Ihren Anlageentscheidungen einen kühlen Kopf und reflektieren Sie Ihre heutigen Präferenzen.

Angst, etwas zu verpassen

Wenn Sie eine auf Ihre Bedürfnisse zugeschnittene Anlagestrategie mit ETFs umsetzen, werden Sie auf Dauer wahrscheinlich höhere Renditen erzielen als viele Ihrer Bekannten und Kollegen. Und dann kommt irgendwann der Tag, an dem Ihnen jemand erzählt, welch sensationelle Renditen er oder sie mit einer bestimmten Aktie, mit Hebel-Zertifikaten oder Kryptowerten erzielt hat. Vielleicht schauen Sie sich dann den Kursverlauf dieser Aktie an und sind wirklich beeindruckt (siehe oben Rezenz-Effekt). Dies könnte das Gefühl hervorrufen, eine lukrative Anlagemöglichkeit verpasst zu haben (im Englischen auch Fear Of Missing Out, kurz FOMO). Hätte man beispielsweise 2007 nicht für 400 Euro das erste iPhone gekauft, sondern den Gegenwert in Apple-Aktien investiert, hätte man sich Ende 2024 über einen Aktienwert von rund 38.000 Euro freuen können. Oder wer Ende 2011 nur 50 Euro in Bitcoins investiert hat und bis heute nichts davon verkauft hätte, konnte Ende 2024 auf ein Vermögen von rund 1,5 Millionen Euro blicken. Dann besteht die Gefahr, dass man seine diversifizierte Anlagestrategie aufgibt und sein Glück mit dem Anlagetipp des Kollegen, Nachbarn oder Vereinskameraden versucht. Wenn man jung ist und Spekulationsblasen noch nicht so oft erlebt hat, kann es schwerfallen, an einer diversifizierten Strategie festzuhalten. Für diese Fälle kann man sich mit der Core-Satellite-Strategie behelfen.

GUT ZU WISSEN

Spekulieren als Hobby mit der Core-Satellite-Strategie

Für alle, die es nicht lassen können, ihre Geldanlage-Fähigkeiten am Markt zu testen, indem sie hin und wieder ihr Glück mit Einzelaktien und anderen risikoreicheren Anlagen versuchen: Disziplinieren Sie Ihren Spieltrieb und richten Sie Ihre Anlagestrategie auf ein diversifiziertes Portfolio aus. Dieses Portfolio bildet dann den Kern (Core), den Sie nach Belieben mit einigen spekulativen Anlagen (Satellite) von beispielsweise maximal 10 Prozent des Portfolios ergänzen können. Rationale Gründe für eine solche Anlagestrategie gibt es natürlich nicht, denn die Chance, damit langfristig besser abzuschneiden als mit dem Portfoliokern, ist praktisch gleich null. Aber manche Hobbys kosten eben Geld, so auch das Spekulieren an der Börse.

Verkauf oder Beratung? Information oder Werbung?

Wer sich von Zeit zu Zeit mit seiner Geldanlage beschäftigt und ein eigenes ETF-Portfolio aufbaut, wird früher oder später auch andere Informationsquellen zu Rate ziehen. Zwar gibt es in Deutschland eine Vielzahl von Anbietern von Finanzberatung. Die gesetzlichen Regelungen garantieren aber nicht, dass Ratsuchende immer bedarfsgerecht beraten werden. Daran ändern auch Gütesiegel, Empfehlungsquoten und DIN-Zertifizierungen nichts (→ Hintergrund, Seite 111). Umso wichtiger ist es, dass Sie diese Informationsquellen einordnen können und die wichtigsten Fallstricke kennen.

HINTERGRUND

Gütesiegel? Empfehlungsquoten? DIN-Zertifizierungen?

Finanzberatung ist Vertrauenssache. Anbieter greifen daher gerne auf Gütesiegel Dritter zurück, die als vermeintlich neutrale Instanz die Qualität der angebotenen Dienstleistung bescheinigen. So gibt es eine Vielzahl sogenannter „Institute", deren Geschäftsmodell es ist, Anbietervergleiche zu vermarkten. Meist geschieht dies im Auftrag von Zeitschriften, die dann gegen Entgelt den getesteten Anbietern die Lizenz verkaufen, das Testsiegel der Zeitschrift in der Werbung verwenden zu dürfen. Bescheinigt wird dann eine „hohe Kundenzufriedenheit", eine „ausgezeichnete Servicequalität" oder ähnliches. Je mehr Gütesiegel verkauft werden, desto höher der Gewinn für Institut oder Zeitschrift. Gütesiegel im Finanzbereich sind aber leider allzu oft das Papier nicht wert, auf dem sie stehen. Einzige Ausnahme: das Magazin Stiftung Warentest Finanzen (→ Seite 128).

Außerdem werden Weiterempfehlungsraten und Zufriedenheitsbewertungen von angeblichen Kunden für das Marketing genutzt. Ob es sich bei den Bewertungen aber um gekaufte Fake-Bewertungen handelt oder ob sie echt sind, lässt sich nicht erkennen, geschweige denn überprüfen. Schließlich arbeitet die Finanzbranche sogar an der Entwicklung von DIN-Normen. Die DIN-Norm 77230 „Basis-Finanzanalyse für Privathaushalte" ist jedoch nicht nur methodisch umstritten, sondern für Verbraucherinnen und Verbraucher schon deshalb nutzlos, weil sie nicht sicherstellt, dass das Ergebnis der Beratung sich ausschließlich am Bedarf der Ratsuchenden ausrichtet.

Verkaufsgespräche auf Provisionsbasis

Um es gleich vorweg und ohne Beschönigung zu sagen: Provisionen verursachen unüberwindbare Fehlanreize in der Beratung. In der Regel tun Sie sich daher keinen Gefallen, wenn Sie mit einem Finanzberater, der bei einer Bank oder Sparkasse angestellt ist, über eine Anlagestrategie auf Basis von ETFs sprechen. Gleiches gilt, wenn Sie einen Berater konsultieren, der als Finanzanlagenvermittler, Versicherungsvertreter oder Versicherungsmakler zugelassen ist. Dass irgendwo auf der Visitenkarte „unabhängig" steht, sagt nichts aus. Mit Vorsicht zu genießen sind leider auch die Wertpapierspezialisten und Private Wealth Manager in den

Banken sowie die Anbieter mit der etwas strengeren Erlaubnis zur Anlageberatung.

Bankberater vertreten die Interessen ihres Arbeitgebers. Ihr Arbeitgeber will mit dem Verkauf von Finanzprodukten Geld verdienen und motiviert deshalb seine Mitarbeiter, ganz bestimmte, meist teure Anlageprodukte zu verkaufen. Schließlich erhalten die Geldinstitute Provisionen von Fondsgesellschaften, Zertifikate-Emittenten, Versicherungen und Bausparkassen. Die Karriere der Mitarbeitenden hängt in der Regel auch vom Verkaufserfolg ab. Wenn Sie Bankberater gezielt nach ETFs fragen, müssen Sie mit einem Überredungsversuch rechnen, nicht in ETFs zu investieren. Stattdessen wird man angeblich bessere aktiv gemanagte Fonds oder Versicherungen anpreisen. Andere Bankberater sind dann immerhin so freundlich, auf die Möglichkeit des Kaufs im Onlinebanking hinzuweisen, „auf eigenes Risiko" versteht sich.

Versicherungs- und Finanzanlagenvermittler (§ 34f und § 34d Abs. 1 Gewerbeordnung) vermitteln Produkte verschiedener Anbieter gegen Vertriebsprovisionen. Sie werben gerne damit, dass es sich nur um „die besten Anbieter" handelt, tatsächlich empfehlen sie meist solche Angebote, für die sie eine angemessene Provision erhalten. Möglicherweise filtern sie die Anbieter nach selbst definierten Qualitätskriterien, aber der Fehlanreiz wird dadurch nicht beseitigt: Ihr Einkommen hängt direkt von der Höhe der Vermittlungsprovisionen ab.

Gut geschulte Verkäufer haben zudem einige verkaufspsychologische Tricks auf Lager. Die Wertpapierspezialisten können jederzeit einen Fonds aus der Schublade holen, der zufällig in letzter Zeit besser gelaufen ist als der ETF, den Sie kaufen wollten. Versicherungsvermittler argumentieren gerne mit angeblichen Steuervorteilen der angebotenen Versicherung, die tatsächlich nicht existieren oder mit einigen Nachteilen verbunden sind (→ Seite 208). Es ist nicht einfach, dem Paroli zu bieten. Aber man kann sich auf den einen oder anderen Trick vorbereiten.

Finanzberater sind in vielen psychologischen Maschen bestens geschult. Der erste Schritt zum souveränen Umgang mit solchen Verkaufstaktiken besteht darin, sie als solche zu erkennen und sich die Motivation des Verkäufers bewusst zu machen. Am einfachsten ist es jedoch, sich selbst von dem Druck zu befreien, der in einer Gesprächssituation entsteht, indem man seine Entscheidung auf einen späteren Zeitpunkt verschiebt. Sie können sich zum Beispiel vorher eine höfliche Ausrede ausdenken wie: „Ich habe meiner Tochter hoch und heilig versprochen, dass ich das noch einmal mit ihr bespreche, bevor ich unterschreibe. Sie werden das sicher verstehen."

ACHTUNG

Verkaufspsychologische Tricks

Haben Sie schon einmal „Ja“ gesagt zu einem Produkt, das Sie eigentlich gar nicht kaufen wollten? Kennen Sie das Gefühl, einem Verkäufer nach einer Beratung etwas schuldig zu sein? Wahrscheinlich hatten Sie es in dieser Situation mit einem Verkäufer zu tun, der genau wusste, mit welchen Formulierungen und Verhaltensweisen er „die richtigen Knöpfe drückt“. Das kann jedem passieren, vor allem in der Finanzberatung: Ein Finanzverkäufer weist Sie vielleicht darauf hin, dass er sich kostenlos Zeit für Sie nimmt. Er bietet Ihnen einen Kaffee an und gibt Ihnen einen Kugelschreiber. Solche Gefälligkeiten sollen ein Gefühl der Verpflichtung erzeugen, damit Sie schließlich mit Ihrer Unterschrift eine Gegenleistung erbringen. Dahinter steckt ein zutiefst menschliches Verhalten: „Wenn ich etwas von jemandem bekomme, gebe ich auch etwas zurück.“ Eine andere Taktik: Mit einer speziellen Fragetechnik soll Ihre Entscheidung gezielt beeinflusst werden. Eine Reihe von Fragen wird so gestellt, dass die Antwort „Ja“ provoziert wird. Zum Beispiel: „Wollen Sie heute den Grundstein legen, um in Zukunft alle Freiheiten zu haben?“, „Habe ich alle Ihre Fragen zum Antrag beantwortet?“ und so weiter. Schließlich wird die Zustimmung zum Vertragsabschluss als zwingende Konsequenz des zuvor Gesagten dargestellt.

→ **TIPP Taktiken durchschauen**
Zum Selbstlernangebot der Verbraucherzentrale Baden-Württemberg kommen Sie hier:
www.verbraucherzentrale-bawue.de/node/76945

Die Verbraucherzentralen setzen sich aufgrund ihrer Erfahrungen aus der täglichen Beratungspraxis für ein Provisionsverbot in der Finanzberatung zum Vermögensaufbau und zur Altersvorsorge ein. Denn Provisionen sind ein strukturelles Problem (→ Abb. 15, Seite 114 und Interview mit Steffen Sebastian).

→ **TIPP**
Hier erfahren Sie, warum Provisionen in der Finanzberatung ein Problem sind:
www.verbraucherzentrale.de/node/84208

Abb. 15: Fehlanreize durch Provisionen in der Beratung

Prof. Dr. Steffen Sebastian, Lehrstuhl für Immobilienfinanzierung, Universität Regensburg

Was haben Sie in Ihrer Forschung zur Einführung eines Provisionsverbots in verschiedenen Ländern herausgefunden?
Wir haben auf Basis von OECD-Daten herausgefunden: Den Anlegern in Deutschland entsteht ein Schaden von rund 98 Milliarden Euro pro Jahr. In Ländern, die ein Provisionsverbot eingeführt haben, wächst das Vermögen der privaten Haushalte um rund 1,7 Prozentpunkte stärker als in Ländern mit provisionsfinanzierter Beratung.

Insbesondere Politiker aus Deutschland setzen sich immer wieder gegen ein Provisionsverbot ein und setzen auf Transparenzpflichten. Ist das eine Lösung?
Nein. Das Beispiel der Niederlande zeigt, dass erst 13 Novellen zu Transparenzvorschriften den Gesetzgeber am Ende erkennen ließen, dass kein Weg an einem Provisionsverbot vorbeiführt.

Zur Studie gelangen Sie hier:
https://epub.uni-regensburg.de/54281/

Beratung auf Honorarbasis

Einen Ausweg aus dem Provisionsdilemma wollen Berater bieten, die keine Provision von Produktherstellern erhalten, sondern dem Verbraucher ein Honorar in Rechnung stellen. Im Folgenden wird zwischen der Honorarvermittlung und der Honorarberatung unterschieden. Beide Begriffe sind gesetzlich nicht definiert. Die Unterscheidung beschreibt lediglich zwei verschiedene Geschäftsmodelle:

- → Bei der Honorarvermittlung erhält der Anbieter nur bei einer erfolgreichen Vertragsvermittlung eine Vergütung (Honorar) vom Verbraucher.
- → Bei der Honorarberatung erhält der Anbieter für die erbrachte Beratungsdienstleistung ein Honorar.

Wenn Sie sich bei diesen Anbietern zur Geldanlage mit ETFs beraten lassen, müssen Sie leider ebenfalls mit Fehlanreizen rechnen.

Honorarvermittlung

Häufig wird die Honorarvermittlung von Versicherungsmaklern (§ 34d Abs. 1 Gewerbeordnung) angeboten. Versicherungsmakler dürfen Verträge sowohl gegen Provision als auch gegen Honorar vermitteln. Daneben gibt es einige wenige zugelassene Versicherungsberater (§ 34d Abs. 2 Gewerbeordnung), die gegen Honorar vermitteln und keine Provisionen vom Versicherer annehmen dürfen.

Wenn Sie sich zur Geldanlage und Altersvorsorge bei Honorarvermittlern beraten lassen, wird oft eine ETF-Rentenversicherung als sogenannte **Nettopolice** angeboten. Das Besondere an einer Nettopolice ist, dass sie nicht die im Provisionsgeschäft üblichen Kosten enthält. Als Grund für den Abschluss werden steuerliche Vorteile genannt. Einen Steuervorteil gibt es aber in vielen Fällen überhaupt nicht und wenn doch, dann erkauft man sich diesen mit etlichen Nachteilen gegenüber einer Direktanlage in ETFs (→ Seite 208). Als Gegenleistung für die Vermittlung der Nettopolice, die Sie nur über den Honorarvermittler und nirgendwo sonst erhalten, verpflichten Sie sich zur Zahlung eines Vermittlungshonorars. Dieses Honorar ist sofort oder in Raten fällig und beträgt oft mehrere Tausend Euro. Manche Honorarvermittler verlangen die hohen Vergütungen sogar unberechtigterweise mehrfach: Für vier fast identische Versicherungen werden schon mal jeweils 7.000 Euro kassiert, wie die Verbraucherzentralen in ihrer Beratungspraxis beobachten. Das ist besonders dreist, weil das Honorar mit einem angeblichen Beratungsaufwand von soundso vielen Stunden begründet wird, obwohl der Beratungsaufwand beim zweiten, dritten und vierten Vertrag natürlich viel geringer ist. Ob Sie für ein paar Stunden Beratung ein paar Tausend Euro bezahlen wollen, müssen Sie selbst entscheiden. Wenn Ihr Berater aber behauptet, er habe nach der Beratung noch 20 bis 30 Stunden investiert, um Ihnen diese eine Versicherung herauszusuchen, dann können Sie davon ausgehen, dass das eine glatte Lüge ist. Honorarvermittler haben oft Kooperationsverträge mit bestimmten Ver-

ACHTUNG

Manipulierte Vergleichsrechnungen in der Honorarvermittlung

Was als aufwendiges „finanzmathematisches Gutachten" daherkommt, das sogar von irgendeinem Institut geprüft wurde, kann sich als unseriöse manipulierte Vergleichsrechnung entpuppen. Meist wird die angebotene **Nettopolice**, bei der in ETFs angelegt wird, mit einem bei einem Broker geführten ETF-Depot, das der Verbraucher sich selbst zusammenstellt und mit einer Rentenversicherung zu den üblichen Provisionssätzen verglichen. Der Vergleich soll belegen, dass die Nettopolice besser als alle Alternativen ist. Was den Verbraucherzentralen hier schon untergekommen ist:

- → Die Nettopolice wurde mit einer höheren Rendite kalkuliert als die Vergleichsalternativen, obwohl sich Anlagestrategie und Aktienquote nicht unterscheiden.
- → Für den Kauf von ETFs ins eigene Depot wurden höhere Transaktionskosten und Depotgebühren angenommen als üblich.
- → Für die ETFs im eigenen Depot wurden höhere laufende Kosten angenommen als für dieselben ETFs in der Nettopolice.
- → Es wurde unterstellt, dass die selbst gekauften ETFs immer wieder umgeschichtet werden. Eine Umschichtungsquote von 30 Prozent des Depots pro Jahr verursacht hohe Kosten und führt zu einer unnötigen Steuerbelastung. So wird die Rendite nach Steuern beim ETF-Depot künstlich klein gerechnet.
- → Bei Kapitalauszahlung am Ende der Vertragslaufzeit wurde für die Nettopolice ein völlig unrealistischer und viel zu niedriger Steuersatz unterstellt, während für das ETF-Depot die übliche Abgeltungsteuer abgezogen wird (→ Seite 198).
- → Bei Wahl einer lebenslangen Rente wird bei der Nettopolice eine viel höhere sogenannte Entnahmerate (das ist die Rente) angenommen als bei den Vergleichsalternativen – bei identischer Anlagestrategie und Aktienquote. Die Steuerabzüge waren falsch und begünstigten einseitig die Nettopolice.

sicherungsgesellschaften. Mit wenigen Klicks können sie Ihnen ein individuelles Vertragsangebot unterbreiten. Und sie müssen auch nicht für jeden Kunden neu recherchieren, welche ETFs aktuell empfehlenswert sind. Einige verlangen außerdem noch ein „Betreuungshonorar". Dafür bieten sie an, das ETF-Portfolio monatlich zu überwachen. Bei einer diversifizierten Geldanlage ist das aber unnötig.

Einige Honorarvermittler schrecken auch nicht vor manipulierten Vergleichsberechnungen oder sogenannte finanzmathematische Gutachten zurück, um ihre vierstelligen Honorare zu rechtfertigen (→ Kasten „Achtung", Seite 116).

Angesichts solcher Verkaufsmethoden ist gegenüber Honorarvermittlern eine gesunde Portion Skepsis mehr als angebracht. Oder man macht es sich einfach und lässt die Finger von Anbietern, deren Geschäftsmodell darin besteht, vermeintlich exklusive Nettoversicherungen gegen Honorar zu verkaufen. Daran ändert auch ein angeblicher Steuerspareffekt nichts. Wer Steuern sparen will, kann zum Beispiel auch an gemeinnützige Organisationen spenden.

BEISPIEL

Fehlerhafte Widerrufsbelehrung

Wenn Sie befürchten, einen Vertrag mit überzogenen Honorarforderungen abgeschlossen zu haben, können Sie prüfen, ob es eine rechtliche Handhabe gibt. Das wird nicht einfach sein, aber vielleicht findet ein Anwalt ein Schlupfloch für Sie. Hier ein Beispiel, bei dem eine fehlerhafte Widerrufsbelehrung die Rückabwicklung ermöglichte. Es ging um Honorarforderungen von circa 21.000 Euro plus 82 Euro laufender Kosten pro Monat. Ein Beispiel: „Geld zurück dank fehlerhafter Widerrufsbelehrung" finden Sie unter **www.verbraucherzentrale-bawue.de/node/58852**

→ **TIPP Steuern sparen**

Steuern sparen durch Spenden an gemeinnützige Einrichtungen – woran Sie wahre Wohltäter erkennen, finden Sie unter www.verbraucherzentrale.de/node/10658

Honorarberatung ohne Vermittlungsvergütung

Unter dem Label der Honorarberatung gibt es auch Angebote, bei denen die Vergütung nicht davon abhängt, ob ein Versicherungsvertrag abgeschlossen wird. Stattdessen verlangen diese Anbieter ein Stundenhonorar oder eine feste Vergütung gemäß Preis- und Leistungsverzeichnis. Bei den Preisen und Leistungen kann es erhebliche Unterschiede geben. Honorar-Finanzanlagenberater (§ 34h Gewerbeordnung) dürfen zu ETFs und anderen Investmentfonds beraten. Honorar-Anlageberater (§ 2 Abs. 8 Satz 1 Nr. 10 Wertpapierhandelsgesetz) dürfen zu ETFs und außerdem zu weiteren Wertpapieren wie Anleihen und Aktien beraten. Beiden Berufsgruppen ist es gesetzlich untersagt, Provisionen anzunehmen. Sofern sie Produkte vermitteln, für die Anbieter Provisionen zahlen, müssen diese an den Verbraucher weitergegeben werden. Es gibt auch Versicherungsberater (§ 34d Abs. 2 Gewerbeordnung), die als Honorarberater ohne Vermittlungsvergütung tätig sind. Sie beraten aber ausschließlich zu Versicherungen.

Falls Sie eine Honorarberatung zu ETFs in Erwägung ziehen, bedenken Sie, dass es auch hier hinsichtlich der Vergütung Fehlanreize gibt. Auch diese Anbieter haben ein Interesse, ihr eigenes Einkommen zu maximieren. Die Verbraucherzentralen haben diesbezüglich folgende Verhaltensweisen beobachtet:

- Unberechtigte Ausdehnung der Beratungszeit, insbesondere bei Stundenhonoraren. Sie können kaum überprüfen, ob die in Rechnung gestellte Zeit notwendig und tatsächlich angefallen ist.
- Abrechnung Dutzender kostenpflichtiger Beratungsstunden für die Erstellung von „Finanzanalysen“. Solche Finanzanalysen bestehen in der Regel zu 90 Prozent aus standardisierten Textbausteinen, die keinen oder nur einen geringen Nutzen haben.
- Anbieten einer undurchsichtigen Vielzahl von Leistungspaketen, wobei jedes Paket extra kostet, von der Status-quo-Analyse über die Strategieberatung bis hin zu Produktvorschlägen und Vermittlung. Durch diese Differenzierungspolitik entziehen sich die Anbieter dem Preisvergleich.
- Intransparente Beschreibung der Leistung. Lediglich der Festpreis für die Beratung wird explizit genannt, während Leistungsinhalte nebulös beschrieben werden oder unbestimmt sind. Sie kaufen die sprichwörtliche Katze im Sack.
- Anbieten kostenpflichtiger „exklusiver“ Online-Kurse und Academy-Inhalte ohne konkrete Angaben zum Leistungsinhalt. Das Einzige, was fest vereinbart wird, ist der Preis.

- Terminierung mehrerer kostenpflichtiger Beratungsgespräche pro Jahr zur „Aktualisierung“ der Anlagestrategie und des Portfolios aufgrund von Marktentwicklungen. Das Geld für derartige Gespräche können Sie sich sparen, da aktives Management keinen Mehrwert bietet.
- Anbieten kostenpflichtiger Abonnementverträge mit der Möglichkeit, mit „Experten“ über Marktentwicklungen zu sprechen. Auch hier gilt: eine solide Anlagestrategie hängt nicht von Meinungen über Marktentwicklungen ab (→ Seiten 71 und 194).

Es liegt auf der Hand, dass Sie bei der Suche nach professioneller Unterstützung stets darauf achten sollten, dass der Berater, den Sie zu Rate ziehen, ausreichend qualifiziert ist. Die gesetzlichen Mindestanforderungen an die fachliche Qualifikation reichen leider bei Weitem nicht aus. Sie umfassen weder die methodische Kompetenz zur Bedarfsermittlung noch die fachliche Kompetenz zur Beurteilung der am Markt angebotenen Finanzprodukte. Neben den gesetzlichen Anforderungen gibt es Zusatzqualifikationen wie den Fachberater, den Fachwirt für Finanzdienstleistungen und viele mehr. Deren Inhalte sind jedoch in erster Linie auf die Bedürfnisse des Finanzvertriebs ausgerichtet und daher kein Qualitätsmerkmal. Zu den anspruchsvolleren Ausbildungen zählen neben einem fachbezogenen Hochschulstudium der Certified Financial Planner (CFP) und die Zulassung als öffentlich bestellter und vereidigter Sachverständiger.

> **! ACHTUNG**
>
> Auch die beste Qualifikation hindert Beraterinnen und Berater nicht daran, ihre eigenen Gewinninteressen über die Kundenbedürfnisse zu stellen.

→ TIPP

Aufgrund unserer Erfahrung und der beschriebenen Fehlanreize können wir Ihnen nicht empfehlen, sich an Honorarberater zu wenden. Wenn Sie dennoch nach Anbietern suchen wollen, werden Sie hier fündig:

- **Register der bundesweit rund 20 zugelassenen Honorar-Anlagenberater bei der Bundesanstalt für Finanzdienstleistungsaufsicht:**

- → **Vermittlerregister der Industrie- und Handelskammer, das auch „Honorar-Finanzanlagenberater“ enthält:**
- → **Verbund Deutscher Honorarberater, mit Suchfunktion für Honorar-Finanzanlagenberater (mit standardisierten Angaben zum Angebot und zu den Stundensätzen):**

Frauenfinanzberatung

Immer mehr Frauen wollen sich selbstbestimmt um ihre Finanzen kümmern, anlegen und vorsorgen. Diesen Bedarf haben auch Anbieter einer Finanzberatung für Frauen für ihr Geschäftsfeld entdeckt. Sie setzen auf eine Marketingstrategie, die sie gezielt als Anbieter spezialisierter Finanzberatung für Frauen positioniert. In der Werbung heißt es dann beispielsweise: „Als unabhängige Beraterin und Frau kann ich mich in Ihre Situation hineinversetzen und Ihnen die besten Vorschläge machen.“ Oder: „Du willst finanzielle Sicherheit und Unabhängigkeit, weißt aber nicht, wo du anfangen sollst? Beginne hier.“ Angeboten wird dann ein kostenpflichtiges Online-Coaching oder eine Beratung speziell für Frauen. Die Anbieter wissen genau: Vertrauen ist der Schlüssel zum Verkaufserfolg. Und Menschen vertrauen eher Menschen, die sie kennen und sympathisch finden. Denn ein treibender Faktor für Sympathie ist Ähnlichkeit: Finanzberatung von Frauen für Frauen. Es gibt sogar Fonds mit der Bezeichnung „Women for Women“. Deren Wertentwicklung hinkt den einschlägigen Vergleichsindizes hinterher, wie es bei aktiv gemanagten Fonds nicht anders zu erwarten ist. Auch Wissenschaftlerinnen haben sich bereits mit diesem Geschäftsfeld beschäftigt: Sabine Bernard und Alexandra Niessen-Ruenzi kommen in ihrer Publikation „Frauen und Finanzen – Brauchen wir eine rosa Geldanlage?“ zu dem Schluss:

„Da die Gesetze der Kapitalmärkte für alle Investor:innen unabhängig ihres Geschlechts gleichermaßen gelten, sind rosa Geldanlagen aus finanzwirtschaftlicher Sicht kritisch zu sehen.“

Wenn Sie also Informationen, Beratung und Unterstützung bei der Geldanlage mit ETFs von professionellen Frauen-Finanzberaterinnen oder Coaching-Anbieterinnen suchen, sollten Sie sich auch hier eine gesunde Portion Skepsis bewahren. Alles, was Sie in diesem Ratgeber über Fehlanreize und Fallstricke lesen, gilt auch für diese Angebote. Zwischenmenschliche Beziehungen leben von Sympathie und Einfühlungsvermögen. Doch wenn es ums Geld geht, kann

Sympathie auch als Mittel zum Zweck missbraucht werden (→ Interview mit Sandra Klug, Seite 122).

Vermögensverwaltung und Robo Advice

Bei der Umsetzung einer Anlagestrategie mit ETFs können Sie auch die Dienste der Vermögensverwalter oder sogenannter Robo-Advisor in Anspruch nehmen. Robo-Advisor ist allerdings keine rechtlich definierte Berufsbezeichnung. Diese Anbieter können Sie bei der Festlegung einer auf Ihre Risikoneigung abgestimmten Anlagestrategie, bei der Auswahl der ETFs und bei der Ausführung der Transaktionen unterstützen. Diese Unterstützung hat allerdings ihren Preis und nicht immer ist die Anlagestrategie erfolgversprechend.

Bei der **Vermögensverwaltung** (auch Finanzportfolioverwaltung) erteilen Sie dem Anbieter eine Vollmacht, Ihr Geld im Rahmen der vereinbarten Anlagestrategie zu investieren. Sie können in individuellen Mandaten detailliert festlegen, welche Wertpapiere gekauft werden dürfen. So können Sie beispielsweise den Handel mit Einzelaktien ausschließen oder sogar konkret festlegen, dass nur in ETFs investiert werden darf und sogar bestimmte Indizes nennen. Der Vermögensverwalter handelt selbstständig und muss Sie nicht bei jedem Kauf oder Verkauf um Erlaubnis fragen. Er wird Ihnen jedoch regelmäßig Bericht erstatten. Für diese Dienstleistung zahlen Sie eine jährliche Gebühr, die je nach Angebot zwischen 1 und 1,5 Prozent der Anlagesumme beträgt. Die Vermögensverwaltung wird meist von realen Personen angeboten, es gibt aber auch automatisierte digitale Angebote, die als Robo Advice vermarktet werden.

Beim **Robo Advice** findet keine persönliche Beratung statt, sondern eine automatisierte Risikoprofilierung auf Basis von Fragen zur finanziellen Situation und Risikoneigung. Auf dieser Grundlage schlägt der Robo Advisor eine standardisierte Anlagestrategie vor. In der Regel werden ausschließlich ETFs eingesetzt, es gibt aber auch Anbieter, die in aktiv gemanagte Fonds oder Einzeltitel investieren. Die jährliche Gebühr beträgt in der Regel zwischen 0,5 und 1 Prozent der Anlagesumme.

Wenn Sie einen Vermögensverwalter oder Robo Advisor beauftragen möchten, nehmen Sie sich die Zeit, das Angebot zu prüfen. Nur weil ETFs eingesetzt werden oder behauptet wird, dass die Anlagegrundsätze auf wissenschaftlichen Erkenntnissen beruhen, heißt das nicht, dass dies auch der Fall ist. Meiden Sie Anbieter, die keine Buy-and-Hold-Anlagestrategie (→ Seite 196) mit breiter Diversifikation umsetzen.

Ob Ihnen diese Unterstützung die Mehrkosten gegenüber einem selbst zusammengestellten ETF-Depot wert ist, müssen Sie selbst entscheiden. Das Magazin Stiftung

„Auch unter dem Mantel der Frauensolidarität können schlechte und nicht bedarfsgerechte Produkte verkauft werden."

SANDRA KLUG, Abteilungsleiterin Geldanlage, Altersvorsorge, Versicherungen bei der Verbraucherzentrale Hamburg

Ist Finanzberatung von Frauen für Frauen ein neuer Trend?

Nein. Schon als ich in der Verbraucherzentrale vor über 20 Jahren anfing, waren wir in Hamburg mit Finanzberatung extra für Frauen konfrontiert. Wir haben immer wieder erlebt, wie sicher sich die Frauen mit ihren dort erworbenen Produkten waren. Doch leider unterlagen sie einer totalen Fehleinschätzung. Von Frau zu Frau wurden sie nicht gut beraten. Man hatte ihnen einfach nur schlechte und nicht bedarfsgerechte Produkte unter dem Mantel der Frauensolidarität verkauft.

Halten Finanzcoachings für Frauen, was sie versprechen?

Nein, im Gegenteil. Was damals schon ein Marketingtrick war, hat sich im Laufe der Jahre weiterentwickelt. Mit dem Coaching haben Anbieterinnen neue Felder des Marketings und des Geldverdienens aufgetan. Für Frauen bedeutet das mitunter Wartelisten für die Teilnahme, Tausende Euro Gebühr und unklare berufliche Hintergründe der Referentinnen. Ob ein Gruppencoaching oder Coachingvideo wirklich hält, was es verspricht, ist unklar. Ob es die Frauen wirklich zum Handeln bewegt, ebenfalls.

Gibt es denn frauenspezifische Anlageempfehlungen?

Es gilt die Redewendung: Ein Mann ist keine Geldanlage. Daraus ergibt sich auch für verheiratete oder dauerhaft liierte Frauen, dass sich jede selbst kümmern muss. Es gilt aber auch: Geldanlage ist Geldanlage. Es kommt allein auf die Ausgangssituation an und ja, diese ist für viele Frauen auch heute noch durch Kinder, Teilzeittätigkeiten und geringere Bezahlung schlechter als bei vielen Männern. Deswegen ist es umso wichtiger, dass Frauen von Beginn an in richtige und gute Produkte investieren. Dabei helfen gerne die Kolleginnen der Verbraucherzentralen – wenn darauf Wert gelegt, auch von Frau zu Frau.

Warentest Finanzen hat die Anbieter verglichen und wenig überraschend festgestellt, dass alle auf Fünf-Jahres-Sicht eine geringere Rendite erzielten als der Referenzindex.

→ **TIPP Anbietervergleich Robo-Advisor**
Die Stiftung Warentest bietet einen Robo-Advisor-Vergleich an:
www.test.de/node/5107535-0

Finfluencer

Das Internet und die sozialen Medien bieten eine Fülle von Informationen und Tipps zur Geldanlage mit ETFs. Wer sich im Internet über ETFs informiert, bekommt kurze Zeit später schon Werbung zu ETFs und anderen Geldanlagen beim Surfen und in den sozialen Medien angezeigt. Ein weiteres Phänomen der sozialen Medien sind die zahlreichen Influencer. Dabei handelt es sich um Personen, die aus eigenem Antrieb regelmäßig Inhalte in Form von Texten, Bildern, Podcasts oder Videos zu einem bestimmten Thema veröffentlichen und dabei mit ihren Followern interagieren. Finfluencer (englisch „financial influencer") haben sich auf Finanzthemen spezialisiert. Je größer ihre Reichweite, desto attraktiver sind sie als Multiplikatoren für die Finanzbranche, weshalb sie gerne für Werbezwecke engagiert werden. Das Geschäftsmodell der Influencer besteht darin, durch persönliche Posts, Bilder und Interaktionen („Schreibt es mir in die Kommentare!") eine Nähe zu ihren Followern zu inszenieren, die eine gewisse Vertrautheit erzeugt. Die Expertise, die Finfluencer ihren Followern vermitteln, ist allerdings mit Vorsicht zu genießen. So haben Forschende anhand von Posts zum Aktienhandel auf X herausgefunden, dass Social-Media-Nutzer dazu neigen, insbesondere solchen Finfluencern zu folgen, deren Expertise sogar negativ ist: Wer ihren Aktienempfehlungen folgt, verringert seine Renditechancen.

! ACHTUNG

Vorsicht Abzocke: Finfluencer werben für Trading-Seminare

Mit wenigen Klicks schnell reich werden? Ein KI-basiertes Trading-Tool öffnet die Tür zur finanziellen Freiheit? Von wegen! Kein Trading-Seminar kann Ihnen versprechen, dass Sie anschließend mit dem Trading an der Börse überdurchschnittliche Renditen erzielen (→ Seite 63). Finfluencer, die in teuren Autos sitzen und ihren vermeintlichen Reichtum als Beweis ihrer erfolgreichen Trading-Kompetenz zur Schau stellen, sind Schaumschläger, von Brokerplattformen im Rahmen von Marketing-Aktionen bezahlte Handlanger oder im schlimmsten Fall sogar Betrüger.

Selbst wenn Sie heute auf einem Kanal eines Finfluencers gute Informationen zu einer Buy-and-Hold-Anlagestrategie mit ETFs (→ Seite 196) finden, kann eine gesunde Portion Skepsis nicht schaden. Denn der Kanal kann morgen zum Beispiel von einer Bank übernommen werden oder ein neuer Werbepartner kann massiv Einfluss auf die Geschäftspolitik nehmen.

Auch Anbieter aus der analogen Welt sind in den sozialen Medien unterwegs, um ihre Angebote der anvisierten Zielgruppe näherzubringen. So werben dort auch Versicherungsmakler und Honorarberater für den Abschluss von Versicherungen mit Fonds und ETFs, um hohe Provisionen oder Honorare zu kassieren.

Mentoring und Online-Coachings

Zielgruppe der Anbieter von Mentorings und Online-Coachings sind unter anderem Personen, die vielleicht schon einmal etwas über ETFs gehört oder gelesen haben, aber noch unsicher sind, ob sie die Geldanlage wirklich selbst in die Hand nehmen können. Auf den Websites, auf denen die hochpreisigen Angebote beworben werden, heißt es zum Beispiel: „Klar kannst Du Dich auch auf YouTube zum Investieren informieren. Doch woher weißt du, dass die Informationen, die du dort findest, auch stimmen? Oder dass sie zu deiner individuellen Situation passen?" Das Versprechen der Veranstalter: Sie lernen in einem mehrwöchigen Coaching alles, was Sie zum Investieren mit ETFs wissen müssen. Sie profitieren vom exklusiven Wissen eines Experten oder einer Expertin, die „diesen Weg schon gegangen ist und dafür sorgt, dass du keine Fehler machst".

Wenn Sie erwägen, derartige Kurse zu buchen, lassen Sie sich vorher ausführlich über das Kursprogramm informieren und überlegen Sie, ob und welchen Preis Sie für derartige Inhalte ausgeben wollen. Die Informationen zur angebotenen Leistung sind auf den Internetseiten der Anbieter wenig aussagekräftig, unabhängige Anbietervergleiche gibt es nicht. Und Empfehlungsraten und Gütesiegel sind generell keine verlässliche Hilfe (→ Seite 111).

Träger der Erwachsenenbildung

Kurse zu ETFs als Geldanlage und Altersvorsorge werden auch von Trägern der Erwachsenenbildung in Präsenz vor Ort und online angeboten. Die Kursgebühren sind überschaubar. Die angebotene Leistung ist aber sehr unterschiedlich, da jeder Dozent seinen Kurs in der Regel frei gestalten darf. Meist handelt es sich bei den Dozenten um kommerzielle Anbieter aus der Finanzbranche. Provisionsvermittler, Honorarberater und Frauenfinanzberaterinnen nutzen die Möglichkeit, über ein derartiges Kursangebot neue Kunden zu gewinnen. Außerdem werben sie gerne mit der Dozententätigkeit. Ohne unabhängige Qualitätssicherung besteht die Gefahr, dass das Bildungsangebot fachlich mangelhaft ist oder für die Zwecke der Dozenten missbraucht wird. Sie müssen damit rechnen, dass Kursleiter Werbung für ihre eigenen teuren Beratungsleistungen machen, zum Kauf aktiv gemanagter Fonds statt ETFs raten, oder den Kauf einzelner Aktien sowie überteuerte Versicherungslösungen zur Altersvorsorge empfehlen. Wenn Sie sich für einen derartigen Kurs interessieren, sollten Sie sich vorab über die Kursleitung informieren. Geben Sie den Namen des Kursleitenden in eine Suchmaschine ein, so können Sie herausfinden, welche weiteren Dienstleistungen die Person anbietet.

→ TIPP Kursfinder der Volkshochschule (VHS)
Einige Volkshochschulen kooperieren mit der örtlichen Verbraucherzentrale und bieten Kurse zur Geldanlage in ETFs an. Diese Kurse finden Sie über den VHS-Kursfinder, wenn Sie zum Beispiel als Kursthema „Verbraucherzentrale" und „ETF" eingeben:
www.volkshochschule.de/kursfinder.php

Börsenplätze

Auf den Internetseiten der Börsenplätze, zum Beispiel Frankfurt oder Stuttgart, können Sie Informationen zu allen über 2.000 dort gehandelten ETFs abrufen. Bei einer Suche, beispielsweise nach ETFs mit Anlageschwerpunkt Aktien weltweit über alle Anlageregionen hinweg, erhält man rund 400 Ergebnisse. Darunter sind viele ETFs, die keine diversifizierte Anlagestrategie verfolgen, weil sie beispielsweise auf Nachhaltigkeit, Branchen oder kleine Unternehmen setzen. Erst wenn Sie die angebotenen Filter gezielt einsetzen oder nach ETFs mit einem bestimmten Indexnamen suchen, erhalten Sie eine brauchbare Ergebnisliste (mehr zur ETF-Suche → Seite 153).

→ TIPP ETF-Suche
Börse Frankfurt:
www.boerse-frankfurt.de/etfs/suche
Börse Stuttgart:
www.boerse-stuttgart.de/de-de/tools/produktsuche/etf-finder/

Informationsportale zu ETFs

Die kommerziellen Informationsportale justETF und extraETF bieten ein umfangreiches kostenloses Informationsangebot zu ETFs. Wer beispielsweise bei justETF in der ETF-Suche wie folgt filtert, erhält bereits eine relativ übersichtliche Auswahl von gut 40 ETFs: Aktien, weltweit, keine Sektoren, keine Aktienstrategie, kein Thema, keine Währungsabsicherung. Die Ergebnisliste enthält bis auf wenige ETFs, die bestimmte Anlageregionen oder Länder ausschließen (erkennbar am Zusatz, zum Beispiel „ex

USA“, „ex Europa“), ETFs mit global diversifizierten Anlagestrategien. Ähnlich funktioniert die ETF-Suche auch bei extraETF.

Darüber hinaus bieten die Portale ETF-Vergleichslisten zu bestimmten Indizes sowie Artikel von der ETF-Auswahl über Steuerthemen bis hin zu Brokervergleichen. Sie finanzieren sich über kostenpflichtige Premium-Mitgliedschaften, Werbung und sogenannte Affiliate-Provisionen. Dabei handelt es sich um eine Provisionszahlung eines Produktanbieters an das Portal für die Vermittlung neuer Kunden. Die Portale setzen daher gerne entsprechend dotierte Links zu Banken, Brokern, Versicherungen und weiteren Anbietern.

Andere Informationsportale wie finanzfluss, finanztip, biallo und viele mehr sind nicht auf das Thema ETFs begrenzt. Sie finanzieren sich in der Regel ebenfalls über Affiliate-Provisionen, oft auch über Werbeeinnahmen und Sponsoring. Einige verkaufen Online-Coachings gegen eine Anmeldegebühr von einigen Hundert Euro sowie Gütesiegel gegen Lizenzgebühren. Aufgrund ihrer Aktivitäten in den sozialen Medien ist die Grenze zu den Finfluencern fließend.

Ob bei all diesen Informationsportalen die Einnahmequellen keinen Einfluss auf die redaktionelle Arbeit haben, wie die Portale behaupten, ist für Außenstehende nicht erkennbar. Selbst wenn dies heute der Fall wäre: Unternehmen können ihre Eigentümer wechseln, die Geschäftspolitik ist nie in Stein gemeißelt. So wurde justETF im Jahr 2024 vom Broker Scalable Capital übernommen, was die Frage aufwirft, ob dieser nun Einfluss auf den Brokervergleich nimmt.

→ TIPP Anbietervergleiche (werbefinanziert)

Wirklich unabhängig von Verkaufsinteressen sind nur die Anbietervergleiche der Stiftung Warentest. Hier finden Sie einige kommerzielle Anbietervergleiche:

- **extraETF Indexratgeber für ETFs auf bestimmte Indizes:**
- **justETF Anlageleitfäden für ETFs auf bestimmte Indizes**
- **TrackingDifferences mit ETFs auf bestimmte Indizes**
- **finanzfluss ETF Empfehlungen**
- **finanztip ETF Empfehlungen**

Künstliche Intelligenz

Die Fortschritte der künstlichen Intelligenz in den letzten Jahren sind beeindruckend! Generative Sprachmodelle sind heute problemlos in der Lage, nicht nur eine Abiturprüfung zu bestehen, sondern auch einen umfassenden Dialog mit Ihnen zu führen und verschiedenste Fragen zu ETFs als Geldanlage und Altersvorsorge zu beantworten. Mit welchen Anweisungen (Prompts) Sie eine KI steuern können, ist ein Thema für sich.

Hier ist nur eine beispielhafte Anweisung, mit der Sie der KI eine bestimmte Rolle zuweisen können: *„Du bist eine unabhängige Sachverständige für Geldanlage und Altersvorsorge mit ETFs mit 20 Jahren Erfahrung im Verbraucherschutz. Sprich mit mir über den Vermögensaufbau. Stelle mir gezielt notwendige Fragen. Reflektiere meine Aussagen und beziehe meine gesamte finanzielle Situation inklusive aktueller und geplanter Schulden sowie weiterer Anlageziele ein. Weise mich auf mögliche Denkfehler hin, auf Risiken oder Fehleinschätzungen und entwickle schließlich eine Anlagestrategie. Zeige darin auch Alternativen mit Vor- und Nachteilen auf und hilf mir bei der schrittweisen Umsetzung. Deine Aussagen beruhen auf wissenschaftlich fundierten Erkenntnissen der Kapitalmarktforschung und zitieren möglichst aktuelle, seriöse Quellen, die sich nicht über Werbung finanzieren. Konzentriere Dich auf wissenschaftliche Studien, Fachliteratur, Veröffentlichungen der Stiftung Warentest und der Verbraucherzentrale. Du erklärst sachlich, klar und verständlich und unterstützt mich dabei, informierte Entscheidungen zu treffen.“*

Sie können dann mit der KI einen Dialog darüber führen, ob es zum Beispiel sinnvoll ist, eine Erbschaft von 100.000 Euro in Aktien-ETFs anzulegen. Auch wenn die KI durchaus fundierte Antworten erzeugen kann, sollten Sie ihre Information und ihren Rat unbedingt mit Vorsicht genießen:

- → Die KI wird Ihre Frage nicht immer richtig reflektieren. Sie müssten also bereits vor Nutzung der KI wissen, welche Frage in Ihrer Situation die richtige ist. Wenn Sie eine KI zum Beispiel fragen, wie Sie mit dem Handel von Aktien Geld verdienen können, werden Sie auf verschiedene Handelsstrategien, unter anderem auch auf die technische Aktienanalyse hingewiesen, die keinerlei Prognosekraft besitzt.
- → Jede Antwort einer KI hängt davon ab, mit welchen Daten sie trainiert wurde und welche Datenquellen sie aus dem Internet heranzieht. Sie müssen auch mit fachlich falschen Antworten und falschen Quellennachweisen rechnen. Die Fehler erkennen Sie aber nur, wenn Sie sich bereits tiefergehend mit ETFs und Aktien befasst haben.

- Die KI ist wie ein Fähnchen im Wind: in anderem Kontext oder bei einer kritischen Rückfrage kann sich die Aussage um 180 Grad drehen.
- Medienunternehmen können durch Kooperationen mit Anbietern von KI-Sprachmodellen Einfluss auf den Algorithmus nehmen. So gaben beispielsweise der Axel Springer Konzern und OpenAI (Entwickler von ChatGPT) Ende 2023 eine Kooperation bekannt. Damit werden Texte und Haltungen von ausgewählten Medienpartnern möglicherweise bevorzugt durch den Algorithmus berücksichtigt.

Stiftung Warentest Finanzen und Verbraucherzentralen

Das Magazin Stiftung Warentest Finanzen ist eine auf Finanzthemen spezialisierte Zeitschrift der Stiftung Warentest. Die Stiftung wurde 1964 vom Deutschen Bundestag gegründet, seit 1991 erscheint die Zeitschrift Stiftung Warentest Finanzen. Deren Redaktion untersucht Produkte und Dienstleistungen nach wissenschaftlichen Methoden und unabhängig von Herstellern, Anbietern und Anzeigenkunden.

Die Stiftung Warentest finanziert sich im Wesentlichen aus dem Verkauf der Zeitschriften und Bücher sowie aus den Erträgen eines vom Bund zur Verfügung gestellten Stiftungskapitals.

Bei Stiftung Warentest Finanzen finden Sie alle Anbietervergleiche zum Thema Geldanlage mit ETFs: vom Vergleich einzelner ETFs über den Preis- und Leistungsvergleich der Depotangebote von Filial- und Direktbanken bis hin zum Brokervergleich (→ Seite 143).

Die Verbraucherzentralen der einzelnen Bundesländer sind unabhängige, gemeinnützige Vereine, die überwiegend aus öffentlichen Mitteln der jeweiligen Bundesländer finanziert werden. Ihre Aufgabe ist die Wahrnehmung der Interessen der Verbraucherinnen und Verbraucher auf Grundlage ihrer Satzung. Ihren Auftrag setzen die Verbraucherzentralen durch Verbraucherberatung, Verfolgung von Verstößen gegen Verbraucherrechte, Öffentlichkeitsarbeit, Verbraucherbildung und verbraucherpolitische Arbeit um. Die Verbraucherzentralen sind gesetzlich befugt, Verbraucherinnen und Verbraucher außergerichtlich rechtlich zu beraten (§ 8 Rechtsdienstleistungsgesetz), Verbandsklagen zu erheben (§ 4 Unterlassungsklagengesetz) und Musterfeststellungsklagen zu führen (§ 2 Verbraucherrechtedurchsetzungsgesetz).

Zum Thema Geldanlage mit ETFs unterstützen die Verbraucherzentralen bei der Entscheidungsfindung. Sie bieten kostenlose Informationen und Seminare an, teilweise in Kooperation mit Volkshochschulen und Familienbildungsstätten. Darüber hinaus bieten sie fachliche und rechtliche Beratung zu einer bedarfsgerechten Geldanlage- und Altersvorsorgestrategie an und helfen bei der Prüfung bestehender Geldanlageverträge. Die Verbraucherzentralen unterstützen Sie außerdem bei der Durchsetzung Ihrer Rechte, wenn Sie von Anbietern benachteiligt werden. Die Verbraucherzentralen bieten keine gewerbsmäßige, auf Gewinnerzielung gerichtete Anlagevermittlung oder Anlageberatung an und dürfen keine ETFs vermitteln oder konkrete ETFs empfehlen.

→ TIPP

Online-Seminare mit der Gelegenheit, Fragen zu stellen, finden Sie auf der jeweiligen Homepage der Verbraucherzentralen, hier für Baden-Württemberg: www.verbraucherzentrale-bawue.de/onlineseminare-bw
Zum Beratungsangebot der Verbraucherzentralen (kostenpflichtig, je Angebot und nach Bundesland) kommen Sie hier: www.verbraucherzentrale.de/beratung

Aufgeklärt: Mythen über ETFs

Wenn Sie sich über ETFs anderweitig informieren, ist es sehr gut möglich, dass Sie auf eine Reihe von Mythen stoßen werden. Dabei handelt es sich meist um Kritik an ETFs, die bei näherer Betrachtung unbegründet ist. Häufig stammt die Kritik von Produktanbietern, die durch die zunehmende Beliebtheit von kostengünstigen ETFs ihre Felle davonschwimmen sehen. Hier ist ein Überblick über die wichtigsten Mythen.

„ETFs verstärken Marktschwankungen"
Angeblich stellen ETFs ein Risiko für die Kapitalmärkte dar, weil sie Marktschwankungen verstärken. Das Gegenteil ist der Fall. Denn wer nach dem Buy-and-Hold-Ansatz in ETFs (→ Seite 196) investiert, handelt gerade nicht in Abhängigkeit von Marktbewegungen. Dies wäre im Übrigen auch nicht vorteilhaft. Zudem ist die Umschlagshäufigkeit bei ETFs deutlich geringer als bei aktiv gemanagten Fonds. Viele aktiv gemanagte Fonds dagegen tauschen ihr Vermögen dreimal im Jahr komplett aus. Bei ETFs auf den MSCI World werden dagegen meist nur 2 bis 3 Prozent des Fondsvermögens pro Jahr ausgetauscht (→ Seite 24).

„ETFs sind risikoreicher als aktiv gemanagte Fonds"

ETFs seien risikoreicher, weil das Kapital auch bei fallenden Börsenkursen immer voll im Markt investiert bleiben muss. Bei aktiv gemanagten Fonds könne der Manager dagegen die Reißleine ziehen und damit das Risiko reduzieren. Studien zur Wertentwicklung zeigen aber, dass es aktiv gemanagten Fonds gerade nicht gelingt, je nach Marktsituation Risiken zu eliminieren und Renditen zu steigern.

„ETF-Fondsgesellschaften haben zu viel Macht"

Die größten ETF-Emittenten sind tatsächlich auch die größten Vermögensverwalter der Welt. Blackrock und Vanguard beispielsweise verwalten Ende 2024 jeweils zwischen 7 und 10 Billionen US-Dollar, allerdings längst nicht nur mit ETFs. Kritiker argumentieren, dass diese Machtkonzentration schädlich für Anleger und Gesellschaft sei. Bei der Deutschen Bank etwa hält Blackrock Ende 2024 gut 6 Prozent der Stimmrechte. Bei Apple und Microsoft hält Vanguard rund 9 Prozent der Stimmrechte. Bislang wurde nicht belegt, dass die Vermögensverwalter ihre Macht zum Schaden der Gesellschaft einsetzen. Zugegeben: Das mag auch daran liegen, dass ein Schaden schwer zu messen wäre. Betrachtet man die jährlichen finanziellen Aufwendungen im Bereich der Interessenvertretung laut Lobbyregister des Deutschen Bundestages, so sind es nicht die ETF-Vermögensverwalter, die das meiste Geld in Lobbyarbeit investieren, sondern mit weitem Abstand die deutschen Banken und Versicherer. Ebenso unplausibel ist die Behauptung, ein Zusammenbruch der (viel zu) großen Vermögensverwalter würde eine Krise des Finanzsystems auslösen. Anders als Banken verwalten Fondsgesellschaften nicht ihr eigenes Geld, sondern das der Anleger. Und dieses ist strikt vom Gesellschaftsvermögen getrennt, sodass eine Insolvenz der Gesellschaft keine besondere Gefahr darstellt.

„Es ist gefährlich, wenn jeder in ETFs investiert"

Wenn sich kein Anleger mehr um die Fundamentaldaten der Unternehmen kümmert, weil jeder einfach immer den ganzen Markt kauft, dann würden die Bewertungen aus dem Ruder laufen. Diese Argumentation der Anhänger der Fundamentalanalyse hat zwar einen wahren Kern, aber schon die Prämisse entbehrt jeder Substanz. Nur ein winziger Bruchteil der Anleger weltweit investiert tatsächlich passiv nach einem Buy-and-Hold-Ansatz. Immer mehr Anleger und Vermögensverwalter kaufen zwar ETFs, setzen diese aber im Rahmen aktiver Anlagestrategien ein. Gerd Kommer und Praval Kapoor schätzen in ihrem Blog **gerd.kommer.de/blog** auf

Basis realer Marktdaten den globalen Marktanteil passiver Investments über alle Anlageklassen hinweg auf lediglich rund 4 Prozent. Burton Malkiel argumentiert in seinem Ratgeber „A Random Walk Down Wall Street", dass es ausreichen würde, nur 5 Prozent des Vermögens aktiv zu managen, um alle neuen Informationen einzupreisen.

Eins ist klar: In einer freien Marktwirtschaft wird es immer aktive Anleger geben. Als passiver ETF-Investor können Sie daher langfristig von der Effizienz der Märkte profitieren.

„Es gibt eine ETF-Blase"

Blasen erkennt man im Nachhinein daran, dass sich die Begeisterung der Anleger für bestimmte Anlagen immer weiter ausbreitet. Und tatsächlich setzen immer mehr Anleger auf ETFs. Doch ETFs sind nur die Verpackung eines Finanzprodukts, nicht die Anlageklasse selbst. Wenn Anleger ihr Geld aus überteuerten aktiv gemanagten Fonds oder fondsgebundenen Rentenversicherungen abziehen und in günstigere ETFs umschichten, wechseln sie nur die Verpackung. Die einzige Blase, die dabei platzt, sind die hohen Gewinne der Finanzindustrie aus dem Vertrieb von Finanzprodukten.

„ETFs mit Swaps oder Wertpapierleihe sind riskant"

Gelegentlich wird behauptet, ETFs seien besonders riskant, wenn sie mit Swaps arbeiten oder die gehaltenen Wertpapiere verleihen.

Ein Swap ist ein Tauschgeschäft zwischen der Fondsgesellschaft und einer Bank. Dabei wird die Wertentwicklung beliebiger im Fondsvermögen gehaltener Wertpapiere gegen die Wertentwicklung des abzubildenden Index getauscht. Das Tauschgeschäft stellt sicher, dass die Wertentwicklung des ETF möglichst genau der des Index entspricht. Wenn ETFs Swaps einsetzen, spricht man auch von synthetischer Indexnachbildung. Im Gegensatz dazu werden bei der physischen Indexnachbildung die im Index enthaltenen Wertpapiere gekauft. Mit dem Erwerb von Swaps ist zunächst ein Kontrahentenrisiko verbunden.

Bei ETFs, die ihren Index physisch „vollständig" (alle Aktien des Index werden gehalten) oder „optimiert" (fast alle Aktien des Index werden gehalten) nachbilden, spielen Swaps dagegen nur eine sehr geringe Rolle. Hier versteckt sich ein Kontrahentenrisiko an einer anderen Stelle: Teile der gehaltenen Wertpapiere werden regelmäßig an Dritte verliehen, um Erträge aus der Wertpapierleihe zu erzielen. Das ist nichts anderes als ein Kredit, bei dem das Risiko besteht, dass der Schuldner die geliehenen Wertpapiere nicht mehr zurückgeben kann. Auch hier gibt es also zunächst ein Kontrahentenrisiko (→ Hintergrund, Seite 132).

HINTERGRUND

Kontrahentenrisiko bei Swaps und Wertpapierleihe

Bei Swaps und Wertpapierleihe besteht das Risiko, dass der Vertragspartner (Kontrahent) ausfällt, daher spricht man vom Kontrahentenrisiko. Tritt dieser Fall ein, würde der ETF den Index nicht mehr abbilden. Gleiches droht, wenn der Kontrahent die geliehenen Wertpapiere nicht mehr zurückgeben kann. Deshalb gibt es EU-weit geltende Rechtsvorschriften, die sicherstellen, dass das Risiko aus diesen Geschäften abgesichert wird. Die Kontrahenten müssen Sicherheiten stellen, die der ETF verwerten darf, wenn es zu einem Ausfall kommt.

Die Investition in Swaps und die Wertpapierleihe stellen im Übrigen keine Besonderheit von ETFs dar, derartige Geschäfte werden bei allen Investmentfonds regelmäßig praktiziert. Theoretisch verbleibt bei den Fonds aufgrund der gesetzlichen Sicherungsverpflichtungen ein Restrisiko in Höhe von maximal 10 Prozent des Fondsvermögens. Die Anbieter argumentieren jedoch, dass es aufgrund der Besicherungspraxis (im Fachjargon „Collateral Agreements") gleich null sei, weil hier weit mehr Sicherheiten verlangt werden als gesetzlich vorgeschrieben. Die Anbieter informieren auf ihren Internetseiten tagesaktuell über die Vermögenswerte des ETF und den Umfang der Besicherung sowie die gestellten Sicherheiten.

In der Vergangenheit haben Anlegerinnen und Anleger trotz einer ausgewachsenen Bankenkrise in den Jahren 2008 und 2009 weder durch Swaps noch durch Wertpapierleihe Verluste erlitten.

→ TIPP

Grundfragen zu ETFs werden hier beantwortet:
Wie baut ein ETF einen Index nach?
www.verbraucherzentrale.de/node/16608
Risiken von ETF – sind ETF gefährlich?
www.test.de/node/5377656-0/

Das Kleingedruckte: einfach, transparent, fair?

Oft liest man den Rat: Investiere nie in eine Anlage, die du nicht verstehst. Gleichzeitig heißt es, ETFs seien aufgrund ihrer passiven Anlagestrategie einfach, transparent und wegen ihrer geringen Kosten eine faire Geldanlage. Doch wie so oft ist die Wahrheit etwas komplizierter. Kaum jemand außer den Emittenten versteht die Funktionsweise von ETFs im Detail. Denn dazu müsste man alle relevanten rechtlichen Grundlagen kennen, von den gesetzlichen über die vertraglichen bis hin zu den technischen Regulierungsstandards. Gleichzeitig müsste man wissen, wie ein global aufgestellter Asset Manager die definierte Anlagestrategie trotz diverser praktischer Herausforderungen umsetzt. Dabei geht es um mehr als das Kaufen und Halten von Aktien oder Anleihen. Manchmal werden beispielsweise Dividenden erst mit Verzögerung ausgeschüttet, was eine korrekte Indexabbildung erschwert. In manchen Märkten gibt es regulatorische Hürden für ausländische Investoren, und die Besteuerung von Erträgen auf Ebene des Fonds ist ein Thema für sich.

Keine Sorge: Sie müssen nicht alle Details kennen, um in ETFs anzulegen, genauso wenig wie Sie wissen müssen, wie ein Auto gebaut wird, um ein Auto zu fahren. Im Folgenden finden Sie daher nur eine kleine Auswahl besonders relevanter rechtlicher Grundlagen.

Gesetzliche Grundlagen

Wie alle anderen Investmentfonds müssen auch ETFs die UCITS-Vorschriften der EU einhalten. UCITS steht für „Undertakings for Collective Investments in Transferable Securities“, zu Deutsch „Organismus für gemeinsame Anlagen in Wertpapieren“ (OGAW). Diese europäischen Regeln gelten somit auch in Irland, Luxemburg, Deutschland und Frankreich, wo die meisten ETFs aufgelegt werden. Der Sitz des Emittenten steht im Basisinformationsblatt. Die gesetzliche Grundlage und zuständige Aufsichtsbehörde kann also je nach ETF abweichen, nicht aber die gemeinsamen Mindeststandards, die die EU vorgegeben hat.

Auch die Transparenzanforderungen sind EU-weit gesetzlich geregelt. Den Anlegern sind ein Verkaufsprospekt, ein Basisinformationsblatt sowie von Wirtschaftsprüfern geprüfte Jahres- und Halbjahresberichte zur Verfügung zu stellen. Schließlich muss die Fondsgesellschaft börsentäglich den Wert des Fondsvermögens ermitteln und veröffentlichen.

Da die Laufzeit von ETFs unbegrenzt ist, räumt das Gesetz den Fondsgesellschaften weitreichende Rechte ein, in laufende Vertragsverhältnisse einzugreifen. So kann die Gesellschaft auch nach Vertriebsbeginn den Verkaufsprospekt ändern, bestehende Fonds auflösen oder mit anderen Fonds verschmelzen. Solche Eingriffe sind aber mit einer Informationspflicht verbunden. Ihre Bank wird Sie daher in solchen Fällen gesondert informieren.

Eine Liste der gesetzlichen Rechtsgrundlagen, zusammengestellt von der Bundesanstalt für Finanzdienstleistungsaufsicht, finden Sie hier:

Verkaufsprospekt

Der Verkaufsprospekt ist die vertragliche Rechtsgrundlage eines ETF, das berühmte Kleingedruckte, das Bestandteil praktisch aller Verträge ist. Und genau in diesem Kleingedruckten, Sie ahnen es, steckt der Teufel im Detail. Niemand liest das gerne. Und das Gute ist: Sie müssen es auch nicht, denn das deutsche Recht (Gesetz gegen den unlauteren Wettbewerb) schützt Sie vor Klauseln, die Sie unangemessen benachteiligen, die intransparent oder überraschend sind.

Ein kurzer Ausflug in die Verkaufsprospekte zweier ETFs gibt einen Einblick, welche Regelungen Sie dort finden können (→ Seite 135 und 138).

Fazit: Wie die meisten Finanzprodukte sind auch ETFs bei näherer Betrachtung alles andere als einfach. Als Anleger müssen Sie sich deshalb darauf verlassen können, dass der Gesetzgeber Ihre Rechte durch entsprechende Marktregeln gut schützt. Bei ETFs ist dies auf Produktebene weitgehend der Fall. Private Rentenversicherungen sind mit ihren Bedingungswerken sehr viel komplexer, und das Gesetz gewährt Versicherern zahlreiche Eingriffsrechte auch in laufende Verträge, was trotz eventueller Steuervorteile erhebliche Nachteile mit sich bringen kann (→ Seite 198).

Jahresbericht

Die Fondsgesellschaft hat für jeden ETF spätestens vier Monate nach Ablauf des Geschäftsjahres einen Jahresbericht und spätestens zwei Monate nach Halbjahresstichtag einen Halbjahresbericht zu erstellen. Die Fondsgesellschaft erstellt meist für Dutzende Fonds einen einzigen Jahresbericht. Ein weiterer kurzer Ausflug in die Jahresberichte der ETFs gibt Ihnen einen Einblick, welche Informationen Sie dort finden (→ Kasten, Seite 137 und 139).

Fazit: Die Transparenz der Geschäftsberichte lässt inhaltlich kaum Fragen offen. Die Übersichtlichkeit lässt allerdings zu wünschen übrig, da man sich als Anleger durch einen wahren Wust an irrelevanten Informationen zu anderen ETFs durcharbeiten muss.

BEISPIEL

Verkaufsprospekt iShares MSCI ACWI UCITS ETF

Der Verkaufsprospekt dieses Aktien-ETFs von iShares, einer Marke des Vermögensverwalters Black-Rock Asset Management mit Sitz in Irland, kann auf dessen Website eingesehen werden. Der Verkaufsprospekt vom 01.04.2025 umfasst 577 Seiten. Er ist so umfangreich, weil er für mehr als 70 ETFs gleichzeitig gilt.

Anfangs liest man „Wichtige Hinweise", aber eigentlich wäre die Überschrift „Disclaimer"oder „Haftungsausschluss" passender. Dann folgen Definitionen für die vielen Fachbegriffe und Abkürzungen. Im Abschnitt „Die Gesellschaft " erfahren Sie, dass die Gesellschaft als OGAW zugelassen ist. Hier erklärt der Emittent auch, wie er seine Stimmrechte ausüben wird (Investment Stewardship), verweist aber für Details auf eine andere Website.

Nun folgen seitenlange Tabellen zu den Anteilsklassen der Fonds. Anteilsklassen sind dabei Varianten des Fonds, die sich nur in Details von den anderen unterscheiden. Ein Unterscheidungsmerkmal ist zum Beispiel die Währung: So ist die Basiswährung des ETFs der US-Dollar, es gibt aber auch Anteilsklassen, die in anderen Währungen sowie in Euro geführt werden. Weiterhin gibt es zum Beispiel thesaurierende und ausschüttende Anteilsklassen.

Auf Seite 31 werden die Anlageziele und die Anlagepolitik aller ETFs beschrieben. Da die ETFs einen Referenzindex nachbilden, enthält der Verkaufsprospekt auch Angaben, welche Daten zum Referenzindex verwendet werden, und was passiert, wenn diese Daten nicht mehr verfügbar sind, zum Beispiel weil ein Index nicht mehr berechnet wird. Dies ist jedoch bei den in diesem Buch genannten Weltaktienindizes sehr unwahrscheinlich (→ Seite 31).

Schließlich folgt auf Seite 76 für den MSCI ACWI ETF die Beschreibung des Anlageziels, der Anlagepolitik und des Referenzindex: Der ETF wird nicht alle Aktien des Index erwerben, sondern nur, soweit es möglich und unter Anwendung von Optimierungstechniken praktikabel ist.

Ab Seite 115 werden die Anlagetechniken beschrieben. Der ETF darf auch andere Wertpapiere und Derivate kaufen oder Barmittel halten und wird in bestimmten Fällen aus Kostengründen Änderungen des Referenzindex im Portfolio nicht nachvollziehen. All dies dient dem übergeordneten Ziel des ETF, die Wertentwicklung des Index so genau wie möglich abzubilden.

Im Abschnitt „Effizientes Portfoliomanagement" wird die Höchstgrenze für Wertpapierleihgeschäfte genannt, für den MSCI ACWI ETF beträgt sie 11 Prozent. Die Erträge aus den Wertpapierleihgeschäften, die derzeit sehr gering sind, werden dem ETF jedoch nicht vollständig gutgeschrieben. Es wird eine Gebühr in Höhe von 37,5 Prozent der Erträge abgezogen.

Ab Seite 125 folgen auf rund 40 Seiten Hinweise auf „Risikofaktoren“, die bei näherer Betrachtung allgemeine Risiken sind, die Anleger eben eingehen, wenn sie im Rahmen von Investmentfonds weltweit in Wertpapiere investieren.
Wie der Anteilspreis genau berechnet wird, findet sich im Abschnitt „Bewertung der Fonds“, und selbst der Handel der Fondsanteile mit „zugelassenen Teilnehmern“ ist im Prospekt geregelt. (→ Seite 75)
Unter „Aufwendungen der Fonds“ erfährt man auf Seite 195, dass für den ETF eine jährliche pauschale Gebühr (Total Expense Ratio, TER) von 0,6 Prozent erhoben wird, der Anbieter aber auch bis zu 1,00 Prozent verlangen darf. In einer Fußnote wird auf die Website verwiesen, wo die tatsächliche aktuelle Gesamtkostenquote angegeben ist. Diese liegt derzeit bei 0,20 Prozent und nicht bei 0,60 Prozent wie zum Zeitpunkt der Auflegung des ETF. Hintergrund: Die Gebühren sind in den letzten Jahren dank zunehmendem Wettbewerb auch bei anderen Anbietern kontinuierlich gesunken. Solange dies im Verkaufsprospekt angegeben ist, darf die Gesellschaft aber auch bis zu 1,00 Prozent Gebühren verlangen. Es wäre nur fair, wenn die Gesellschaft auch die vertraglich vereinbarte Pauschalgebühr absenken würde.

Die Erträge der ausschüttenden Anteilsklasse des ETF werden gemäß den Angaben unter „Ausschüttungspolitik“ im Juni und Dezember ausgeschüttet. Die Gesellschaft informiert ab Seite 212 über mögliche Interessenkonflikte. Diese betreffen mit der Verwaltung verbundene Unternehmen und können bei allen Fondsgesellschaften auftreten. Auf die Wertentwicklung des ETF haben sie keinen nennenswerten Einfluss.
Die folgenden 20 Seiten über die „Besteuerung“ müssen Sie nicht durchlesen, da Ihre Bank die Steuern automatisch einzieht (→ Seite 198), sofern sie ihren Sitz in Deutschland hat.
Der Anhang enthält detaillierte Informationen zu den Anlage- und Portfoliomanagementtechniken und den damit verbundenen Risiken. So wird beispielsweise erläutert, dass Kontrahentenrisiken aus Wertpapierleihgeschäften oder Derivaten wie Swaps zu besichern sind und welche Anforderungen an die Sicherheiten zu stellen sind. Auf den letzten 300 Seiten geht es um die gesetzlich vorgeschriebenen Angaben zur Berücksichtigung von Nachhaltigkeitskriterien.

BEISPIEL

Jahresbericht iShares MSCI ACWI UCITS ETF

Auf der Website von iShares ist der Jahresbericht zum MSCI ACWI ETF vom 30.11.2024 abrufbar.
Auf 1.146 Seiten berichtet er über mehrere Fonds. Per Suche nach „MSCI ACWI" finden Sie auf Seite 16 den zusammenfassenden Bericht zur Wertentwicklung des ETFs: Demnach betrug die Rendite im abgelaufenen Geschäftsjahr 25,99 Prozent, die des Referenzindex 26,12 Prozent. Es kann immer vorkommen, dass sich ein ETF in manchen Jahren trotz der laufenden Kosten besser entwickelt als der Index, den er abbildet.
Ebenfalls auf Seite 20 finden Sie die tatsächlich angefallenen laufenden Kosten: Die TER (Total Expense Ratio) betrug im abgelaufenen Geschäftsjahr 0,20 Prozent. Eine Aufstellung über den Wert der entliehenen Wertpapiere (1.006 Mio. US-Dollar) und der dafür hinterlegten Sicherheiten (1.105 Mio. US-Dollar) finden Sie auf Seite 124. Der Ertrag aus der Wertpapierleihe ist im Anhang auf Seite 160 zu lesen, er beläuft sich auf 2,9 Mio. US-Dollar, was lediglich rund 0,02 Prozent des Fondsvermögens entspricht. Auch im Vergleich zu den Dividendenerträgen von 257 Mio. US-Dollar fallen sie kaum ins Gewicht.

Interessanter ist da schon die „Aufstellung der Vermögenswerte", die auf den Seiten 417 bis 435 zu finden ist. Die Aktiengesellschaften, an denen der ETF Anteile hält, sind alphabetisch nach Ländern und innerhalb der Länder nach Branchen geordnet. Zum Ende des Geschäftsjahres waren 96,45 Prozent des Vermögens in Aktien und der Rest überwiegend in vier Aktien-ETFs investiert, die einzelne Länderindizes abbilden.
Dass ein ETF in einen anderen ETF investiert, mag zunächst überraschen, hat aber plausible Gründe. In diesem Fall hält der MSCI ACWI ETF zum Beispiel keine Aktiengesellschaften aus Indien und deckt den restlichen indischen Aktienmarkt mit einem MSCI India ETF ab, der aus rund 150 Titeln besteht.
Für die wesentlichen Käufe und Verkäufe im abgelaufenen Geschäftsjahr (auf Seite 618) sind Transaktionskosten in Höhe von 2,0 Mio. US-Dollar (oder 0,02 Prozent des Fondsvermögens) angefallen, die auf Seite 660 ausgewiesen sind. Die einzelnen Kontrahenten der Wertpapierleihgeschäfte werden auf Seite 675 offengelegt, ebenso Informationen über die gestellten Sicherheiten.

BEISPIEL

Verkaufsprospekt Vanguard FTSE All-World UCITS ETF

Dieser Aktien-ETF der Investmentgesellschaft Vanguard Group bildet die Entwicklung des FTSE All-World Index ab. Der auf der Website der irischen Fondsgesellschaft zur Verfügung gestellte Verkaufsprospekt ist nur in englischer Sprache abrufbar. Leider sind die Anbieter nicht verpflichtet, diesen auch in deutscher Sprache anzubieten, auch wenn sie sich an deutsche Anleger wenden. Nur das Basisinformationsblatt muss in deutscher Sprache verfügbar sein.

Der Prospekt vom 31.03.2025 hat einen Umfang von 606 Seiten und regelt eine Vielzahl von ETFs in einem Dokument. Er ist ähnlich aufgebaut wie der Verkaufsprospekt aus Beispiel 1.

Im Anhang ab Seite 135 ist das Anlageziel beschrieben: Der ETF soll die Entwicklung des FTSE All-World Index nachbilden und zu diesem Zweck wird er die im Index enthaltenen Wertpapiere erwerben, allerdings auch hier nicht vollständig, sondern soweit dies möglich und praktikabel ist („so far as possible and practicable"). Der ETF kann auch Swaps erwerben und Wertpapiere verleihen. Auf Seite 141 findet sich die jährliche Verwaltungsgebühr für die nicht währungsgesicherte Anteilsklasse, sie beträgt 0,22 Prozent.

Die folgenden Anhänge enthalten für alle im Verkaufsprospekt genannten Fonds weitere Regelungen, wie die Methode zur Bestimmung des Anteilpreises, die Anlagegrundsätze und die Portfolio-Investmenttechniken.

Zu den Regelungen zur Wertpapierleihe finden Sie auf Seite 216 die „Securities Lending Arrangements". Demnach darf der ETF nicht mehr als 50 Prozent seines Fondsvermögens verleihen, sofern entsprechende Sicherheiten gestellt werden. In Anhang 4 auf Seite 213 erfahren Sie, dass Vanguard alle Erträge aus den eingesetzten Portfoliotechniken, zu denen auch die Wertpapierleihe gehört, abzüglich der damit verbundenen Kosten dem jeweiligen ETF gutschreibt.

BEISPIEL

Jahresbericht Vanguard FTSE All-World UCITS ETF

Der Jahresbericht von Vanguard zum 30.06.2024 umfasst 1.142 Seiten. Auch hier hilft die Stichwortsuche, es genügt „FTSE All“. Auf Seite 250 erfährt man, dass die Rendite des ETF im abgelaufenen Geschäftsjahr 19,14 Prozent und die des Index 19,17 Prozent betrug.
Die Käufe und Verkäufe im Fondsvermögen sind auf Seite 206 aufgelistet und auf den Seiten 207 bis 244 finden sich die einzelnen Vermögenswerte.
Die Verwaltungsvergütung sowie die ebenfalls sehr überschaubaren Erträge aus Wertpapierleihgeschäften werden auf Seite 245 ausgewiesen, ebenso die Transaktionskosten, die sich auf gut 0,01 Prozent belaufen.

Zusammenfassung

Grundsätzlich ist eine Investition in ETFs eine gute Idee, doch es gibt durchaus Umstände und Lebenssituationen, in denen Sie nochmals genauer hinschauen und Alternativen erwägen sollten. Wenn Sie Hilfe bei der Geldanlage mit ETFs suchen, meiden Sie möglichst Berater, die Produkte gegen Provision verkaufen oder Honorare für die Vermittlung von Versicherungen kassieren. Hinterfragen Sie Finfluencer und Coaching-Anbieter ebenso kritisch wie alle anderen Verkäufer. Eine unabhängige Informationsquelle ist die Stiftung Warentest. Die Verbraucherzentralen unterstützen mit Seminaren vor Ort sowie online und persönlicher Beratung.

Verschiedene Akteure werden aus eigenem Interesse nie aufhören, Kritik an einer passiven diversifizierten Anlagestrategie mit ETFs zu üben und Fehlinformationen zu verbreiten. Schließlich bedrohen ETFs ein riesiges und äußerst lukratives Geschäftsfeld der Finanzindustrie und ihrer Vermittler.

ETFs sind derzeit die kostengünstigsten Anlagevehikel, um diversifiziert an den Renditen der Kapitalmärkte zu partizipieren. Einfach zu durchschauen sind sie zwar nicht, aber das gilt für die meisten anderen langfristigen Geldanlagen ebenfalls.

Schritt für Schritt zum ETF – eine Anleitung

Nun geht es in die Praxis: Wenn Sie in ETFs investieren wollen, zeigt Ihnen die folgende Schritt-für-Schritt-Anleitung, wie Sie eine erprobte Anlagestrategie mit ETFs bequem und sicher umsetzen können.

Eigentlich ist es ganz einfach: Nachdem Sie bei einer Bank Ihrer Wahl ein Depot eingerichtet haben, wählen Sie gut informiert passende ETFs aus, entscheiden sich für einen Sparplan oder eine Einmalanlage und erteilen schließlich Kaufaufträge. Dann folgen Sie der vorgestellten bequemen Buy-and-Hold-Anlagestrategie – bis hin zu dem Punkt, an dem Sie Ihre ETFs ganz oder teilweise wieder verkaufen, weil Sie das Geld anderweitig benötigen.

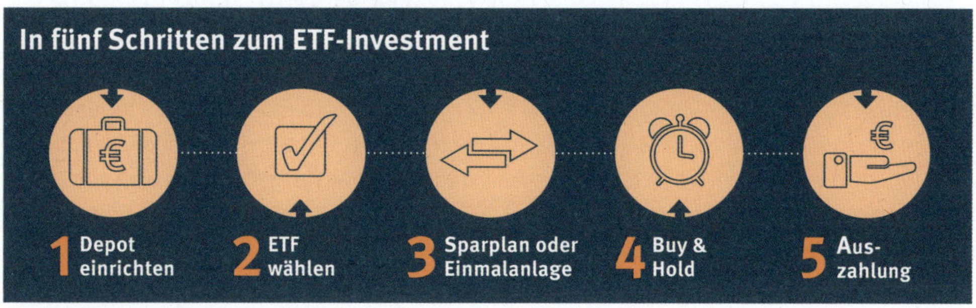

Abb. 16: Schritt für Schritt zum ETF

Depot einrichten

Als Erstes benötigen Sie ein **Wertpapierdepot** bei einer Bank oder einem Broker (zum Teil auch Depotbank genannt). Ein Wertpapierdepot ist sozusagen ein digitales Schließfach, in dem Ihre Bank Wertpapiere wie ETFs für Sie verwahrt. Da Ihr Depot getrennt vom Vermögen der Bank ist, bleiben Ihre ETFs auch bei einer Insolvenz der Bank in vollem Umfang erhalten. Zusammen mit dem Depot brauchen Sie ein sogenanntes Verrechnungskonto. Das kann Ihr normales Girokonto sein oder ein gesondertes Verrechnungskonto, das nur für Abrechnungen im Zusammenhang mit dem Depot, also für Ertragsausschüttungen sowie Gutschriften und Belastungen durch Käufe und Verkäufe, genutzt wird.

Konditionen vergleichen und Anbieter wählen

Ein Depot können Sie bei allen Sparkassen, Volks- und Raiffeisenbanken und fast allen privaten Geschäftsbanken mit Filialnetz eröffnen. Die Institute haben unterschiedliche Preismodelle. Besonders bei den Gebühren, die die Banken für ein Depot und den Handel mit ETFs verlangen, lohnt sich ein Vergleich.

In der Regel können Sie bei allen Banken ETFs kaufen, lediglich das Angebot an Sparplänen mit ETFs ist eingeschränkt.

Bei Filialbanken ist es am günstigsten, ETFs über das Onlinebanking zu kaufen. Die Entgelte für den Handel mit ETFs und die Ausführung von Sparplänen finden Sie im Preis- und Leistungsverzeichnis Ihrer Bank, das Sie auf der Internetseite abrufen können oder in der Filiale erhalten.

Sie können aber auch ein Depot bei Anbietern ohne Filialnetz in Erwägung ziehen: Direktbanken und Onlinebroker bieten die günstigsten Konditionen. Bei einer **Direktbank** werden alle Bankgeschäfte telefonisch oder online angeboten. Ein **Onlinebroker** ist im Wesentlichen eine Direktbank, die sich auf das Wertpapiergeschäft spezialisiert hat. Teilweise wird auch von **Neo-Brokern** gesprochen. Damit sind neue Onlinebroker gemeint, die mit besonders niedrigen Gebühren werben (mehr zu Neo-Brokern → Seite 144).

Typische Gebühren sind zum einen eine **jährliche Pauschalgebühr** für die Depotführung und zum anderen eine **Ordergebühr** für jeden einzelnen Wertpapierauftrag.

Worauf Sie bei der Auswahl eines geeigneten Depotanbieters achten sollten, hängt natürlich von Ihren Bedürfnissen ab. Einige Kriterien, die Sie prüfen können, finden Sie in unserer Basis-Checkliste.

CHECKLISTE

Basis-Checkliste zum Depotvergleich

- ☐ Ist das Wertpapierdepot generell kostenlos oder an Bedingungen geknüpft?
  Insbesondere Filialbanken verlangen zum Teil eine jährliche Mindestgebühr von zum Beispiel 50 Euro und zusätzlich eine prozentuale Depotgebühr von zum Beispiel 0,25 Prozent des Depotwerts (zum Teil verhandelbar). Diese Kosten können Sie sich sparen. Es gibt genügend Anbieter, die diese Gebühren nicht verlangen.
- ☐ Wie hoch sind die Ordergebühren bei Einmalanlagen und Sparplänen?
  Hier können Sie aufgrund der großen Preisunterschiede langfristig Geld sparen. Filialbanken kassieren oft 1 Prozent der Anlagesumme, wobei eine Mindestgebühr gilt. Bei Direktbanken und Onlinebrokern sind die Gebühren deutlich niedriger und nach oben begrenzt. Es gibt sogar Neo-Broker, die (fast) keine Ordergebühren verlangen.
- ☐ Können Sie Wertpapiere zumindest über zwei Handelsplätze kaufen und verkaufen oder sind Sie an einen einzigen Handelspartner gebunden?
  Bei manchen sehr günstigen Neo-Brokern gibt es einige Besonderheiten (→ Seite 144). Tipp: Wählen Sie nur Anbieter, die auch etablierte Handelsplätze wie Xetra oder Börse Frankfurt anbieten.
- ☐ Wie hoch wird das Guthaben auf dem Verrechnungskonto verzinst?
  Dies ist nur relevant, wenn Sie planen, größere Beträge auf dem Konto zu parken. Allerdings bieten nur wenige Banken eine Verzinsung auf dem Verrechnungskonto an.
- ☐ Ist das Guthaben auf dem Verrechnungskonto durch die gesetzliche Einlagensicherung in Deutschland geschützt?
  Falls Sie größere Beträge für längere Zeit auf dem Verrechnungskonto parken, wählen Sie eventuell ein Institut mit deutscher Einlagensicherung.
- ☐ Wie benutzerfreundlich finden Sie die Website oder auch die App?
  Schauen Sie, ob Sie sich in der App oder auf der Website gut zurechtfinden.

Ob der Depotanbieter noch jung, ein kleiner oder großer Anbieter ist, spielt für die Sicherheit Ihres Depots keine Rolle. Die depotführende Stelle ist in der Regel ein Kreditinstitut oder ein reguliertes Wertpapierinstitut. Geht sie bankrott, schützt die gesetzliche Einlagensicherung Ihre Einlagen bis zu einem Gesamtbetrag von 100.000 Euro pro Kontoinhaber (Details zur Einlagensicherung → Seite 174). Solange Ihr Geld in ETFs angelegt ist, spielt die Einlagensicherung aber keine Rolle. Denn der gesamte Depotinhalt wird getrennt vom Vermögen der Bank verwahrt und stellt keine Einlage dar.

Neo-Broker

Neo-Broker wie Trade Republic, Scalable Capital, Smartbroker+, justTRADE oder finanzen.net Zero werben mit minimalen Orderkosten. Das Angebot ist im Vergleich zu den breiter aufgestellten Direktbanken stark standardisiert, kann aber für einige ETF-Anleger interessant sein. Der größte Haken: Einige Broker arbeiten nur mit einzelnen Handelspartnern zusammen. Sie haben also keine freie Auswahl, an welcher Börse Sie ETFs kaufen oder verkaufen möchten (→ Hintergrund, Seite 145).

Solange bei diesem Handelspartner alles reibungslos funktioniert, ist das kein Problem. Ist dies aber nicht der Fall, kann es zu Verzögerungen beim Handel kommen. Die Broker behalten sich in ihren AGBs bei Ausfall eines Handelspartners das Recht vor, die Order an einen anderen vom Anbieter bestimmten Ausführungsplatz weiterzuleiten. Mehr Flexibilität haben Sie, wenn Sie Broker wählen, bei denen Sie jederzeit mit wenigen Klicks den Handelsplatz wechseln können.

Achtung: Einige Neo-Broker wie Scalable und Trade Republic legen einen Teil des Guthabens auf dem Verrechnungskonto automatisch in Geldmarktfonds an (Stand Anfang 2025). Besonders riskant sind diese Fonds zwar nicht, aber Sie sollten sich insbesondere bei größeren Summen bewusst machen, dass Geldmarktfonds nicht der Einlagensicherung unterliegen und das Risiko daher etwas höher ist.

Die Basis-Checkliste (→ Seite 143) für den Depotvergleich dürfte in den meisten Fällen ausreichend sein. Bei Bedarf können jedoch weitere Auswahlkriterien von Interesse sein. Diese finden Sie in der bedarfsabhängigen Plus-Checkliste zum Depotvergleich (→ Seite 147).

Die beiden Checklisten sind eine gute Grundlage, um zu entscheiden, welche spezifischen Kriterien für einen Anbietervergleich in Ihrem Fall wichtig sein könnten. Preis- und Leistungsvergleiche finden Sie bei der unabhängigen Stiftung Warentest. Alternativ oder ergänzend können Sie auch kommerzielle Vergleichs- und Vermittlungsportale nutzen.

HINTERGRUND

Neo-Broker und deren Handelspartner

Viele Neo-Broker kooperieren mit festen Handelspartnern, über die ein Großteil oder sogar alle Wertpapiergeschäfte abgewickelt werden. Diese Handelspartner zahlen dem Broker eine Vergütung dafür, dass die Aufträge bevorzugt über bestimmte Handelsplätze laufen.

Dadurch ist die Auswahl an Börsen oft eingeschränkt. Dieses Geschäftsmodell ermöglicht besonders niedrige oder sogar kostenlose Ordergebühren, kann aber Einfluss auf den Ausführungskurs haben. Bei **Trade Republic** ist diese Beschränkung in der „Kundenvereinbarung" vom Mai 2025 (dort Seite 41) nachzulesen: „Trade Republic bietet dem Kunden lediglich eine beschränkte Auswahl an handelbaren Wertpapieren sowie an Ausführungsplätzen und Ausführungswegen an." Eine Erläuterung dieser Einschränkung sollen Interessenten erst nach der Depoteröffnung in der App des Brokers einsehen können.

Scalable schränkt die möglichen Handelsplätze in den „Kundendokumenten" von März 2025 ebenfalls ein (dort Seite 117), lässt den Kundinnen und Kunden aber eine ausreichend große Auswahl. Hier ist ein Handel auf gettex, dem Handelsplatz der Börse München, Xetra, dem Handelsplatz der Frankfurter Wertpapierbörse und der European Investor Exchange („EIX") möglich. Bei der EIX handelt es sich um einen Handelsplatz, den Scalable in Kooperation mit der Börse Hannover betreibt.

Die jeweils aktuell geltenden Einschränkungen finden Sie in den Allgemeinen Geschäftsbedingungen (AGB) der Anbieter auf ihrer Internetseite, die dort aber nicht als AGB, sondern als Kundendokumente oder ähnlich bezeichnet bereitgestellt werden. Suchen Sie in einem PDF-Browser nach „Ausführungsplätze" oder „Handelsplatz".

Informationen über die Höhe der Provision, die der Handelspartner an den Neo-Broker bezahlt, finden Sie ebenfalls in den AGB und bei jeder Order in den Kosteninformationen zur Order. Meist handelt es sich beim ETF-Handel um wenige Euro pro Kundenauftrag. Die Handelsplätze können diese Provisionen aufbringen, weil sie an der Spanne zwischen Geld- und Briefkurs verdienen. Ab dem 1.7.2026 dürfen die Handelsplätze den Brokern jedoch keine Provisionen (auch „Payment for Order Flow" genannt) mehr für die exklusive Orderweiterleitung zahlen. Es bleibt abzuwarten, wie die Broker mit dieser neuen Regelung umgehen werden.

→ TIPP Unabhängiger Anbietervergleich

Einen unabhängigen und ausführlichen Preis- und Leistungsvergleich von Direktbanken und Brokern veröffentlicht die Zeitschrift Stiftung Warentest Finanzen regelmäßig im „Finanztest Spezial Anlegen mit ETF". Getestet werden Depotanbieter mit und ohne Filialnetz sowie Neo-Broker. Das Heft erscheint jedes Jahr im November. Den Vergleich finden Sie auch auf der Internetseite von Stiftung Warentest Finanzen (kostenpflichtig).
Zum Depot-/Brokervergleich geht es hier:
www.test.de/node/4864312-0
Einen Vergleich für ETF-Sparpläne finden Sie hier:
www.test.de/node/5015866-0

→ TIPP Kommerzielle Vergleichs- und Vermittlungsportale

Darüber hinaus bieten Vergleichsportale im Internet Übersichten über die Konditionen ausgewählter Banken. Auch diese können Sie für einen Vergleich nutzen (Informationen zu den Einschränkungen finden Sie hier: → Seite 125). In der Regel werden nur einige Direktbanken und Broker aufgeführt.

Zu den Direktbanken und Onlinebrokern kommen Sie hier:

extraETF

justETF

Über ETF-Sparpläne erfahren Sie hier mehr:

extraETF

justETF

Zum Thema ETF-Entnahmepläne informieren Sie sich hier:

extraETF

justETF

Bleiben Sie pragmatisch!
Machen Sie aus dem Anbietervergleich keine Wissenschaft! Wenn Sie die Vielfalt der Angebote überfordert: Wählen Sie einfach einen Anbieter, der Ihnen zusagt und der ein kostenloses Depot anbietet. Vielleicht fragen Sie noch im Bekanntenkreis nach, ob jemand Erfahrungen hat.

Anders als beim Abschluss einer Lebens- oder Rentenversicherung können Sie Ihre Depotbank rasch und ohne Nachteile wechseln. Dazu eröffnen Sie einfach ein neues Depot und beauftragen Ihren neuen Vertragspartner mit dem Einzug der Wertpapiere. Das ist kostenlos und klappt in der Regel problemlos. Für den Fall, dass es doch einmal hakt, was durchaus bei einem Kundenansturm aufgrund besonders attraktiver Konditionen passieren kann: Die Bundesanstalt für Finanzdienstleistungsaufsicht (BaFin) hat für die Bearbeitung eines Depotübertrags eine Frist von maximal drei Wochen festgelegt und wird Beschwerden nachgehen, wenn diese Frist nicht eingehalten wird.

CHECKLISTE

Plus-Checkliste zum Depotvergleich

Haben Sie besondere Wünsche oder Vorstellungen für Ihr Depot? Die folgende Checkliste liefert Ihnen weitere Auswahlkriterien, nach denen Sie vorgehen können.

- ☐ Sie haben Sicherheitsbedenken und wollen nicht über das Internet handeln: Bietet die Bank Wertpapiergeschäfte per Telefon oder am Schalter an?
  Solange es noch Bedarf gibt, Aufträge per Telefon oder am Schalter zu erteilen, wird es auch ein entsprechendes Angebot geben. Der Handel am Schalter ist deutlich teurer, während das Telefonbanking nicht unbedingt teurer sein muss als das Onlinebanking.
- ☐ Sie möchten einen Aktien-ETF-Sparplan abschließen: Gibt es auch Sparpläne auf einen oder mehrere breit gestreute Indizes?
  Breit gestreute weltweite Indizes sind zum Beispiel: MSCI World, MSCI All Country World, MSCI ACWI IMI, FTSE Developed, FTSE All-World, Solactive GBS Developed Markets Large & Mid Cap, Solactive GBS Global Markets Large & Mid Cap (→ Seite 153).

- ☐ Sie wollen vermögenswirksame Leistungen (VL) in ETFs investieren: Bietet die Bank auch ETF-Sparpläne für die Anlage von vermögenswirksamen Leistungen an? Können Sie für das Depot auch Arbeitnehmersparzulage beantragen?
  Hier ist das Marktangebot leider sehr überschaubar. Zur Auswahl der Anbieter (→ Seite 146).
- ☐ Sie würden gern Geld für Minderjährige auf deren Namen anlegen: Bietet die Bank Junior-Depots an?
  Zur Eröffnung von Junior-Depots ist die Einwilligung der Erziehungsberechtigten erforderlich. Nach Erreichen der Volljährigkeit erlischt die Verfügungsmöglichkeit der Erziehungsberechtigten. Die dann erwachsene Person kann bei Bedarf natürlich eine Vollmacht erteilen.
- ☐ Sie wollen ein Depot auf zwei Kontoinhaber eröffnen: Bietet die Bank ein Gemeinschaftsdepot an?
  Beim „Oder"-Depot kann jeder allein verfügen, beim „Und"-Depot nur beide gemeinsam. Informieren Sie sich vorab über die steuerlichen Konsequenzen eines Gemeinschaftsdepots (auch im Todesfall).
- ☐ Sie wollen jemandem eine Depotvollmacht erteilen: Lässt die Bank eine Vollmacht zu?
  Sie können beispielsweise Ihren Erben bereits zu Lebzeiten eine Vollmacht über den Tod hinaus erteilen. Dies erleichtert die Regelung finanzieller Angelegenheiten im Todesfall, da das Depot sonst für eine gewisse Zeit gesperrt bleibt. Die Vollmacht gilt aber auch schon zu Lebzeiten, setzt daher entsprechendes Vertrauen voraus.
- ☐ Achtung: Geben Sie Ihre eigenen Zugangsdaten besser nicht an Dritte weiter, auch wenn Sie großes Vertrauen haben. Für diese Fälle sollten Sie eine Vollmacht ausstellen.
- ☐ Sie wollen regelmäßig Teile aus Ihrem ETF-Depot entnehmen, zum Beispiel als zusätzliche ETF-Rente: Bietet die Bank auch ETF-Entnahmepläne an?
  Entnahmepläne werden noch nicht von allen Banken angeboten (→ Seite 221).

Depot eröffnen

Wenn Sie sich für eine Bank oder einen Broker entschieden haben, finden Sie den Antrag auf Depoteröffnung auf der Website der Bank. Für die Depoteröffnung sind folgende Schritte erforderlich:

- Geben Sie Ihre persönlichen Daten ein. Ihre persönliche Steueridentifikationsnummer (Steuer-ID) finden Sie zum Beispiel auf Ihrem Gehaltsnachweis oder auf dem letzten Steuerbescheid.
- In der Regel wird mit der Depoteröffnung auch ein Verrechnungskonto bei derselben Bank eröffnet. Falls nicht, können Sie ein beliebiges Girokonto als Verrechnungskonto angeben.
- Sie werden nach Ihren Kenntnissen und Erfahrungen im Wertpapiergeschäft gefragt. Die Banken sind dazu verpflichtet. Wenn Sie hier angeben, keine Erfahrung zu haben, hat das keine besonderen Konsequenzen, außer dass die Bank Sie auf Risiken hinweisen wird, bevor sie den Auftrag zum Kauf von ETFs ausführt.
- Nach Eingabe aller Daten erhalten Sie eine Übersicht zur abschließenden Kontrolle und werden gebeten, den Vertragsabschluss zu bestätigen.
- Zum Schluss müssen Sie Ihre Identität nachweisen (Legitimationsprüfung mit Reisepass oder Personalausweis). Bei der Videolegitimation starten Sie mit einer speziellen App einen Videochat und werden aufgefordert, Ihren Personalausweis in die Kamera zu halten. Beim Postident-Verfahren legen Sie die Formulare zusammen mit Ihrem Personalausweis in einer Postfiliale vor. Wenn Sie die Online-Ausweisfunktion für Ihren Personalausweis aktiviert haben, können Sie sich auch damit ausweisen.
- Je nach Anbieter erhalten Sie von Ihrer Bank die Depotunterlagen mit den Zugangsdaten für das Onlinebanking oder die Banking-App binnen weniger Minuten oder erst einige Tage später.
- Freistellungsauftrag nicht vergessen: Spätestens mit den Zugangsunterlagen erhalten Sie in der Regel das Formular zur Erteilung eines Freistellungsauftrags. Bei Einzelveranlagung können Sie den vollen Sparerpauschbetrag von 1.000 Euro (bei Zusammenveranlagung das Doppelte) geltend machen. Das bedeutet, dass die Bank bis zu diesem Betrag keine Steuern auf Kapitalerträge (Dividenden, Zinsen, Kursgewinne) einbehält. Bei mehreren Bankverbindungen können Sie diesen Betrag entsprechend aufteilen (→ Seite 198).
- Newsletter und Werbung abschalten: Die Broker wollen Ihnen ständig neue Produkte verkaufen, schalten Sie die Werbung am besten komplett ab.

Spezialfall: Junior-Depot

Bei vielen Banken können Sie auch auf den Namen des Kindes ein sogenanntes Junior-Depot eröffnen, allerdings nur mit Zustimmung der gesetzlichen Vertretungsberechtigten (der Eltern). Dabei müssen Sie Folgendes beachten:

NV-Bescheinigung: Wenn Sie für Minderjährige auf deren Namen ein ETF-Depot eröffnen und die Kapitalerträge voraussichtlich den Sparerpauschbetrag von 1.000 Euro überschreiten, kann es sinnvoll sein, beim Finanzamt eine Nichtveranlagungsbescheinigung (NV-Bescheinigung) zu beantragen. Mit ihr wird bestätigt, dass das Kind keine Einkommensteuer an das Finanzamt zahlt und keine jährliche Einkommensteuererklärung abgeben muss.

Sie ist ein bis drei Jahre gültig. Wenn Sie Ihrer Bank eine NV-Bescheinigung vorlegen, werden alle Kapitalerträge und Veräußerungsgewinne im Gültigkeitszeitraum der NV-Bescheinigung steuerfrei gutgeschrieben.

Ein Freistellungsauftrag ist in diesem Fall nicht erforderlich. Beachten Sie aber den steuerlichen Grundfreibetrag (12.084 Euro in 2025).

Nur Einkommen bis zur Höhe des Grundfreibetrags sind steuerfrei.

BAföG: Auf den Namen des Kindes angelegtes Vermögen kann später bei der Beantragung von staatlichen Leistungen nach § 29 Bundesausbildungsförderungsgesetz (BAföG) angerechnet werden. Bevor BAföG gezahlt wird, muss das eigene Vermögen für die Ausbildung eingesetzt werden. Anrechnungsfrei ist derzeit ein Vermögen von bis zu 15.000 Euro.

Krankenversicherungspflicht: Erzielen Kinder eigene Einkünfte aus Kapitalvermögen, kann dies unter Umständen eine Krankenversicherungspflicht in der gesetzlichen Krankenversicherung auslösen. Die Einkommensgrenze liegt im Jahr 2025 bei 535 Euro monatlich. Informationen dazu erhalten Sie bei Ihrer Krankenkasse.

Verfügungsberechtigung: Bei einem Depot auf den Namen des Kindes bleiben die gesetzlichen Vertreter bis zur Volljährigkeit verfügungsberechtigt. Danach kann das Kind frei über das Geld verfügen.

Schenkungssteuer: Bei Schenkungen sind die Freibeträge bei der Schenkungssteuer zu beachten (von Eltern an Kinder 400.000 Euro, an Enkelkinder 200.000 Euro).

Erbfolge: Beachten Sie die Erbfolge bei vorzeitigem Tod. Stirbt das Kind, sind nach der gesetzlichen Erbfolge die Eltern die Erben. Läuft die Anlage auf den Namen der Eltern oder Großeltern, gilt ebenfalls die gesetzliche Erbfolge, sofern nicht testamentarisch etwas anderes geregelt ist.

Rechtsberatung: Bei größeren Beträgen, familiären Zerwürfnissen und in allen anderen komplizierteren Fällen kann es sinnvoll sein, sich bei der Vermögensanlage für den Nachwuchs anwaltlich beraten zu lassen (Familienrecht, Erbrecht).

→ TIPP NV-Bescheinigung
Wie Sie eine NV-Bescheinigung beantragen, erfahren Sie hier:

→ TIPP BAföG
Alle Infos zum Bafög auf einen Blick finden Sie hier:

Sicherheitsvorkehrungen

Um sich vor betrügerischen Angriffen auf Ihr ETF-Depot zu schützen, können Sie einige Sicherheitsmaßnahmen ergreifen. Jede einzelne Maßnahme verringert bereits das Risiko.

1. Führen Sie Ihr Depot bei einer anderen Bank als Ihr Girokonto.
   Die Daten Ihres Girokontos müssen Sie an verschiedene Stellen weitergeben, zum Beispiel wenn Sie per Lastschrift bezahlen. Es kann nie ausgeschlossen werden, dass Ihre privaten Daten durch Hackerangriffe und Datenlecks in die Hände von Betrügern gelangen. Zwar können diese mit Kontonummer und Adresse allein noch keinen großen Schaden anrichten. Wenn aber zusätzlich der heimische Computer unbemerkt mit Malware verseucht wurde oder ein Angriff mit Phishing oder gefälschter Briefpost erfolgreich war, steigt das Risiko. Deshalb ist es bei größeren Geldbeträgen sicherer, ein zweites Bankkonto für die Vermögensanlage zu führen.
2. Vereinbaren Sie ein Referenzkonto für Ihr Verrechnungskonto.
   Wenn Sie eines oder mehrere Referenzkonten angelegt haben, kann Geld vom Verrechnungskonto nur noch auf das angegebene Referenzkonto überwiesen werden. Überweisungen an andere Empfänger sind nicht möglich.
3. Legen Sie ein Tageslimit für Überweisungen fest.
   So können Sie verhindern, dass Betrüger hohe Beträge von Ihrem Konto binnen kurzer Zeit abbuchen. Dies ist aber nur dann effektiv, wenn Ihre Bank an eine Änderung des Tageslimits höhere Sicherheitsanforderungen stellt als an den Kontozugriff.
4. Verwenden Sie für das Onlinebanking immer Ihre eigenen Geräte und nutzen Sie einen Passwortmanager für den Login. Dieser verhindert, dass das Passwort

aus Versehen bei einem Phishing-Versuch auf einer gefälschten Internetseite der Bank eingegeben wird. Der Passwortmanager loggt Sie nur auf der richtigen Seite ein.

5. Seien Sie skeptisch, wenn man Sie per Telefon, Mail oder Post im Namen Ihrer Bank zu kontaktieren versucht, um Kontozugänge zu aktualisieren. Geben Sie keine Daten heraus! Es handelt sich wahrscheinlich um einen Betrugsversuch.

Betrachten Sie die hier vorgestellten Sicherheitsvorkehrungen bitte nur als Vorschläge, wie Sie die Betrugsrisiken mindern können. Die Zahl der Betrugsfälle ist in den letzten Jahren zwar gestiegen, sie sind aber nach wie vor eher selten.

→ TIPP Sicherheitstipps vom BSI
Wichtige Sicherheitstipps für Ihr Onlinebanking finden Sie hier:

ETF auswählen

Nachdem Sie Ihr Depot eingerichtet haben, müssen Sie entscheiden, in welche ETFs Sie investieren möchten. Für eine Anlage mit geringen Wertschwankungen eignen sich bestimmte Rentenindizes, für eine chancenorientierte Anlage bestimmte Aktienindizes. Die Auswahl der Indizes sollte frei nach dem **KISS-Prinzip** erfolgen: „Keep it simple and smart!“, also einfach und intelligent! Denn dann ist Ihre Anlagestrategie zugleich auch bequem und rentabel.

Aktienindex auswählen

Die bereits vorgestellten Indizes bilden den weltweiten Aktienmarkt möglichst diversifiziert ab (→ Tab. 4, Seite 31). Jeder dieser Indizes hat ein bestimmtes Anlageuniversum. In der folgenden Tab. 11 → Seite 153 finden Sie Angaben dazu sowie die Anzahl der an der Börse Frankfurt gehandelten ETFs. Eine gute Risikostreuung erreichen Sie mit allen diesen Indizes, wobei die ersten drei nur die Entwicklung von großen und mittelgroßen Aktien (Large & Mid Caps) in den Industrieländern abbilden. Eine noch breitere Streuung erreichen Sie mit den drei Indizes, die auch die Entwicklung von Aktien aus Schwellenländern berücksichtigen. Nur der MSCI All Country World IMI Index enthält darüber hinaus auch kleinere Unternehmen (Small Caps).

Mit ETFs auf jeden dieser Indizes können Sie eine einfache und intelligente Anlagestrategie umsetzen.

Sie fragen sich vielleicht, welchen Unterschied es macht, ob Sie sich für den MSCI World mit rund 1.400 Aktien oder für den MSCI All Country World IMI Index mit weit über 8.000 Aktien entscheiden. In der Lehrbuch-Theorie lautet die Antwort: Das macht durchaus einen Unterschied. Denn je breiter die Risikostreuung, desto geringer ist das Risiko, ohne dass es die Rendite schmälert. Sie müssen diese Maxime aber nicht auf die Goldwaage legen, sondern können pragmatisch bleiben. Entscheidend für Ihren langfristigen Anlageerfolg ist vielmehr, dass Sie in Aktien-ETFs nach dem Buy-and-Hold-Prinzip investieren. Das bedeutet: Kaufen und Liegenlassen, über viele Jahre hinweg (→ Seite 197).

INDEXBEZEICHNUNG	ANZAHL AKTIEN	INDUSTRIE-LÄNDER	LARGE & MID CAPS	SCHWELLEN-LÄNDER	SMALL CAPS	ANZAHL ETFS
MSCI World Index	1.397	+	+	-	-	24
Solactive GBS Developed Markets Large & Mid Cap Index	1.431	+	+	-	-	2
FTSE Developed Index	2.016	+	+	-		3
MSCI All Country World Index	2.650	+	+	+	-	6
Solactive GBS Global Markets Large & Mid Cap Index	3.433	+	+	+	-	2
FTSE All-World Index	4.242	+	+	+	-	5
MSCI All County World IMI Index	8.647	+	+	+	+	2

Tab. 11: Aktienindizes mit weltweitem Anlageuniversum (Stand: Ende 2024)

Einfach und intelligent ist auf jeden Fall der Index-Klassiker MSCI World. Er enthält immer alle großen Aktiengesellschaften seiner Zeit, gewichtet nach Marktkapitalisierung. Damit enthält er auch immer die wenigen Aktiengesellschaften, die für die größte Wertsteigerung am Aktienmarkt gesorgt haben (→ Seite 71). Und der MSCI World ist die Benchmark, an der seit Jahrzehnten praktisch alle aktiv gemanagten Aktienfonds scheitern. Hinzu kommt, dass die Entwicklung der Unternehmen in diesem reinen Industrieländerindex sowieso indirekt auch von der Entwicklung in den Schwellenländern abhängt: Alle großen Konzerne sind auch in den Emerging Markets aktiv.

Wenn Ihr Broker aber auch ETFs auf diejenigen Indizes anbietet, die auch Schwellenländer (MSCI All Country World Index, Solactive GBS Global Markets Large & Mid Cap Index sowie FTSE All-World Index) enthalten, idealerweise sogar inklusive Small Caps (MSCI All County World IMI Index), dann bevorzugen Sie diese. Denn je breiter die Risikostreuung, desto besser.

Optionale Ergänzung: Small Caps separat beimischen

Viele Wege führen nach Rom. Das gilt im übertragenen Sinne auch, wenn es darum geht, global diversifiziert zu investieren und dabei auch kleinere Unternehmen berücksichtigen. Alternativ zu einem ETF auf den MSCI All County World IMI Index, der als einziger der genannten auch Small Caps enthält, können Sie nämlich einen ETF, der keine Small Caps enthält, mit einem reinen Small-Cap-ETF kombinieren. Die Idee ist hier aber nicht, Small Caps beizumischen, weil sie vielleicht höhere Renditen haben (→ Seite 181), sondern um die Risiken noch breiter zu streuen und damit langfristig zu verringern ("Kaufe den den ganzen Heuhaufen", → Seite 80). Wenn Sie es lieber einfach halten wollen, können Sie guten Gewissens aber auch in alle oben genannten Indizes investieren, obwohl sie keinen Small-Cap-Anteil enthalten. Wichtig: Wenn Sie Small Caps separat beimischen, achten Sie darauf, dass deren Anteil im Aktienportfolio nicht über rund 15 Prozent liegt. In dieser Größenordnung bewegt sich auch der Anteil der Small Caps an der gesamten Marktkapitalisierung. Die Auswahl an entsprechenden weltweiten Indizes und ETFs ist derzeit recht überschaubar (→ Tab. 12):

INDEXBEZEICHNUNG	ANZAHL AKTIEN	INDUSTRIE-LÄNDER	LARGE & MID CAPS	SCHWELLEN-LÄNDER	SMALL CAPS	ANZAHL ETFS
MSCI World Small Cap Index	3.984	+	-	-	+	2
MSCI Emerging Markets Small Cap Index	2.013	-	-	+	+	2

Tab. 12: Aktienindizes mit Schwerpunkt Small Caps (Stand: Ende 2024)

Optionale Alternative: hohe Gewichtung der USA reduzieren?

Die hier aufgeführten klassischen Weltaktienindizes werden immer wieder dafür kritisiert, dass sie eine viel zu hohe Gewichtung von US-Aktien enthalten. Diese liegt je nach Index derzeit zwischen 60 (Indizes mit Industrie- und Schwellenländern) und 71 Prozent (Indizes nur mit Industrieländern). Kritiker argumentieren, dass diese hohe Gewichtung dem Prinzip der Risikostreuung widerspricht. Daher werden verschiedene Alternativen diskutiert, um die Länder etwas gleichmäßiger zu gewichten. Von diesen Alternativen soll hier nur eine vorgestellt werden: Die Gewichtung der Aktienmärkte der Länder nach ihrer Wirtschaftskraft, gemessen am Bruttoinlandsprodukt (BIP). Man spricht daher von der **BIP-Gewichtung**.

Das BIP drückt vereinfacht gesprochen aus, was in einem Land innerhalb eines bestimmten Zeitraums wirtschaftlich geleistet wurde. Die Idee: In große Volkswirtschaften soll mehr investiert werden als in kleine. Dieser Ansatz würde beispielsweise das Gewicht Deutschlands im Vergleich zur Gewichtung nach Marktkapitalisierung erhöhen, denn gemessen an der Wirtschaftskraft ist der Aktienmarkt hierzulande relativ klein. Das liegt daran, dass es in Deutschland viele kleine und große Familienunternehmen gibt, die nicht an der Börse notiert sind. Außerdem leihen sich deutsche Unternehmen für Investitionen lieber Geld von Banken, als an die Börse zu gehen. Ganz anders in den USA. In Zahlen ausgedrückt: Die Marktkapitalisierung des deutschen Aktienmarkts entspricht nur etwa der Hälfte des BIP Deutschlands, während sie in den USA fast doppelt so hoch wie das BIP ist.

Darüber hinaus verweisen einige Befürworter der BIP-Gewichtung auch auf die historisch höheren Renditen im Vergleich zur Gewichtung nach Marktkapitalisierung. Aber Achtung: Studien, die für bestimmte Anlagestrategien überdurchschnittliche Renditen ausweisen, sind generell mit Vorsicht zu genießen. Zwar gab es eine Zeit lang eine recht deutliche empirische Evidenz für höhere Renditen bei einer BIP-Gewichtung, dieser Effekt hat sich aber in den letzten zwanzig Jahren fast vollständig aufgelöst. Grund dafür ist die zuletzt deutliche Outperformance der US-Aktienmärkte gegenüber fast allen anderen Anlageregionen.

Nicht zuletzt ist die Diskussion um eine zu starke Gewichtung der USA auch der aktuellen politischen Großwetterlage geschuldet. Die jüngsten politischen Entwicklungen in den USA, die COVID-Pandemie, der russische Angriffskrieg gegen die Ukraine und die Spannungen zwischen China und Taiwan haben die politischen Risiken wieder ins Bewusstsein gerückt.

Wer in den russischen Aktienmarkt investiert hatte, musste sein gesamtes Investment abschreiben. Was passiert, wenn China in Taiwan einmarschiert? Was, wenn in den USA unter der Trump-Administration Demokratie und Rechtsstaatlichkeit ausgehöhlt werden? Wäre es dann nicht besser, das Geld global breiter zu streuen? Auch wenn viele Menschen diese Frage intuitiv bejahen würden: Niemand kann heute mit Sicherheit wissen, welche Anlagestrategie in solchen Fällen besonders vorteilhaft ist. Es ist das tägliche Kerngeschäft aller Aktiengesellschaften weltweit, auf politische und wirtschaftliche Entwicklungen zu reagieren und Schocks und Krisen zu meistern, um weiterhin Gewinne für ihre Aktionäre zu erwirtschaften. Dies ist ihnen in der Vergangenheit sehr gut gelungen, wie die historische Durchschnittsrendite für Aktien von real 5,1 Prozent pro Jahr zeigt. Wohlgemerkt: Diese Rendite basiert auf einem Zeitraum, der durchaus die eine oder andere geopolitische und wirtschaftliche Krise sowie zwei Weltkriege beinhaltet.

Sie können also guten Gewissens den Teil Ihrer Geldanlage, den Sie in Aktien-ETFs investieren möchten, in einen ETF investieren, der einen der oben genannten Aktienindizes mit Gewichtung nach Marktkapitalisierung abbildet.

Wenn Sie sich mit der hohen US-Gewichtung wegen der politischen Risiken nicht anfreunden wollen, können Sie die Regionen stattdessen nach dem BIP gewichten.

In den letzten 15 Jahren hat dies zwar zu erheblichen Renditeeinbußen geführt, wie das Datenblatt des MSCI ACWI GDP (→ Tipp: Traditionell oder BIP?) zeigt. Wie sich dies aber in der Zukunft darstellen wird, ist ungewiss. Sicher ist nur, dass dadurch die hohe Abhängigkeit von den Entwicklungen der US-Aktienmärkte und dem US-Dollar reduziert wird.

→ TIPP Traditionell oder BIP?
Zum Datenblatt des MSCI ACWI GDP Weighted Index (Gross Returns, EUR) für einen Vergleich der BIP-gewichteten Indexentwicklung mit der des traditionellen Index gelangen Sie hier:

Ein pragmatischer Ansatz zur Umsetzung einer Gewichtung nach BIP ist es, dem Weltportfolio einfach zwei weitere ETFs beizumischen:

- Mit einem ETF auf die Region Europa können Sie den Anteil Europas von rund 15 Prozent (nach Marktkapitalisierung) auf rund 23 Prozent (nach BIP) erhöhen.
- Mit einem weiteren ETF auf die Schwellenländer können Sie deren Anteil von circa 10 Prozent (Marktkapitalisierung) bis auf circa 39 Prozent (BIP) erhöhen.

Die ungefähren Gewichtungsanteile, um eine Gewichtung nach BIP zu erhalten , finden Sie in Tab. 13 (→ Seite 157). Sie finden dort auch den Namen einiger gut diversifizierter Indizes, die die Anlageregionen abbilden. Für alle Indizes gibt es mindestens eine Handvoll ETFs, die sie abbilden.

REGION	ANTEIL	BEISPIELE FÜR ZUGEHÖRIGEN AKTIENINDEX
Welt	60–70 %	MSCI World Index Solactive GBS Developed Markets Large & Mid Cap Index FTSE Developed Index MSCI All Country World Index Solactive GBS Global Markets Large & Mid Cap Index FTSE All-World Index MSCI All Country World IMI Index
Europa	10–5 %	STOXX Europe 600 FTSE Developed Europe MSCI Europe
Schwellenländer	30–25 %	MSCI Emerging Markets Solactive GBS Emerging Markets Large & Mid Cap

Tab. 13: US-Anteil reduzieren durch Umstellung auf BIP-Gewichtung

BEISPIEL

Investieren nach BIP-Gewichtung

10.000 Euro sollen nach BIP-Gewichtung investiert werden. Dazu investieren Sie lediglich 6.000 Euro in einen ETF, der einen der vorgestellten Weltaktienindizes nachbildet.

- Weitere 1.000 Euro legen Sie in einen ETF an, der Europas Aktien abbildet, und
- weitere 3.000 Euro in einen ETF, der die Aktien der Schwellenländer abbildet.

Diese zwei einfachen Ergänzungen reichen bereits aus.

→ **TIPP Mehr zu Gewichtungsmethoden**

Wenn Sie mehr Zeit und Mühe investieren möchten, um eine genauere BIP-Gewichtung zu erhalten, finden Sie bei der Stiftung Warentest Informationen, wie sich der Anteil von US- und IT-Aktien verringern lässt (hier Strategie 4) unter:

Eine ausführliche lesenswerte Darstellung verschiedener Gewichtungsmethoden finden Sie im Blog-Beitrag von Gerd Kommer und Daniel Ganowski hier:

Abb. 17: Filtereinstellung für einen Aktien-ETF. Börse Frankfurt, Stand: 01.06.2025

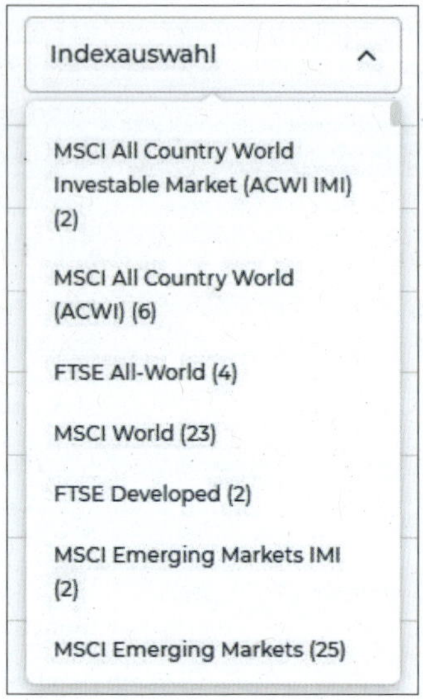

Abb. 18: Filtereinstellung für einen Aktien-ETF. extraETF.com, Stand: 01.06.2025

Aktien-ETFs finden und vergleichen

Im Folgenden stellen wir Ihnen drei Möglichkeiten vor, wie Sie Aktien-ETFs finden können, die eine weltweit gestreute Anlage ermöglichen:

- Sie blättern einige Seiten weiter und finden zwei Tabellen mit ETFs auf alle vorgestellten weltweiten Aktienindizes (→ Tab. 14, Seite 163 und → Tab. 15, Seite 165).
- Sie nutzen Online-Vergleiche von Börsenplätzen und Informationsportalen und erstellen selbst eine Liste.
- Sie nutzen den Fondsvergleich des Magazins Stiftung Warentest Finanzen.

Online-Vergleiche

Bei Börsenplätzen und Informationsportalen finden Sie fertige Rankings von ETFs zu bestimmten Indizes (→ Seite 125). Sie können aber auch Suchmasken nutzen und selbst recherchieren. Hier ist eine Anleitung:

1. Wählen Sie in der Suchmaske oder in den Filtereinstellungen den gewünschten Index aus. Wie das bei extraETF.com und boerse-frankfurt.de aussieht, sehen Sie in den Abbildungen 17 und 18.

Bei extraETF erhalten Sie nach Klick auf Indexauswahl eine Liste voreingestellter Indizes wie abgebildet. Demnach werden für den

„MSCI World" 23 ETFs angezeigt, die diesen Index abbilden.

Bei der Börse Frankfurt gibt es keine voreingestellte Liste an Indizes. Hier müssen Sie den Index in das Suchfeld eingeben. Das entsprechende Suchfeld heißt „Referenz". Sie erhalten dann 23 ETFs, die den „MSCI World Index" abbilden (Stand 01.06.2025). Ein weiterer ETF bildet den „MSCI World EUR Index" ab und ein weiterer den „MSCI World USD Index". Das klingt verwirrend, ist aber nicht weiter wichtig, weil so oder so alle ETFs denselben Index abbilden, und zwar in Euro umgerechnet. Außerdem kaufen Sie bei hiesigen Börsenplätzen Fondsanteile immer in Euro.

ACHTUNG

Falscher Index oder Währungsabsicherung inklusive

Je nachdem, welche Website Sie verwenden und wie Sie nach ETFs gesucht haben, kann es vorkommen, dass Ihnen ETFs angezeigt werden, die nicht den gewünschten Index abbilden.

- → Sektorindizes erkennen Sie an einem Zusatz in der Bezeichnung, der auf die Branche hinweist: zum Beispiel „MSCI World Information Technology".
- → Strategieindizes erkennen Sie ebenfalls an Namenszusätzen wie zum Beispiel „Momentum" oder „Quality".
- → Weltindizes, bei dem bestimmte Länder nicht enthalten sind, heißen zum Beispiel „ex USA"
- → Indizes mit Nachhaltigkeitsbezug haben Namenszusätze wie zum Beispiel „ESG" oder „SRI".
- → ETFs, die ihre Wertentwicklung gegen Währungsrisiken absichern, erkennen Sie an der Bezeichnung „EUR hedged". Die Währungsabsicherung schmälert wegen der zusätzlichen Kosten langfristig die Rendite.
- → Bei ETFs mit dem Zusatz „Short" wetten Anleger auf fallende Kurse.
- → Enthält die Bezeichnung des ETF den Zusatz „Leveraged", handelt es sich um besonders riskante Anlagestrategien, bei denen das Investment mit einem Kredit erhöht wird.

Alle ETFs, die einen dieser Zusätze enthalten, können Sie aussortieren. Vergewissern Sie sich abschließend, dass die Ergebnisliste nur das enthält, was sie dem Namen nach enthalten soll, und korrigieren Sie gegebenenfalls die Filtereinstellungen.

Der für Abonnenten verfügbare Fondsfinder von Stiftung Warentest Finanzen zeigt bei der Suche unter „Weitere Filter“ und „ETF: Wichtige Indizes“ nach dem Indexnamen MSCI World sogar 32 Treffer an, weil er nicht nur ETFs, sondern auch Indexfonds auflistet. Indexfonds bilden zwar auch den Index nach, werden aber nicht an der Börse gehandelt.

2. Schauen Sie sich dann einige Daten zu den ETFs an, die in der Ergebnisliste aufgeführt sind. Besonders interessant sind:

Fondsvolumen (auch Volumen oder „AUM“ für Assets under Management genannt): Je größer, desto besser. Denn bei kleinen ETFs, die wenig Geld verwalten, besteht die Gefahr, dass die Investmentgesellschaft den ETF eines Tages schließt oder auf einen anderen verschmelzt, weil zu kleine Fonds für die Anbieter nicht rentabel sind. Dies kann dazu führen, dass Sie gezwungen werden, einen Kursgewinn zu realisieren. Wenn dann Steuern abgeführt werden müssen, steht für die Wiederanlage weniger Geld zur Verfügung (→ Seite 198). Außerdem fallen bei kleinen ETFs die jährlichen Fixkosten etwas stärker ins Gewicht.

→ **TIPP Fondsvolumen**

Ein Fondsvolumen von rund 300 Millionen Euro sollte es schon sein. Große ETFs verfügen sogar über ein Volumen von einigen Milliarden Euro.

! WICHTIG

Anteilsklassen

Zu unterscheiden ist das Fondsvolumen einer bestimmten Anteilsklasse (zum Beispiel „thesaurierend“, oder „in EUR“) und das gesamte Fondsvolumen. Mal weisen Vergleichsseiten das gesamte Fondsvolumen aus, mal nur das der Anteilsklasse. Das entscheidende gesamte Fondsvolumen finden Sie meist im Factsheet des ETF oder auf der Internetseite der Fondsgesellschaft.

Jährliche Kosten: Sie schmälern die Rendite. Sie sind deshalb ein wichtiges Auswahlkriterium: Je niedriger, desto besser. Allerdings sollten kleine Kostenunterschiede nicht überbewertet werden, denn aufgrund technischer Besonderheiten können ETFs mit höheren jährlichen Kosten manchmal sogar besser sein als ETFs mit geringeren. Zudem kann die Investmentgesellschaft die Kosten im Rahmen der vertraglichen Möglichkeiten auch erhöhen (→ Seite 134). Auf einigen Internetseiten wird statt der Quote jährlich anfallender laufender Kosten noch eine alte Kostenkennzahl angezeigt, die sogenannte TER (Total Expense Ratio), bei der einige Kostenarten nicht enthalten sind. Bei ETFs sind die Unterschiede zwischen den beiden Kennziffern aber gering und in den Produktinformationen sind stets die heute üblichen jährlich anfallenden laufenden Kosten anzugeben.

Rendite (auch: Performance): ETFs, die exakt denselben Index abbilden, können auch anhand ihrer Rendite über die letzten Jahre verglichen werden. Die Abweichungen sind meist nicht sehr groß (→ Tab. 14, Seite 163 und → Tab. 15, Seite 165). ETFs, die in Irland aufgelegt werden (schauen Sie im Factsheet auf das Fondsdomizil), können wegen des aktuell günstigeren Doppelbesteuerungsabkommens zwischen Irland und den USA von gewissen Steuervorteilen profitieren, die aber überschaubar sind. Wenn der Unterschied in der Rendite mehrere Prozentpunkte ausmacht, wird es sich wahrscheinlich um einen Fehler in der Vergleichsdatenbank handeln. Möglicherweise wurde sie einmal in Euro und einmal in US-Dollar berechnet. Überprüfen Sie in diesem Fall die Rendite auf der Website der Fondsgesellschaft und stellen Sie Euro als Währung ein. Irreführend kann manchmal auch ein Vergleich der Entwicklung von ausschüttenden und thesaurierenden ETFs sein. Die Preisentwicklung von ausschüttenden ETFs ist deutlich schlechter als von thesaurierenden, wenn in der Vergleichsdatenbank die ausgeschütteten Erträge bei der historischen Wertentwicklung nicht berücksichtigt werden.

→ TIPP Korrigierter Kursverlauf
Auf der Seite extraetf.com können Sie sich zu einem ausschüttenden ETF auch den korrigierten Kursverlauf anzeigen lassen, wie er sich inklusive Ausschüttungen darstellen würde.

Ertragsverwendung: Sie können ETFs wählen, die Erträge entweder ausschütten oder automatisch wieder anlegen. Derzeit liegen die Dividendenerträge bei globalen Indizes bei knapp 2 Prozent der Anlagesumme pro Jahr. Aus steuerlicher Sicht sind die Unterschiede gering (→ Seite 198). Für den langfristigen Vermögensaufbau ist eine automatische Wiederanlage nicht nur komfortabler, sie hat auch einen großen psychologischen Vorteil: Wenn Sie sich im Onlinebanking die Wertentwicklung anschauen, sieht diese deutlich besser aus! Und eine gute Wertentwicklung ist eine nicht zu unterschätzende Motivation, die Anlagestrategie dauerhaft diszipliniert umzusetzen.

Die Methode der Indexnachbildung (optimiert, replizierend oder synthetisch) ist für die Auswahl der ETFs übrigens nicht relevant (→ Seite 131), weshalb sie hier nicht als Auswahlkriterium genannt wird.

3. Vergleichen Sie anhand der genannten Angaben nur ETFs, die denselben Index nachbilden.

Wie das zum Beispiel beim MSCI World Index aussehen kann, zeigt die folgende Tabelle, erstellt mithilfe der ETF-Suche auf boerse-frankfurt.de. Zur besseren Übersichtlichkeit sind nicht alle ETFs aufgeführt. Diejenigen mit laufenden Kosten über 0,20 Prozent sind nicht dabei. Das heißt nicht, dass die etwas teureren ETFs schlechter sind als die günstigeren. Ihre Wertentwicklung unterscheidet sich tatsächlich nicht gravierend. Außerdem enthält die Tabelle nur die wichtigsten Angaben, und zwar exakt so, wie sie auf der Website bereitgestellt wurden, inklusive aller Fallstricke. Für den Kauf benötigen Sie nur die **WKN (Wertpapierkennnummer)** der ETFs. Anhand der WKN oder alternativ der ISIN (International Security Identification Number) lässt sich der ETF eindeutig bestimmen.

> **! ACHTUNG**
>
> → Tab. 14, Seite 163 und → Tab. 15, Seite 165 wurden bewusst nicht um unerwünschte Suchergebnisse und unplausible Angaben bereinigt. Wenn Sie selbst zu ETFs recherchieren, werden Sie wahrscheinlich auf missverständliche oder falsche Angaben in verschiedenen Datenbanken stoßen. (→ Spalte „Anmerkung" in den Tabellen 14 und 15).

Wenn Sie eine solche Liste wie beschrieben selbst abrufen, werden sich einige Daten bereits geändert haben. Performance und Fondsvolumen ändern sich täglich. Aber auch die jährlichen Kosten können sich ändern, wobei hier die Tendenz in den letzten Jahren klar fallend ist. Außerdem können neue ETFs hinzukommen und andere verschwinden.

NR.	NAME	VOLUMEN MRD. EURO	JÄHRL. KOSTEN	PERFORMANCE 1 JAHR	PERFORMANCE 3 JAHRE	ERTRAGSVERWENDUNG	WKN	ANMERKUNG
1	UBS ETF (IE) MSCI World UCITS ETF (USD) A-acc	1,27	0,10 %	26,50 %	30,63 %	thesaurierend	A2PK5J	
2	UBS ETF (IE) MSCI World UCITS ETF (USD) A-dis	0,40	0,10 %	27,16 %	31,57 %	ausschüttend	A1JVCA	
3	Amundi MSCI World UCITS ETF DR - USD (D)	1,09	0,12 %	25,85 %	51,72 %	ausschüttend	A3DH0A	Fehler Datensatz (Performance)
4	SPDR MSCI World UCITS ETF	9,58	0,12 %	26,09 %	31,48 %	thesaurierend	A2N6CW	
5	Amundi MSCI World V UCITS ETF Acc	6,40	0,12 %	25,97 %	30,14 %	thesaurierend	LYX0YD	
6	Xtrackers MSCI World UCITS ETF 1D	3,52	0,12 %	26,07 %	30,83 %	ausschüttend	A1XEY2	
7	HSBC MSCI World UCITS ETF	10,30	0,15 %	25,93 %	30,81 %	ausschüttend	A1C9KK	
8	HSBC MSCI World UCITS ETF - USD (Acc)	0,72	0,15 %	25,90 %	45,38 %	thesaurierend	A3DN5J	Fehler Datensatz (Performance)
9	Invesco MSCI World UCITS ETF Acc	5,62	0,19 %	26,07 %	31,06 %	thesaurierend	A0RGCS	
10	Xtrackers MSCI World UCITS ETF 1C	13,33	0,19 %	25,98 %	30,71 %	thesaurierend	A1XB5U	
11	Xtrackers MSCI World Swap UCITS ETF 1D	2,15	0,19 %	26,12 %	31,17 %	ausschüttend	DBX0RG	
12	iShares Core MSCI World UCITS ETF	86,31	0,20 %	25,93 %	30,72 %	thesaurierend	A0RPWH	
13	Amundi MSCI World III UCITS ETF Dist	5,10	0,20 %	26,01 %	30,82 %	ausschüttend	ETF018	
14	HSBC MSCI World UCITS ETF EUR Hedged (Acc)	0,28	0,16 %	19,77 %	43,44 %	thesaurierend	A3DV0F	Währungssicherung, Fehler Datensatz (Performance)
15	Xtrackers MSCI World UCITS ETF 2C - EUR Hedged	0,04	0,17 %	19,99 %	30,44 %	thesaurierend	DBX0VF	Währungssicherung, Fehler Datensatz (Performance)

Tab. 14: ETFs auf den MSCI-World-Index, (Quelle: Eigene Darstellung, Börse Frankfurt, Stand: 31.12.2024)

Anmerkungen zu Tab. 14

- Nr. 14 und 15 sichern Währungsrisiken ab. Das ist unnötig. Daher können Sie darauf guten Gewissens verzichten.
- Das Fondsvolumen der Anteilsklasse bei Nr. 2 liegt insgesamt bei rund 3 Mrd. Euro, wie ein Blick auf die Website der Fondsgesellschaft zeigt.
- Bei Nr. 3, 8, 14 und 15 ist die Performance der letzten drei Jahre falsch angegeben. Die Fonds existierten zum Zeitpunkt des Datenabrufs noch keine drei Jahre. Die falschen Angaben (Fehler Datensatz (Performance)) können Sie ignorieren.

Die aktuellen Preise pro Anteil sind in der Tabelle nicht angegeben. Sie liegen etwa zwischen 10 und 100 Euro. Bei kleineren Anlagebeträgen können ETFs mit niedrigen Anteilspreisen praktischer sein, da man in kleineren Schritten investieren kann.

Die Auswahl an MSCI World ETFs ist groß. Wer Unterschiede sucht, wird sie finden. Im Wesentlichen erfüllen aber alle ihren Zweck.

Mit derselben Vorgehensweise finden Sie auch ETFs zu den übrigen erwähnten weltweiten Aktienindizes (→ Tab. 15, Seite 165):

NR.	NAME	VOLUMEN MRD. EURO	JÄHRL. KOSTEN	PERFORMANCE 1 JAHR	PERFORMANCE 3 JAHRE	ERTRAGSVERWENDUNG	WKN	ANMERKUNG
	Solactive GBS Developed Markets Large & Mid Cap Index							
1	Amundi Prime Global UCITS ETF Acc	0,5	0,05 %	25,85 %	30,89 %	thesaurierend	ETF210	
2	Amundi Prime Global UCITS ETF Dist	0,8	0,05 %	25,60 %	30,08 %	ausschüttend	ETF211	
	FTSE Developed Index							
3	Franklin FTSE Developed Word UCITS ETF	0,08	0,09 %	8,86 %	8,86 %	thesaurierend	A408N3	derzeit noch zu geringes Fondsvolumen! Fehler Datensatz (Performance)
4	Vanguard FTSE Developed World UCITS ETF	3,24	0,12 %	25,05 %	29,75 %	ausschüttend	A12CX1	
5	Vanguard FTSE Developed World UCITS ETF (USD) Accumulating	3,31	0,12 %	24,73 %	29,72 %	thesaurierend	A2PLS9	
	MSCI All Country World Index							
6	SPDR MSCI ACWI UCITS ETF	3,54	0,12 %	24,56 %	26,99 %	thesaurierend	A1JJTC	
7	iShares MSCI ACWI UCITS ETF USD (Acc)	15,96	0,20 %	24,53 %	27,60 %	thesaurierend	A1JMDF	
8	Amundi MSCI All Country World UCITS ETF EUR Acc	1,42	0,45 %	24,54 %	26,81 %	thesaurierend	LYX00C	teuer
	Solactive GBS Global Markets Large & Mid Cap Index							
9	Amundi Prime All Country World UCITS ETF Dist	1,98	0,07 %	15,66 %	15,66 %	ausschüttend	ETF150	Fehler Datensatz (Performance)
10	Amundi Prime All Country World UCITS ETF Acc	0,06	0,07 %	8,26 %	8,26 %	thesaurierend	ETF151	Fehler Datensatz (Performance)
	FTSE All World Index							
11	Invesco FTSE All-World UCITS ETF Acc	0,6	0,15 %	24,70 %	34,34 %	thesaurierend	A3D7QX	Fehler Datensatz (Performance)
12	Invesco FTSE All-World UCITS ETF Dist	0,07	0,15 %	24,66 %	33,02 %	ausschüttend	A3D7QY	Fehler Datensatz (Performance)
13	Invesco FTSE All-World UCITS ETF EUR PfHdg Acc	0,03	0,20 %	19,21 %	27,89 %	thesaurierend	A3EC3H	Währungsabsicherung
14	Vanguard FTSE All-World UCITS ETF - (USD) Accumulating	15,28	0,22 %	24,41 %	27,22 %	thesaurierend	A2PKXG	
15	Vanguard FTSE All-World UCITS ETF	15,71	0,22 %	24,40 %	27,24 %	ausschüttend	A1JX52	
	MSCI All Country World IMI Index							
16	SPDR MSCI ACWI IMI UCITS ETF (Dist)	0,01	0,17 %	7,36 %	7,36 %	ausschüttend	A40F93	Fehler Datensatz (Performance)
17	SPDR MSCI ACWI IMI UCITS ETF	2,14	0,17 %	22,92 %	25,81 %	thesaurierend	A1JJTD	

Tab. 15: ETFs auf weitere weltweite Aktienindizes (Quelle: Eigene Darstellung, Börse Frankfurt, Stand: 31.12.2024)

Anmerkungen zu Tab. 15

- Nr. 1 bis 5 beziehen sich auf Indizes aus den Industrieländern, die dem MSCI World sehr ähnlich sind.
- Nr. 3 hat ein niedriges Fondsvolumen von rund 8 Mio. Euro. Diesen ETF sollten Sie daher zunächst meiden. Bei Nr. 10 und 16 sind lediglich die Fondsvolumina der jeweiligen Anteilsklasse niedrig, insgesamt ist es ausreichend hoch.
- Bei Nr. 3, 9, 10, 11, 12 und 16 ist die Performance zum Teil falsch angegeben. Sie wurden erst in den letzten drei Jahren aufgelegt. Die falschen Angaben können Sie einfach ignorieren.
- Nr. 6 bis 15 beziehen sich auf Indizes, die außerdem die Schwellenländer enthalten.
- Nr. 13 sichert Währungsrisiken ab. Darauf kann man guten Gewissens verzichten.
- Nr. 8 ist relativ teuer, was der Wertentwicklung bislang aber nicht auffallend geschadet hat.
- Nr. 16 und 17 enthalten zusätzlich noch kleinere Unternehmen.

Um selbst auf Online-Portalen geeignete weltweit streuende Aktien-ETFs zu recherchieren, muss man sich bewusst sein, dass Datenbanken oft nicht fehlerfrei sind, und man sollte die Bezeichnungen der ETFs prüfen.

Fondsvergleich von Stiftung Warentest Finanzen

In jeder Monatsausgabe von Stiftung Warentest Finanzen finden Sie unter der Überschrift „Aktien Welt" mehrere ETFs, die mit „1. Wahl" gekennzeichnet sind. Für den Kauf benötigen Sie nur die WKN des ETFs. Die weiteren Angaben in der Tabelle (Chance-Risiko-Zahl, Besser als Referenzindex, Marktnähe, Rendite) können Sie ignorieren. Vorteil und zugleich Nachteil dieser Liste im monatlich erscheinenden Heft: Sie ist relativ kurz. Alternativ finden Sie einen umfassenden Test im Spezialheft „Anlegen mit ETF", das jährlich im November erscheint. Abonnenten von Stiftung Warentest Finanzen können darüber hinaus mit dem Fondsfinder auf der Website von Stiftung Warentest Finanzen jederzeit alle ETFs vergleichen.

Fazit: Für einen bequemen aktuellen Überblick eignet sich die unabhängige Zeitschrift Stiftung Warentest Finanzen, auch andere kommerzielle Informationsportale stellen fertige ETF-Listen zur Verfügung.

Das Wichtigste aber ist: Nicht verzetteln! Und: Die Auswahl eines globalen Aktien-ETF ist keine Raketenwissenschaft! Auf jeden Fall bietet ein Index, der auch Aktien aus den Schwellenländern und zusätzlich kleinere Unternehmen enthält (MSCI ACWI IMI) die breiteste Risikostreuung. Aber so groß sind die Unterschiede zwischen den verschiedenen Weltaktienindizes auch wieder nicht, wie die Entwicklung der drei maßgeblichen Indizes von MSCI seit 1998 zeigt (→ Abb. 19).

Rentenindex auswählen

Rentenindizes auf deutsche Staatsanleihen sind bei Anleihen-ETFs die erste Wahl, wenn die Sicherheit an höchster Stelle steht. Während Einlagen nur im Rahmen der Höchst-

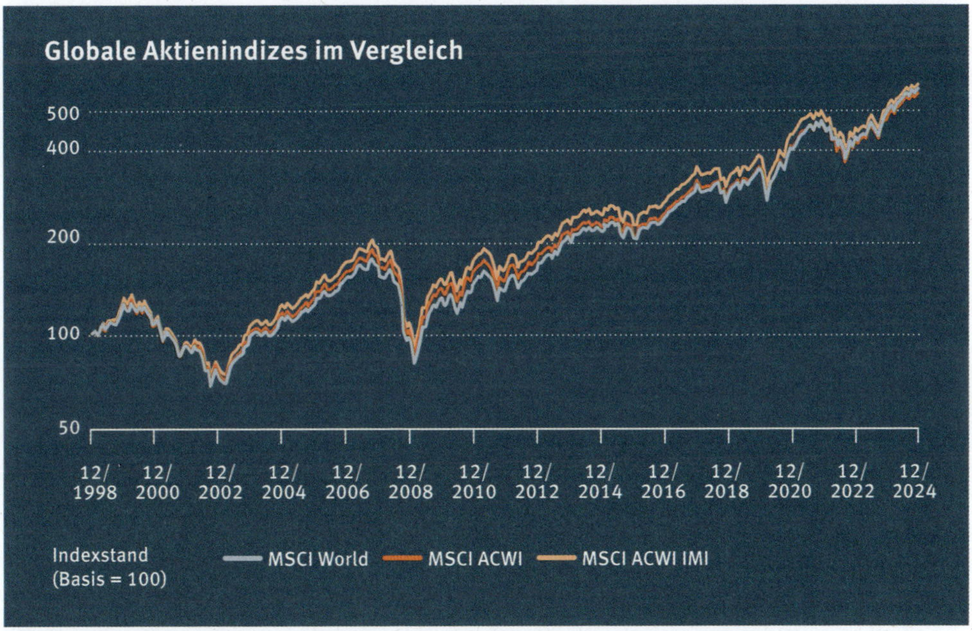

Abb. 19: Indexentwicklung im Gleichklang: MSCI World, MSCI ACWI und MSCI ACWI IMI

Wer nach John Bogle den sprichwörtlichen "ganzen Heuhaufen" kaufen will, ist mit dem MSCI ACWI IMI am nächsten dran – er enthält auch Schwellenländer und Small Caps. Aber wie die Grafik zeigt, wäre man auch mit jedem der anderen beiden Weltindizes seit 1998 gut gefahren.

grenze der gesetzlichen Einlagensicherung (→ Seite 174) ziemlich sicher sind, sind deutsche Staatsanleihen sogar in unbegrenzter Höhe sicher.

Die Rendite der Staatsanleihen hängt von der Restlaufzeit der Anleihen ab. Stellt man diese beiden Parameter grafisch dar, erhält man die **Zinsstrukturkurve**. Für Anleihen der Bundesrepublik Deutschland (und auch für andere Anleihen) können Sie diese tagesaktuell zum Beispiel auf der Seite der Börse Stuttgart oder der Deutschen Bundesbank abrufen. Im März 2025 ergibt sich folgende Zinsstrukturkurve (→ Abb. 20).

→ TIPP Zinsstrukturkurven

Zu den tagesaktuellen, grafisch aufbereiteten Daten der Börse Stuttgart gelangen Sie hier:

Die höchste Rendite von rund 3,0 Prozent per annum boten demnach Bundesanleihen mit einer Laufzeit von über 16 Jahren. Bei einer Restlaufzeit zwischen einem und vier Jahren lag die Rendite bei rund 2 Prozent per annum. Normalerweise verläuft die Kurve von links unten nach rechts oben: Für kurz-

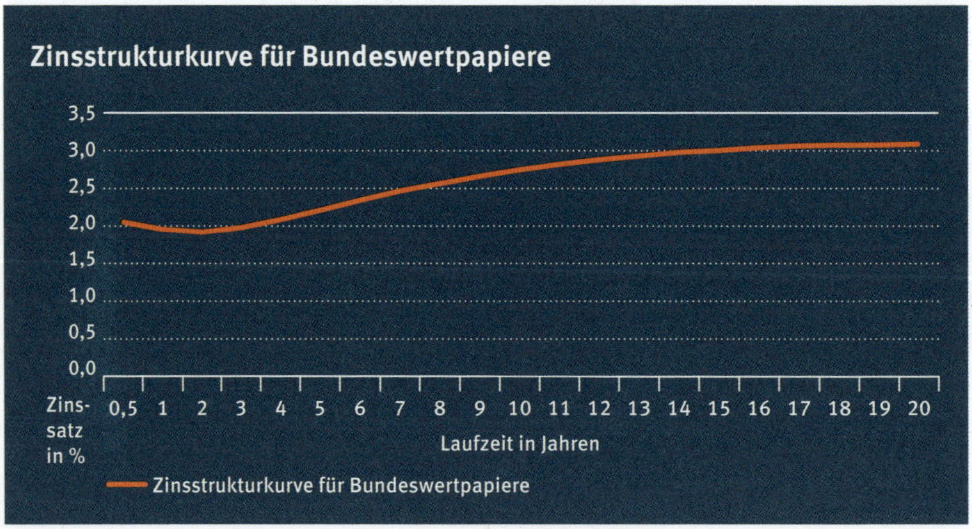

Abb. 20: Zinssätze für Bundeswertpapiere nach Restlaufzeit (Stand: 14.03.2025)

fristig angelegtes Geld erhält man einen geringeren Zinssatz als für langfristige Anlagen. Das war im März 2025 aber nicht durchgehend der Fall, denn die Zinssätze stiegen erst ab einer vierjährigen Laufzeit kontinuierlich an. An dieser Zinsstruktur orientieren sich auch die Zinsen für Tagesgeld, Festgeld und Sparbriefe.

Wenn Sie einen Rentenindex suchen, der ausschließlich in deutsche Staatsanleihen investiert, spielt das Thema Risikostreuung keine Rolle. In diesem Fall steht hinter jeder Anleihe der deutsche Staat mit seinen nahezu unbegrenzten Steuereinnahmen. Entscheidend für die Wahl eines Rentenindex ist dann nur noch die Restlaufzeit der enthaltenen Anleihen. Dies ist an der Bezeichnung erkennbar: Ein Zusatz „1–3" bedeutet, dass nur Restlaufzeiten zwischen einem und drei Jahren enthalten sind. Ein Zusatz „10+" bedeutet, dass nur Restlaufzeiten über zehn Jahren enthalten sind.

Anleihen-ETFs und Alternativen dazu

Auf der Suche nach geeigneten Anleihen-ETFs können Sie analog zu Aktien-ETFs vorgehen:

→ In → Tab. 16, Seite 172 suchen Sie sich die entsprechenden ETFs aus.

→ Sie nutzen wie bei Aktien-ETFs Online-Vergleiche oder recherchieren selbst eine Auswahl an ETFs, wie sie in diesem Ratgeber erstellt wurde.

→ Sie nutzen den Fondsvergleich von Stiftung Warentest Finanzen, wo Sie unter der Rubrik „Staatsanleihen Deutschland Euro" eine Auswahl an ETFs finden.

GUT ZU WISSEN

Andere Staats- und Unternehmensanleihen

Bei einem Rentenindex, dessen Anlageuniversum aus Staatsanleihen der Eurozone besteht, mag das Risiko von Ausfällen zwar bislang als nicht besonders hoch gelten. Dass aber die Rendite anderer Staatsanleihen höher ist als die Rendite deutscher Staatsanleihen, ist ein eindeutiges Zeichen dafür, dass am Kapitalmarkt das Risiko für andere Staaten im direkten Vergleich als höher eingestuft wird. Dies ist jedenfalls die Lehre, die sich aus der weitgehenden Informationseffizienz der Kapitalmärkte ergibt (→ Seite 63). Risiko und Rendite sind auch hier die zwei Seiten derselben Medaille.

Bei einem Index aus Unternehmensanleihen ist das Risiko noch etwas höher. Denn anders als Staaten können Unternehmen ihre Einnahmen nicht einfach per Gesetz erhöhen. Wie bei Aktienindizes lässt sich das Risiko aber durch Diversifikation reduzieren.

Wenn Sie selbst mit Online-Vergleichen von Börsen- und anderen Informationsportalen recherchieren wollen, finden Sie hier wieder eine kurze Anleitung für die wichtigsten Filtereinstellungen:

1. Wählen Sie in der Suchmaske für ETFs die Anlageklasse Anleihen, das Land Deutschland und den Anleihetyp Staatsanleihen. Wie dies bei extraETF.com und boerse-frankfurt.de aussieht, sehen Sie in Abb. 21 und 22:

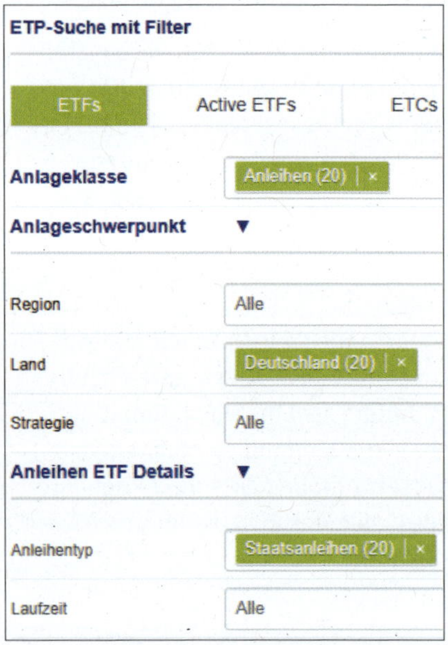

Abb. 21: Filtereinstellung für Anleihen-ETF (Börse Frankfurt, Stand: 01.06.2025)

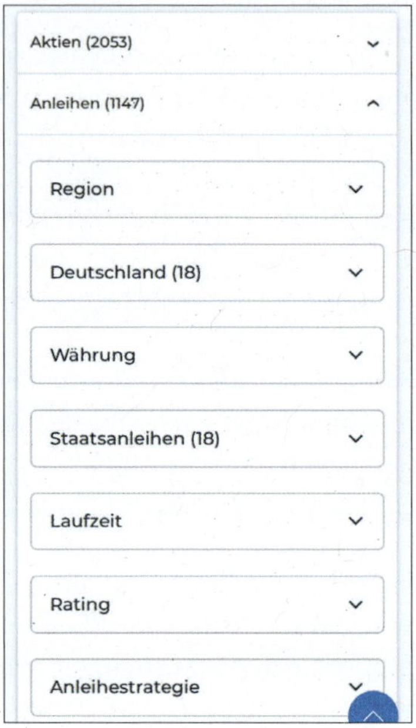

Abb 22: Filtereinstellung für Anleihen-ETF (extraETF.com, Stand: 01.06.2025)

Bei der Börse Frankfurt werden 20 ETFs und bei extraETF 18 ETFs angezeigt, die diesen Filterkriterien entsprechen. Auch hier gibt es je nach Datenbank immer wieder kleinere Abweichungen in der Trefferliste, was aber nicht weiter tragisch ist.

2. Schauen Sie sich einige Daten zu den ETFs an, die in der Ergebnisliste angezeigt werden. Grundsätzlich gelten für Anleihen-ETFs die gleichen Kriterien wie für Aktien-ETFs. Allerdings gibt es hier folgende Besonderheiten:

Bezeichnung des ETF: Meist steckt in der Bezeichnung die Restlaufzeit der Anleihen des abzubildenden Rentenindex (→ Tab. 16, Seite 172). Davon hängt die zu erwartende Rendite ab (→ Zinsstrukturkurve, Seite 168). Außerdem hängt davon auch das Zinsänderungsrisiko ab: Je länger die Restlaufzeit, desto anfälliger ist der ETF für Kursschwankungen bei Zinsänderungen.

ACHTUNG

Wenn der ETF den Zusatz „inverse" oder „short" enthält, verhält sich der Kurs bei Zinsänderungen ganz anders. Wer hier investiert, spekuliert aktiv auf Zinsänderungen. Meiden Sie diese ETFs! Bei dem Namenszusatz „fixed maturity" hat der ETF selbst eine bestimmte Laufzeit und wird dann aufgelöst, ähnlich wie eine Anleihe oder ein Sparbrief.

Fondsvolumen: Das Fondsvolumen ist bei Anleihen-ETFs nicht so wichtig. Anders als bei Aktien werden keine hohen Kursgewinne angehäuft, sodass ein Wechsel des ETFs nach der Schließung keine gravierenden negativen steuerlichen Auswirkungen hat. Es fallen dann lediglich Kosten für die Wiederanlage an.

Jährliche Kosten: Kosten schmälern zwar die Rendite, aber angesichts sehr geringer Kostenunterschiede können Sie hier pragmatisch bleiben.

Rendite: Sind die Zinsen in der Vergangenheit gestiegen, sind die angezeigten Renditen der letzten Jahre bei ETFs, die in Anleihen mit langen Restlaufzeiten investieren, tendenziell höher als bei ETFs, die in Anleihen mit kurzen Restlaufzeiten investieren. Sind die Zinsen gefallen, verhält es sich umgekehrt (→ Seite 19). Die historische Rendite ist daher kein geeignetes Vergleichskriterium für Anleihen-ETFs. Sie sollten sie gänzlich ignorieren!

Ertragsverwendung: Die Auswahl an thesaurierenden ETFs ist sehr begrenzt.

3. Die folgende → Tab. 16, Seite 172 wurde mithilfe der ETF-Suche auf **boerse-frankfurt.de** erstellt. Hier sind ETFs aufgeführt, die in Anleihen mit einer Restlaufzeit von maximal fünf Jahren investieren. Bei längeren Laufzeiten ist das Kursrisiko höher. Falls Sie die Informationen auf der Internetseite selbst aktuell abrufen, werden sich Fondsvolumen und Performance wahrscheinlich geändert haben. Die jährlichen Kosten dagegen ändern sich in der Regel nicht gravierend.

NR.	NAME	VOLUMEN MRD. EURO	JÄHRLICHE KOSTEN	PERFORMANCE 1 JAHR	ERTRAGS-VERWENDUNG	WKN
1	iShares eb.rexx Government Germany 0-1yr UCITS ETF (DE) EUR (Dist)	1,33	0,13	3,36 %	ausschüttend	A0Q4RZ
2	Xtrackers II Germany Government Bond 0-1 UCITS ETF	0,43	0,07 %	3,61 %	thesaurierend	DBX0T8
3	Deka Deutsche Boerse EUROGOV Germany Money Market UCITS ETF	0,25	0,12 %	3,36 %	ausschüttend	ETFL22
4	Deka Deutsche Boerse EUROGOV Germany 1-3 UCITS ETF	0,34	0,15 %	2,75 %	ausschüttend	ETFL18
5	iShares eb.rexx Government Germany 1.5-2.5yr UCITS ETF (DE) EUR (Dist)	0,27	0,16 %	2,56 %	ausschüttend	628947
6	Xtrackers II Germany Government Bond 1-3 UCITS ETF 1D	0,03	0,15 %	2,63 %	ausschüttend	DBX0C9
7	iShares eb.rexx Government Germany 2.5-5.5yr UCITS ETF (DE)	0,19	0,16 %	1,58 %	ausschüttend	628948
8	Deka Deutsche Boerse EUROGOV Germany 3-5 UCITS ETF	0,07	0,15 %	1,66 %	ausschüttend	ETFL19

Tab. 16: Anleihen-ETFs auf Indizes für deutsche Staatsanleihen, Quelle: Eigene Darstellung, Börse Frankfurt, Stand: 31.12.2024

Anmerkungen zu Tab. 16

- → Nr. 1 bis 3 bilden die Renditen für Laufzeiten unter einem Jahr ab. Steigende Zinsen wirken sich kaum auf die Kurse aus, da laufend neue Anleihen mit den dann höheren Zinsen in den Index aufgenommen werden. Sie können eine Alternative zum Tagesgeldkonto sein.
- → Bei Nr. 4 bis 8 liegt die Restlaufzeit der Anleihen zwischen 1 und circa 5 Jahren. Bei einer normalen Zinsstruktur (je länger die Laufzeit, desto höher die Zinsen) ist hier die zu erwartende Rendite höher. Sinken die Zinsen nach dem Kauf, sind Kursgewinne möglich. Steigen sie hingegen, können Kursverluste durchaus die Zinserträge eines ganzen Jahres auffressen.

Wenn Sie einmalig oder im Rahmen eines Sparplans einen bestimmten Teil Ihres Vermögens dauerhaft risikoarm anlegen möchten, sind Anleihen-ETFs eine bequeme Alternative, da sie kein Fälligkeitsdatum haben. Sie sind aber nicht in jedem Fall die erste Wahl. Alternativ kommen auch ein Tages- oder Festgeldkonto sowie Sparbriefe oder Bundesanleihen infrage.

Bei einem **Tagesgeldkonto** können Sie täglich über den gesamten Anlagebetrag verfügen. Dafür kann der Zinssatz von der Bank auch kurzfristig geändert werden. Im Rahmen der **Einlagensicherung** sind 100.000 Euro pro Kunde abgesichert. In bestimmten Fällen wie zum Beispiel nach dem Verkauf einer privat genutzter Wohnimmobilie sind sogar bis zu 500.000 Euro abgesichert (siehe Hintergrund → Seite 174). Wer auf Nummer sicher gehen will, sollte nur Banken mit gesetzlicher deutscher Einlagensicherung wählen und die Anlagesumme unter 100.000 Euro halten. Das gilt auch für Banken, die mit einer freiwilligen zusätzlichen Absicherung in Millionenhöhe werben, denn diesen Anspruch können Sie gegen die Bank sowieso nicht gerichtlich durchsetzen. Direktbanken punkten nicht nur mit günstigen Konditionen für Depots und ETF-Sparpläne, viele bieten auch deutlich höhere Zinsen für ein Tagesgeldkonto als Filialbanken. Einen unabhängigen Zinsvergleich finden Sie bei der Stiftung Warentest Finanzen.

HINTERGRUND

Einlagensicherung in der EU

Eine einheitliche Einlagensicherung innerhalb der EU gibt es noch nicht. In jedem Land gibt es daher eigenständige Sicherungssysteme. Diese verfügen über einen eigenen Sicherungstopf. Dessen Höhe ist so bemessen, dass kleinere und mittlere Insolvenzen aufgefangen werden können, größere aber nicht. Ob die Einlagensicherung hält, was sie verspricht, hängt daher weniger von der Höhe der Rücklagen im Sicherungstopf ab, als vielmehr vom politischen Willen und der Finanzkraft des jeweiligen Staates, die Verlässlichkeit mit allen erforderlichen Mitteln zu gewährleisten. Das war schon einmal nötig. In der Finanzkrise beruhigten Bundeskanzlerin Merkel und Finanzminister Steinbrück am 05.10.2008 die Anleger mit den Worten: „Wir sagen den Sparerinnen und Sparern, dass ihre Einlagen sicher sind. Dafür steht die Bundesregierung.“ Wer Einlagen im EU-Ausland hat, muss darauf hoffen, dass auch dort der politische Wille und die finanziellen Mittel vorhanden sind, die Einlagen notfalls mit Steuermitteln der Bürgerinnen und Bürger abzusichern. Genau das ist aber angesichts zunehmend nationalistischer Parlamente ungewiss. Das heißt nicht, dass Einlagen bei einer Bank in Italien, Frankreich oder den Niederlanden besonders riskant sind. Aber Tatsache ist: Der Kapitalmarkt bewertet deutsche Staatsanleihen sicherer als die aller anderen Euro-Staaten. Wer also Wert auf Sicherheit legt, sollte darauf achten, dass das Kreditinstitut über die gesetzliche deutsche Entschädigungseinrichtung abgesichert ist. Dies ist bei den hiesigen Volks- und Raiffeisenbanken sowie den Sparkassen der Fall. Handelt es sich um eine Privatbank, können Sie sich bei der Entschädigungseinrichtung deutscher Banken informieren, ob sie dort abgesichert ist.

Zur Entschädigungseinrichtung deutscher Banken geht es hier:

Detaillierte Informationen der BaFin zur Einlagensicherung finden Sie hier:

HINTERGRUND

Rendite-Angaben im Factsheet

In den jeweiligen Factsheets der ETFs finden Sie Angaben zur Durchschnittsrendite und zur Ausschüttungsrendite (→ Seite 35) der im Fondsvermögen enthaltenen Anleihen. Sie finden die Factsheets über die Wertpapierkennnummer (WKN, alternativ ISIN) bei Ihrer Bank, Ihrem Broker oder über eine Suchmaschine im Internet.

Festgelder und **Sparbriefe** sind ebenfalls Einlagen, die wie Tagesgelder abgesichert sind. Zinssatz und Laufzeit sind hier fest vereinbart. Eine vorzeitige Verfügung ist in der Regel nicht möglich. Nach § 314 BGB kommt allenfalls im konkreten Einzelfall eine Verfügung aus wichtigem Grund (Beispiel: Insolvenz, Scheidung, Todesfall) infrage.

Einen unabhängigen Zinsvergleich finden Sie bei der Stiftung Warentest Finanzen. Achtung: Stiftung Warentest Finanzen empfiehlt teilweise auch Angebote von Banken aus anderen EU-Ländern. Diese Angebote können Sie aber ausschließen, indem Sie zum Beispiel in der Suchmaske auf der Internetseite den Filter „Nur Anbieter mit deutscher Einlagensicherung" aktivieren.

→ **TIPP Tagesgeld und Festgeld**
Das beste Zins-Angebot finden Sie sicher unter: www.verbraucherzentrale.de/node/102422
Zum Festgeld- und Sparbriefvergleich von Stiftung Warentest Finanzen kommen Sie hier:
www.test.de/node/4196084-0

Eine weitere Möglichkeit ist der Erwerb einzelner **Bundesanleihen** direkt an der Börse. Diese finden Sie zum Beispiel über die Suchmasken der Börse Stuttgart oder der Börse Frankfurt. Das Suchergebnis können Sie nach Restlaufzeit der Anleihe sortieren und so eine Anleihe finden, die zu Ihrem Anlagehorizont passt. Bitte beachten Sie: Auch wenn Sie für Bundeswertpapiere an der Börse Kurse über oder unter 100 Prozent des Nennwerts bezahlen, haben Sie bei Fälligkeit immer einen Rückzahlungsanspruch auf 100 Prozent des Nennwerts. Kursgewinne und Kursverluste bis zur Fälligkeit sind in der angezeigten Rendite schon berücksichtigt (→ Beispiel: Rendite der Bundesanleihe, Seite 176).

BEISPIEL

Rendite der Bundesanleihe

Die Bundesanleihe mit der ISIN DE0001135325 wurde am 24.01.2007 ausgegeben mit einem Zinssatz (Kupon) von 4,25 Prozent per annum. Sie wird am 04.07.2039 zurückgezahlt. Der Börsenkurs betrug am 02.01.2025 etwa 120 Prozent. Wollten Sie für einen Nennbetrag von 1.000 Euro diese Anleihe kaufen, mussten Sie dafür 1.200 Euro bezahlen. Im Gegenzug erhielten Sie 4,25 Prozent Zinsen, aber nur auf den Nennbetrag von 1.000 Euro, nicht auf Ihren Anlagebetrag von 1.200 Euro. Am 04.07.2039 wird Ihnen dann der Nennbetrag zurückgezahlt. Das entspricht einem sicheren Kursverlust von 200 Euro. Im Gegenzug werden Ihnen für die gesamte Laufzeit aber überdurchschnittlich hohe Zinsen gezahlt. Verrechnet man Zinsen und Kursverlust, ergibt das die Rendite. Sie lag zum 02.01.2025 bei etwa 2,5 Prozent per annum.

Sie können eine Bundesanleihe auch vor Fälligkeit an der Börse verkaufen. Je nach Zinsentwicklung ist es möglich, dass der Verkaufskurs höher oder niedriger als Ihr Kaufkurs ist. Die zuvor genannte Bundesanleihe notierte zum Beispiel Mitte März 2025 wegen eines Zinsanstiegs nur noch bei 113 Prozent. Die Kauf- und Verkaufskosten setzen sich in der Regel, ähnlich wie beim Handel mit ETFs, aus einer festen Grundgebühr und einem variablen Anteil des gezahlten Kurswerts zusammen.

→ **TIPP Anleihen finden**
Zum Anleihen-Finder der Börse Stuttgart geht es hier:

Ob Sie nun mit Tagesgeld, Festgeld, Sparbrief, Anleihen-ETFs oder Bundesanleihen besser fahren, hängt von Ihrem persönlichem Bedarf ab. Alle Produkte haben ihre jeweiligen Vor- und Nachteile. Hier nochmal im Überblick:

1. Wenn Ihnen die Rendite am wichtigsten ist:
   Bei guten Direktbanken sind die Zinsen für Tagesgeld, Festgeld und Sparbrief am höchsten. Außerdem erhalten Neukunden befristet oft einen Extra-Zins. Wenn Sie trotz unattraktiver Zinsangebote bei Ihrer Hausbank bleiben wollen, können Sie über die Hausbank auch Anleihen-ETFs oder Bundesanleihen kaufen.

2. Sie legen hohen Wert auf Verfügbarkeit und Flexibilität:
   Das Guthaben auf einem Tagesgeldkonto ist täglich verfügbar. Anleihen-ETFs und Bundesanleihen können Sie börsentäglich verkaufen, und die Gutschrift wird auch am gleichen Tag verbucht, aber in der Regel erst zwei Börsentage später auf Ihrem Konto wertmäßig gutgeschrieben. Bei Festgeld und Sparbriefen können Sie erst am Ende der Laufzeit über das Geld verfügen.
3. Sicherheit hat für Sie oberste Priorität:
   Bei Tagesgeld, Festgeld und Sparbriefen ist Ihr Geld im Rahmen der gesetzlichem Einlagensicherung abgesichert. Anleihen-ETFs auf Indizes aus Bundesanleihen sind zwar in unbegrenzter Höhe sicher, Sie müssen aber Kursschwankungen bei Zinsänderungen in Kauf nehmen. Gleiches gilt für den direkten Kauf von Bundesanleihen.
4. Bequem und einfach mit wenig Zeitaufwand:
   Anleihen-ETFs punkten bei der Bequemlichkeit. Sie haben eine unbegrenzte Laufzeit, daher müssen Sie sich nicht ständig um die Wiederanlage fälliger Gelder kümmern. Außerdem erhalten Sie stets eine marktgerechte Verzinsung.

Checkliste vor dem Kauf

Vor dem Kauf sollten Sie sich abschließend vergewissern, dass der von Ihnen ausgewählte ETF auch tatsächlich hält, was Sie sich davon versprechen. Am einfachsten geht das mit einem Blick in das **Basisinformationsblatt** (auch „Key Information Document“ genannt, kurz KID). Es enthält auf maximal drei Seiten die wichtigsten Pflichtangaben (→ Checkliste: Basisinformationsblatt, Seite 178). Sie können es auf der Internetseite der Fondsgesellschaft herunterladen oder bei den Informationsportalen abrufen.

→ TIPP

Ein Beispiel des MSCI All Country World IMI ETF von State Street Global Advisors sehen Sie hier (dort unter Fondsdokumente, Stichwort KID):

CHECKLISTE

Basisinformationsblatt

Die folgenden Punkte sollten Sie sich im Basisinformationsblatt genauer ansehen:

- ☐ **Produkt:** Hier finden Sie den Anbieter des Produkts, seinen Sitz und die zuständige Aufsichtsbehörde. Bei den meisten ETFs ist dies aus steuerlichen Gründen Irland.
- ☐ Das **Anlageziel** gibt Auskunft darüber, welchen Index der ETF abbildet.
- ☐ Die **Anlagepolitik** erläutert, wie das Anlageziel erreicht werden soll. In der Regel heißt es dort sinngemäß, dass der Fonds überwiegend in die im Index enthaltenen Wertpapiere investiert, aber aus Effizienzgründen eine Optimierungsstrategie anwendet, um ein repräsentatives Portfolio aufzubauen, das die Wertentwicklung des Index widerspiegeln soll. Darüber hinaus wird regelmäßig darauf hingewiesen, dass der Fonds derivative Finanzinstrumente einsetzen und Wertpapierleihgeschäfte tätigen kann (→ Seite 132).
- ☐ **Zusammensetzung der Kosten:** Hier können Sie sich vergewissern, dass die laufenden Kosten pro Jahr tatsächlich nicht höher sind als gewünscht.

Die übrigen Angaben im Basisinformationsblatt sind Warnhinweise und weitere Pflichtangaben. Achtung: Die Angaben in den Performance-Szenarien können Sie ignorieren. Diese kommen von den Anbietern selbst und können infolge ihrer gesetzlich vorgeschriebenen Berechnungsmethodik sogar irreführend sein. So ist im Basisinformationsblatt für den MSCI ACWI ETF von Amundi vom 13.12.2024 beispielweise im sogenannten Stressszenario ein möglicher Verlust nach einem Jahr in Höhe von 83,7 Prozent angegeben. Im ETF auf demselben Index von iShares liegt dieser Wert aber bei 35,2 Prozent. Tatschlich sind die Verlustrisiken aufgrund der identischen Anlagestrategie gleich.

Ferner lesen Sie dort auch einen obligatorischen Hinweis, dass Anleger ihr gesamtes Investment verlieren können. Das mag theoretisch vertretbar sein, da zum Beispiel ein politischer Umsturz mit Verstaatlichung aller Vermögenswerte nie ganz ausgeschlossen werden kann. Ein solches Risiko besteht jedoch bei jeder Kapitalanlage.

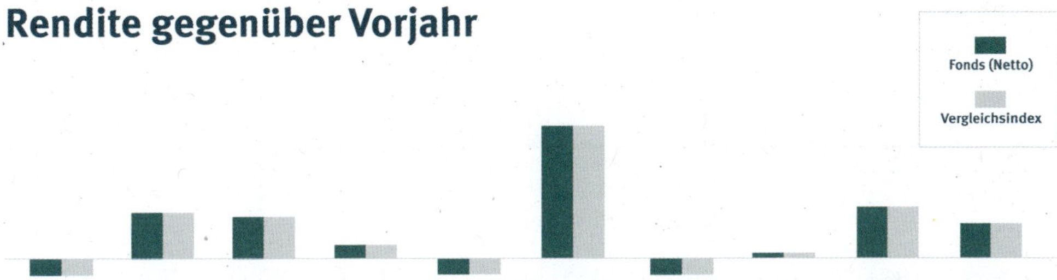

01.05.2015 – 30.04.2016	01.05.2016 – 30.04.2017	01.05.2017 – 30.04.2018	01.05.2018 – 30.04.2019	01.05.2019 – 30.04.2020	01.05.2020 – 30.04.2021	01.05.2021 – 30.04.2022	01.05.2022 – 30.04.2023	01.05.2023 – 30.04.2024	01.05.2024 – 30.04.2025
-5,56%	15,21%	14,14%	4,71%	-4,98%	45,75%	-5,46%	2,11%	17,27%	11,97%
-5,52%	15,25%	14,14%	4,74%	-5,01%	45,78%	-5,40%	2,07%	17,29%	12,00%

Abb. 23: Daten aus dem Factsheet des Vanguard FTSE All-World UCITS ETF Distributing vom 30.04.2025

Neben dem Basisinformationsblatt kann auch ein Blick in die sogenannten **Factsheets** (auch Datenblatt genannt) hilfreich sein. Dies sind reine Marketingunterlagen, die je nach Anbieter unterschiedlich gestaltet sind. In der Regel finden Sie hier ein Balkendiagramm, in dem die jährlichen Renditen des ETFs denen des jeweiligen Index gegenübergestellt werden. So können Sie überprüfen, ob der ETF gehalten hat, was er verspricht.

! ACHTUNG

Die Angaben zur Wertentwicklung in den Factsheets verschiedener ETFs sind nicht immer vergleichbar. Das Geschäftsjahr und die Währung können unterschiedlich sein. Im Factsheet von Vanguard wird im Beispiel die Wertentwicklung jeweils der letzten 12 Monate, in diesem Fall vom 1. Mai bis zum 30. April des Folgejahres, in US-Dollar angegeben (→ Abb. 23). Im Factsheet von iShares wird sie hingegen pro Kalenderjahr, aber ebenfalls in US-Dollar angegeben (→ Abb. 24, Seite 180).

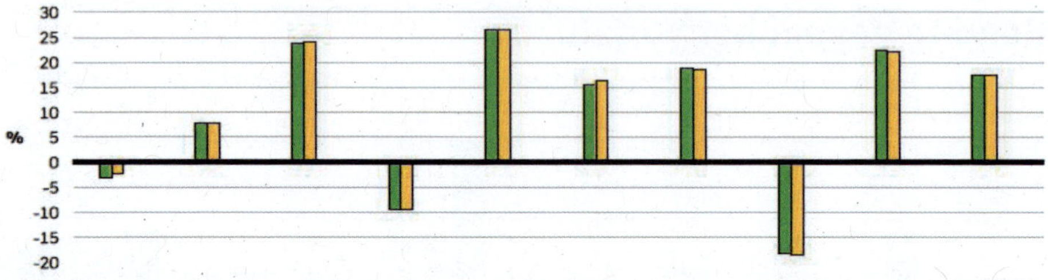

	2015	2016	2017	2018	2019	2020	2021	2022	2023	2024
Anteilsklasse	-3,05	7,82	23,94	-9,52	26,37	15,62	18,71	-18,19	22,35	17,35
Vergleichsindex	-2,36	7,86	23,97	-9,41	26,60	16,25	18,54	-18,36	22,20	17,49

Abb. 24: Factsheet des iShares MSCI ACWI UCITS ETF vom April 2025 (Ausschnitt)

Auf den Internetseiten der Fondsgesellschaften kann neben dem Basisinformationsblatt und dem Factsheet auch eine Excel-Datei mit einer tagesaktuellen Aufstellung aller im jeweiligen ETF enthaltenen Vermögensgegenstände heruntergeladen werden (→ Abb. 25).

Aufschlüsselung der Positionen

PER 31. MAI 2025

Wertpapiere	% der Assets	Sektor	Region	Marktwert	Anteile
Microsoft Corp	4,09937 %	Technology	US	1.649.369.061,16 $	3.582.781
NVIDIA Corp	3,78828 %	Technology	US	1.524.203.699,68 $	11.279.536
Apple Inc	3,54424 %	Technology	US	1.426.012.705,65 $	7.099.889
Amazon.com Inc	2,30590 %	Consumer Discretionary	US	927.772.960,01 $	4.525.501
Meta Platforms Inc	1,70109 %	Technology	US	684.428.009,52 $	1.057.048
Broadcom Inc	1,33424 %	Technology	US	536.828.714,13 $	2.217.659
Alphabet Inc	1,20401 %	Technology	US	484.429.765,84 $	2.820.716
Tesla Inc	1,15390 %	Consumer Discretionary	US	464.266.100,88 $	1.340.028
Alphabet Inc	1,01190 %	Technology	US	407.135.038,40 $	2.355.424
Taiwan Semiconductor Manufacturing Co Ltd	0,92909 %	Technology	TW	373.815.673,12 $	11.585.000

Abb. 25: Aufschlüsselung der Positionen im FTSE All-World UCITS ETF von Vanguard (in Summe 3.678 Positionen, Stand: 31.05.2025)

Keep it simple and smart: Was Sie links liegen lassen können

Eine erfolgreiche Anlagestrategie muss einfach und intelligent sein, damit sie bequem und rentabel ist. Um sie umzusetzen, brauchen Sie nur einen oder mehrere der oben genannten Aktien-ETFs mit weltweiter Streuung, je nach Bedarf ergänzt durch einige der vorgestellten Anleihen-ETFs oder der sicherheitsorientierten Alternativen (Festgeld und Co.). Das ist alles. Lassen Sie sich nicht einreden, es gäbe noch viel klügere, rentablere oder besonders nachhaltige Anlagestrategien. Wer so etwas behauptet, will Ihnen meist nur seine Dienste teuer verkaufen. Das ist nicht immer leicht zu durchschauen, vor allem dann nicht, wenn mit wissenschaftlichen Quellen oder beeindruckenden Statistiken argumentiert wird. Es werden diverse Anlagestrategien im Zusammenhang mit ETFs diskutiert, und nicht alle sind sinnvoll.

Beimischung von Rohstoff-ETFs und Gold?

Ob Rohstoffe und Gold in einer langfristigen Anlagestrategie eine Rolle spielen sollten, wird kontrovers diskutiert. Die Idee einer solchen Beimischung ist einleuchtend und grundsätzlich richtig: Die Kombination von Aktien und Anleihen mit Rohstoffen ist risikoärmer als die reine Anlage in Aktien und Anleihen.

> **! ACHTUNG**
>
> Bei den meisten Rohstoffinvestments handelt es sich in der Regel nicht um ETFs (→ Seite 37).

Die ältesten in Deutschland handelbaren Rohstoff-ETFs bilden zum Beispiel den „Bloomberg Equal-weight Commodity ex-Agriculture Index“ nach und haben seit ihrer Auflegung vor fast 20 Jahren trotz phasenweiser sehr guter Performance unter dem Strich keine Erträge erwirtschaftet. Im gleichen Zeitraum haben sich die Aktienmärkte gemessen an der Entwicklung eines der ältesten MSCI World ETFs (Ausschüttungen eingerechnet und in Euro) verfünffacht. Die Beimischung von Rohstoff-ETFs mag Risiken reduziert haben, hat aber zumindest in den letzten 20 Jahren auch die Rendite eines Portfolios deutlich geschmälert.

→ TIPP Gold

Zum Thema „Geldanlage Gold: Lohnt sich eine Investition als Sicherheit bei Krisen?“ informieren die Verbraucherzentralen unter: www.verbraucherzentrale.de/node/5904

GUT ZU WISSEN

Unser Rat: Verzichten Sie bei einem Aktienanteil von unter 50 Prozent ganz auf Rohstoff-ETFs.

Sonst ist der mögliche negative Effekt auf die Rendite des Portfolios zu groß. Und auch bei höheren Aktienquoten können Sie guten Gewissens auf die Beimischung von Rohstoff-ETFs verzichten. Wer dennoch zur Risikostreuung auch in Rohstoffe investieren will, sollte den Anteil auf 10 Prozent begrenzen und die Aktienquote in gleicher Höhe reduzieren. Eine einfachere Alternative zur Investition in Rohstoffe ist übrigens der Kauf von Gold-Anlagemünzen wie Krügerrand oder Maple Leaf. Auch hier profitieren Sie von einem zusätzlichen Diversifikationseffekt.

Multi-Asset-ETFs

Multi-Asset-ETFs sind Fonds, bei denen in verschiedene Anlageklassen von Aktien über Anleihen bis hin zu Rohstoffen und Immobilien investiert werden kann. Wegen der Diversifikationseffekte verschiedener Anlageklassen schwanken Multi-Asset-ETFs weniger als reine Aktien-ETFs, was tendenziell eine geringere Rendite bedeutet. Die laufenden Kosten dieser ETFs sind meist höher als bei reinen Aktien-ETFs oder einem selbst zusammengestellten Mix aus Aktien und Anleihen-ETFs sowie Rohstoff-ETFs.

GUT ZU WISSEN

Unser Rat: Sie können auf Multi-Asset-ETFs verzichten.

Eine selbst zusammengestellte Mischung aus Aktien-ETFs und gut verzinsten Einlagen oder Anleihen-ETFs ist günstiger und ertragreicher. Wenn Sie nicht das volle Risiko des Aktienmarkts tragen wollen und aus Gründen der Bequemlichkeit in Erwägung ziehen, in eine fertige Multi-Asset-Lösung mit automatischem Rebalancing (→ Seite 209) zu investieren, werfen Sie unbedingt einen kritischen Blick auf die jährlichen Kosten, die nicht allzu viel höher sein sollten als bei den oben genannten Aktien-ETFs.

Mischfonds (Aktien und Renten)

Eine fertige Paketlösung, bei der Sie sich nicht mehr um die Aufteilung zwischen Renten und Aktien kümmern müssen, bieten Mischfonds oder auch Portfolio-ETFs. Je nach Risikoneigung können Anlegerinnen und Anleger eine Lösung kaufen, bei der die Aktienquote immer automatisch auf das gewünschte Maß begrenzt wird. Einige Anbieter bewerben diese Konzepte auch mit den Begriffen Lebenszyklus oder englisch LifeCycle und LifeStrategy. Beim LifeCycle-Konzept wird die Aktienquote mit zunehmendem Alter automatisch reduziert.

GUT ZU WISSEN

Unser Rat: Sie können auch auf Mischfonds verzichten.

Solange das Portfolio aber insgesamt gut diversifiziert ist und Sie die Bequemlichkeit schätzen, können Mischfonds eine Alternative sein. Achten Sie hier besonders kritisch auf die Kosten.
Bei Lebenszykluskonzepten bedeutet eine automatische Reduktion des Aktienanteils auch eine Reduktion der Renditechancen. Ob dies bedarfsgerecht ist, hängt sicher nicht vom Alter ab. Meiden Sie diese Produkte daher und wählen Sie einen Aktienanteil, mit dem Sie sich wohlfühlen (→ Seite 81).

Faktor-ETFs (Faktorprämien, Smart-Beta)

Faktor-ETFs sind ETFs mit einer speziellen Anlagestrategie (auch Smart-Beta-ETFs genannt). Die im Index beziehungsweise im Portfolio enthaltenen Aktien werden nach bestimmten Kriterien zusammengestellt, um mehr Rendite zu erreichen. Bei der hier vorgestellten Anlagestrategie auf weltweite Aktienindizes (→ Seite 31) erfolgt die Gewichtung der einzelnen Unternehmen stets nach ihrer Marktkapitalisierung, man spricht daher auch von einer Investition in den „Gesamtmarkt“. Davon weicht die Idee des Factor-Investing ab. (→ Interview mit Gerd Kommer, Seite 184)

GUT ZU WISSEN

Unser Rat: Auf Faktor-ETFs können Sie guten Gewissens verzichten.

Solange Sie aber die Risikostreuung nicht über Bord werfen und sich an das Buy-and-Hold-Prinzip halten (→ Seite 197), können Sie auch ein etwas komplexeres Portfolio mit einigen Faktor-ETFs zusammenstellen. In diesem Fall sollten Sie sich jedoch eingehend mit der Literatur zum Thema Factor-Investing auseinandersetzen.

„Privatanleger können auf Factor-Investing verzichten."

DR. GERD KOMMER, Geschäftsführer der Gerd Kommer Invest GmbH in München

Was sagt die Forschung: Lohnt sich Factor-Investing?
Die wissenschaftliche Finanzmarktforschung hat in den letzten 60 Jahren in mittlerweile mehreren hundert Studien immer wieder bestätigt, dass bestimmte statistisch definierte Teilsegmente des Aktienmarkts in der Vergangenheit relativ stabil attraktivere Rendite-Risiko-Kombinationen hervorgebracht haben als der Gesamtmarkt, zum Beispiel eine höhere Rendite bei etwa gleichem Risiko. Der „Gesamtmarkt" ist hier (wie bei den meisten Aktien-ETFs) definiert als „alle Aktien der jeweiligen Region, gewichtet nach ihrer Marktkapitalisierung".

Können Sie Beispiele nennen?
Ein Beispiel für ein solches Teilsegment sind „High-Quality-Aktien". Das sind Aktien von Unternehmen mit einer starken Ausprägung des Quality-Kriteriums (im Fachjargon des „Quality-Faktors"). Dies sind Unternehmen, die zum Messzeitpunkt eine hohe operative Profitabilität (zum Beispiel hohe Eigenkapitalrendite) und eine geringe Verschuldung aufweisen. Sie haben in der langfristigen Vergangenheit statistisch höhere Renditen bei geringerem Risiko als der Gesamtmarkt erzielt.

Gibt es weitere Faktoren, die deren Erfolg begünstigen?
Weitere bekannte Faktorprämien sind „Small Size" (Unternehmen mit geringer Marktkapitalisierung), „Value" (günstig bewertete Unternehmen), „Momentum" (Aktien mit besonders hohen Renditen in den letzten sechs bis zwölf Monaten), „Low Volatility" (Aktien mit besonders geringen Renditeschwankungen) und „Low Investment Growth" (Unternehmen mit besonders geringem Bilanzsummenwachstum in den letzten 24 bis 36 Monaten).

Wie funktioniert Factor-Investing?
Die computergestützte Aufteilung des Aktienuniversums nach diesen von der Wissenschaft identifizierten Merkmalen (Faktoren) ermöglicht die Bildung von „Faktor-Aktienindizes" wie zum Beispiel dem MSCI World Small Cap Index, dem MSCI USA Low Volatility Index oder dem MSCI Europe Quality Index. Für viele dieser Faktorindizes gibt es mittlerweile ETFs, die diese abbilden. Factor-Investing ist die Übergewichtung solcher Marktsegmente (Faktoren) in einem Portfolio gegenüber einem rein nach Marktkapitalisierung gewichteten „konventionellen" Portfolio. Werden zwei oder mehr solcher Faktorprämien in einem Portfolio berücksichtigt, spricht man von Multi-Factor-Investing.

Ist der Renditeaufschlag von Factor-Investing garantiert?
Nein. Mit Factor-Investing kann man auch über fünf oder zehn Jahre weniger verdienen als mit herkömmlichen passiven Anlagen. Und man kann als Privatanleger auf Factor-Investing verzichten. Es sollte nur in Betracht gezogen werden, wenn man sich intensiv damit auseinandergesetzt hat. Für beide Anlagestile gilt in jedem Fall das wichtige Anlageprinzip „Buy and Hold".

→ **TIPP Factor-Investing**
Weiterführende Informationen zum Thema finden Sie hier:
Gerd Kommer: Souverän investieren mit Indexfonds und ETFs – Ein Investmentbuch für fortgeschrittene Privatanleger, Campus 2025.
Und beim Fonds-Finder von Stiftung Warentest Finanzen können Sie sich gezielt ETFs mit einem Filter auf die Fonds-Strategie mit den wichtigsten Faktoren anzeigen lassen unter:

ETP auf Bitcoin und andere Kryptowährungen

Der teilweise extreme Preisanstieg von Bitcoin und anderen Kryptowährungen – die streng genommen keine Währungen, sondern nur Werte in Form von Computer Code sind – hat dazu geführt, dass die Finanzindustrie immer mehr ETPs auflegt, mit denen Anlegerinnen und Anleger auch in diesem Bereich spekulieren können. Eine Investition in Kryptowerte ist jedoch hochriskant. Es ist völlig unklar, welchen Preis die Menschen in Zukunft bereit sein werden, für Kryptowerte zu bezahlen. Auch als Währung taugen sie nicht, solange ihre Wertentwicklung einer wilden Achterbahnfahrt gleicht. Wer Kryptowerte kauft, muss darauf hoffen, dass andere in Zukunft bereit sein werden, noch mehr dafür zu bezahlen als heute.

Man kann ein Investment in Kryptowerte zwar mit einem Investment in Gold vergleichen. Doch anders als Gold können Bitcoin und Co. nicht auf eine jahrhundertelange Geschichte zurückblicken, in der Menschen immer bereit waren, dem Gold einen bestimmten Wert zuzuschreiben. Ob Kryptowerte dagegen in 50 Jahren noch einen Wert haben, von anderen Spekulationsobjekten abgelöst oder vom technischen Fortschritt überholt sein werden, wird sich zeigen. Das kann heute niemand wissen.

GUT ZU WISSEN

Unser Rat bei Kryptowerten

Es ist möglich, dass es sich bei Kryptowerten um eine spekulative Blase handelt. Gewinne aus der Anlage mit Kryptowerten stammen aus reiner Umverteilung. Anders als bei einer Investition in Unternehmen ist damit keine Wertschöpfung verbunden. Verzichten Sie daher vollständig auf Kryptowerte als Teil Ihrer Anlagestrategie.

→ **TIPP Bitcoin**
Mehr zum Bitcoin „Vom alternativen Zahlungsmittel zum Spekulationsobjekt" lesen Sie hier: www.verbraucherzentrale.de/node/11641

ETFs mit grünem Label

Nachhaltigkeit ist für immer mehr Menschen ein wichtiges Thema, auch bei der Geldanlage. Kein Wunder also, dass Fondsgesellschaften auch ETFs mit Nachhaltigkeitsversprechen bewerben. Es gibt verschiedene Ansätze, Geldanlagen hinsichtlich ihrer Nachhaltigkeit zu bewerten.

Bei Aktien-ETFs ist es am weitesten verbreitet, Unternehmen, die in bestimmten Branchen tätig sind, aus dem Anlageuniversum auszuschließen (Negativkriterien). Es können aber auch gezielt nur solche Unternehmen in das Anlageuniversum aufgenommen werden, die bestimmte Kriterien erfüllen (Positivkriterien). Beide Ansätze stehen vor der Herausforderung, mit unzureichenden Informationen über die tatsächliche Nachhaltigkeit von Unternehmen umgehen zu müssen. Denn die von Unternehmen und Rating-Agenturen bereitgestellten Informationen sind nicht uneingeschränkt zuverlässig.

Ein weiterer Ansatz bei Aktien-ETFs ist es, Unternehmen durch die Ausübung von Stimmrechten zu mehr Nachhaltigkeit zu bewegen (Engagement). Wie eine Fondsgesellschaft bei Hauptversammlungen abstimmt und ob sie dabei systematisch für oder gegen Anträge pro Nachhaltigkeit abstimmt, kann man auf der Internetseite der Gesellschaft nachlesen (Engagement oder Stewardship Report) oder im Voting Matters Report der NGO ShareAction.

In der akademischen Literatur ist es bislang noch umstritten, ob und in welchem Ausmaß als nachhaltig beworbene Fonds überhaupt dazu beitragen, unsere Wirtschaft nachhaltiger zu machen. Insgesamt ist die Gefahr des Greenwashing daher groß.

→ **TIPP Greenwashing**
Mehr zum Thema finden Sie unter www.verbraucherzentrale-bawue.de/greenwashing

Die Verbraucherzentralen und der Verbraucherzentrale Bundesverband setzen sich in ihrer politischen Arbeit für klare und verlässliche Kennzeichnungspflichten ein. Außerdem gehen sie gerichtlich gegen Greenwashing vor.

→ **TIPP Politische Forderungen**
Verbraucherzentrale Bundesverband: Regulierung von Green Claims ermöglicht nachhaltigeren Konsum www.vzbv.de/greenwashing

GUT ZU WISSEN

Unser Rat: Auf ETFs mit grünem Label können Sie ohne schlechtes Gewissen verzichten.

Zum einen gibt es keine eindeutigen Belege dafür, dass als nachhaltig beworbene ETFs dazu beitragen, die Wirtschaft in Richtung Nachhaltigkeit zu verändern. Zum anderen ist es keine Lösung, die Verantwortung für (nicht) nachhaltiges Wirtschaften auf die Anlegerinnen und Anleger abzuwälzen. Politisch wirksamer sind zweifellos Marktregeln, die dafür sorgen, dass nachhaltiges Wirtschaften den Gewinn erhöht. Schließlich ist das oberste Ziel von Aktiengesellschaften die Gewinnmaximierung. Aber Sie können es auch hier pragmatisch angehen, wenn Sie möchten: Solange Sie das Prinzip der weltweiten Risikostreuung beherzigen und nur ETFs mit minimalen Kosten auswählen, kann es auch nicht schaden, ETFs mit nachhaltigem Label zu kaufen. Niemand kann Ihnen aber Gewissheit dafür geben, dass in den ETFs wirklich drin ist, was Sie sich davon erhoffen.

REIT-ETFs

Gelegentlich wird auch empfohlen, ETFs, die einen REIT-Index abbilden (REIT steht für Real Estate Investment Trusts), in das Portfolio aufzunehmen. Bei REITs handelt es sich um Aktiengesellschaften, deren Geschäftszweck der Erwerb und die Vermietung von Immobilien ist. REITs müssen einen hohen Anteil der Gewinne ausschütten. Durch die Beimischung dieser Form der indirekten Anlage in Immobilien soll das Portfoliorisiko, gemessen an der jährlichen Volatilität der Renditen, sinken. Allerdings sind REITs als börsennotierte Immobilienaktiengesellschaften ohnehin bereits in jedem Aktienindex entsprechend ihrer Marktkapitalisierung enthalten.

GUT ZU WISSEN

Unser Rat: Sie können auf REIT-ETFs verzichten.

Mit einem weltweiten Aktien-ETF sind Sie automatisch auch in Immobilien investiert. Wenn Sie zur Hälfte der Bevölkerung gehören, die Wohneigentum besitzt, sind Sie möglicherweise sogar überproportional in Immobilien investiert, was zusätzlich gegen ein Investment in REIT-ETFs spricht.
Wenn Sie partout auch in Immobilien investieren wollen, ist eine Beimischung von REIT-ETFs aber allemal weniger riskant und deutlich flexibler als der Erwerb und die Vermietung von Immobilien auf Kredit.

Sparplan oder Einmalanlage?

Sie haben das Depot eröffnet und den Anlagebetrag überwiesen. Im nächsten Schritt müssen Sie sich entscheiden, ob Sie einmalig oder regelmäßig mit einem Sparplan in den ETF investieren möchten. Die Antwort ist ganz einfach: Wenn Sie einen größeren Betrag anlegen möchten, investieren Sie am besten sofort in den ETF Ihrer Wahl. Abwarten und auf günstigere Kurse hoffen ist keine gute Idee. Denn niemand weiß, ob die Kurse kurzfristig steigen oder fallen. Mit jedem Tag, den Sie warten, verzichten Sie auf die Risikoprämie, die Aktien im langfristigen Durchschnitt im Mittel erzielt haben (→ Seite 55).

WICHTIG

Die Angst vor dem falschen Zeitpunkt

Wenn Sie Angst haben, zu einem im Nachhinein ungünstigen Zeitpunkt eine zu große Summe auf einmal zu investieren, sollten Sie sich noch einmal überlegen, ob Sie mit dieser Summe wirklich die Risiken des Aktienmarkts eingehen wollen. Denn Kurseinbrüche sind immer möglich. Sie können mit der Angst, das gesamte Geld zum falschen Zeitpunkt anzulegen, auch pragmatisch wie folgt umgehen: Teilen Sie den Betrag einfach durch drei und investieren Sie in drei Tranchen. Die erste Tranche investieren Sie sofort, die zweite legen Sie sechs Monate als Festgeld an und investieren dann. Die dritte Tranche legen Sie zwölf Monate fest und gut verzinst an, bevor Sie sie ebenfalls investieren. Steigen die Kurse, freuen Sie sich, dass Sie bereits einen Teil investiert haben. Fallen sie, können Sie günstig nachkaufen.

Wenn Sie regelmäßig einen Teil Ihres monatlichen Überschusses in ETFs investieren möchten, haben Sie zwei Möglichkeiten: Sie können einen Sparplan mit monatlichen Einzahlungen einrichten. Oder Sie parken das übrige Geld zunächst auf einem Tagesgeldkonto und investieren es einmal im Jahr in ETFs. Ein Sparplan eignet sich für Angestellte mit einem regelmäßigen Einkommen. Für Selbstständige mit stark schwankendem Einkommen kann dagegen die Variante mit dem Tagesgeldkonto besser sein.

HINTERGRUND

Warum der Cost-Average-Effekt eine Illusion ist

In der Werbung der Finanzbranche wird oft behauptet, dass Fonds-Sparpläne einen besonderen Vorteil hätten, den sogenannten Cost-Average-Effekt (Durchschnittkosteneffekt). Der Vorteil soll demnach darin bestehen, dass man bei einem Sparplan von fallenden Kursen profitiere, weil dann für denselben Anlagebetrag automatisch mehr Fondsanteile gekauft würden. Umgekehrt würden bei steigenden Kursen automatisch weniger Fondsanteile gekauft.
Dies reduziere die durchschnittlichen Kosten pro Fondsanteil, senke das Risiko, zum falschen Zeitpunkt zu kaufen und gleiche Schwankungen am Aktienmarkt weitgehend aus. Das stimmt aber nicht.
Der Durchschnittskosteneffekt ist mathematisch zwar da und lässt sich auch berechnen, aber er hat in der Praxis keinerlei Bedeutung, weshalb die angepriesenen Vorteile eine Illusion sind. Vereinfacht ausgedrückt besagt er Folgendes: Investieren Sie einen bestimmten Anlagebetrag in monatlich gleichen Beträgen in einen Fonds, kaufen Sie im Durchschnitt günstiger ein, als wenn Sie den gleichen Anlagebetrag in denselben Fonds investiert und dabei regelmäßig die gleiche Anzahl von Anteilen gekauft hätten. Wichtig ist hier der Konjunktiv, denn der springende Punkt ist: Man müsste die Kursentwicklung kennen, um berechnen zu können, welche konstante Anzahl von Anteilen man hätte kaufen müssen, um am Ende den gleichen Betrag wie beim Sparplan investiert zu haben.
Etwas anderes lässt sich aus dem Effekt nicht ableiten. Das Anlagerisiko wird dadurch keineswegs reduziert. Im Gegenteil: Bei einem Sparplan hängt das Anlageergebnis eher von den Renditen am Ende des Sparplans ab als von den Renditen zu Beginn, wenn kaum Kapital investiert ist.
Anders bei einer Einmalanlage: Ein Kursrückgang von 10 Prozent im ersten Jahr hat auf das Endvermögen den gleichen Effekt wie ein Kursrückgang von 10 Prozent im letzten Jahr.

Auch wenn der Cost-Average-Effekt kein Argument für einen Sparplan darstellt (→ Hintergrund, Seite 189), hat ein Sparplan natürlich den psychologischen Vorteil einer disziplinierenden Wirkung. Mit einem Sparplan legen Sie regelmäßig und automatisiert Geld an, ohne sich um kurzfristige Börsenschwankungen sorgen zu müssen. Besonders für Einsteiger ist ein Sparplan, der auf „Autopilot" läuft, ein unkomplizierter und pragmatischer Zugang zum Kapitalmarkt. Wer hingegen zunächst Geld auf einem Tagesgeldkonto anspart und es gelegentlich als Einmalanlage in ETFs investiert, benötigt mehr Eigeninitiative und einen starken Willen, um den Plan konsequent umzusetzen – unabhängig davon, wie stark die Kurse schwanken oder ob gerade wieder Höchststände erreicht wurden.

Das bringt ein Sparplan

Es ist ganz allein Ihre Entscheidung, ob und in welcher Höhe Sie monatlich Geld zur Seite legen wollen. Sie müssen nicht mit dem ersten Job unbedingt anfangen, für die Rente zu sparen, weil Ihnen sonst Altersarmut droht. Das ist Unsinn. Es gibt auch ein Leben vor der Rente! Um aber eine fundierte Entscheidung treffen zu können, ob man sich den einen oder anderen Restaurantbesuch oder andere Konsumausgaben leisten möchte, kann es hilfreich sein, sich vor Augen zu führen, welche finanziellen Möglichkeiten sich durch Konsumverzicht und Anlage eines ETF-Sparplans eröffnen können.

→ Tab. 17, Seite 191 zeigt, welche Endvermögen sich aus einem ETF-Sparplan über 25 und 100 Euro nach 18, 30, 45 und 67 Jahren ergeben könnten. Wichtig ist hier der Konjunktiv, denn niemand kann heute mit Gewissheit sagen, wie hoch die Rendite an den Kapitalmärkten in den nächsten Jahrzehnten genau sein wird. Den Berechnungen liegen folgende Annahmen zugrunde:

- Die Rendite entspricht der historischen realen Aktienmarktrendite von 5,1 Prozent pro Jahr.
- Pro Einzahlung fallen einmalige Kosten in Höhe von 0,5 Prozent der Sparrate an. Das bedeutet, dass von 100 Euro nur 99,50 Euro angelegt werden können.
- Die laufenden Kosten betragen 0,2 Prozent per annum des Guthabens. Für eine leicht vereinfachte Berechnung kann man diese von der Rendite abziehen.

Bitte beachten Sie, dass die Euro-Beträge in → Tab. 17, Seite 191 die Kaufkraft in heutigen Werten, gerundet auf volle hundert Euro, wiedergeben.

Um den Effekt des langfristigen Sparens besser zu verstehen, ist es sinnvoll, reale Renditen zu verwenden. Denn ein nominaler Zuwachs des Kapitals suggeriert einen Gewinn, obwohl in Wirklichkeit ein Kaufkraftverlust eingetreten sein kann, falls die Preise stark gestiegen sind. Je nach Anlagebetrag wären die Erträge gegebenenfalls noch zu versteuern (→ Seite 198).

ENDVERMÖGEN (INFLATIONSBEREINIGT) NACH ANLAGEDAUER				
Sparrate monatlich	18 Jahre	30 Jahre	45 Jahre	67 Jahre
25 Euro	8.500 Euro	20.000 Euro	47.600 Euro	148.000 Euro
100 Euro	34.200 Euro	80.000 Euro	190.300 Euro	591.800 Euro

Tab. 17: Sparpläne und deren Endvermögen (inflationsbereinigt) nach Anlagedauer (Anlage in Aktien-ETFs, Rendite: 5,1 %, Kosten: 0,5 % pro Einzahlung und 0,2 % der Anlagesumme per annum)

Mit einem ETF-Sparplan über 25 Euro monatlich zur Geburt eines (Enkel-)Kindes könnten Sie bereits das nötige Kapital in Höhe von 8.500 Euro ansparen, um den Führerschein mit 18 Jahren und einen gebrauchten Kleinwagen zu finanzieren. Läuft der Sparplan aber durch bis zum Renteneintritt, könnte sich daraus eine stattliche Summe von real 148.000 Euro ergeben.

Wenn Sie im Alter von 35 Jahren einen ETF-Sparplan über 100 Euro beginnen, können Sie bis zur Rente rund 30 Jahre lang sparen, was ein Endvermögen von 80.000 Euro ergäbe.

Beginnen Sie 15 Jahre früher und hätten damit eine Anlagedauer von 45 Jahren, ergäbe das real mehr als das Doppelte, nämlich 190.300 Euro.

In diesen Berechnungen ist die Inflation nur hinsichtlich der Rendite berücksichtigt, nicht hinsichtlich der Einzahlungen. Würden Sie im Laufe der Zeit auch die Einzahlungen mit der Inflationsrate jährlich erhöhen, fällt das Endvermögen natürlich jeweils deutlich höher aus.

Immerhin schrumpft der reale Wert einer Sparrate von 100 Euro über 67 Jahre bei einer Inflation von 2 Prozent per annum auf 26,53 Euro.

Vielleicht interessiert es Sie auch, welche Zahl tatsächlich auf Ihrem Depotauszug stehen würde, Inflation hin oder her? In → Tab. 18, Seite 192 finden Sie einige weitere Berechnungsergebnisse auf Basis des Fondsrechners von **zinsen-berechnen.de**, jeweils gerundet auf volle Hundert Euro. Wir rechnen mit diesen Eckdaten:

→ Rendite vor Kosten: 7,5 Prozent per annum (davon 5 Prozent jährlicher Kurszuwachs und 2,5 Prozent jährliche Erträge und Ausschüttungen). Je nach Betrachtungszeitraum und Währung lag die Rendite des MSCI World Index seit Berechnung 1970 etwas darüber oder darunter. Auch die Aufteilung zwischen Kurszuwachs und jährlichen Erträgen ist keineswegs konstant.

- Pro Einzahlung fallen einmalige Kosten in Höhe von 0,5 Prozent der Sparrate an, die Sie in den Rechner als Ausgabeaufschlag eingeben können.
- Die laufenden Kosten betragen 0,2 Prozent per annum.
- Steuersatz 26,375 Prozent, jährlicher Steuerfreibetrag (Sparerpauschbetrag) 1.000 Euro, Teilfreistellung 30 Prozent, Basiszins 3,5 Prozent (mehr zur Versteuerung → Seite 198)

MONATLICHE SPARRATE	ANLAGEDAUER	ENDVERMÖGEN NACH STEUERN	STEUERN IN EURO	RENDITE NACH STEUERN
100 Euro	18 Jahre	40.800 Euro	2.600 Euro	6,63 %
100 Euro	30 Jahre	112.700 Euro	11.700 Euro	6,71 %
417 Euro	40 Jahre	1.000.500 Euro	159.100 Euro	6,52 %
25 Euro	67 Jahre	414.500 Euro	72.500 Euro	6,87 %

Tab. 18: Sparpläne, deren Endvermögen und Renditen (Anlage in Aktien-ETFs, Rendite 7,5 % nominal vor Steuern)

Die nominalen Beträge, die sich durch den Zinseszinseffekt ergeben, sind natürlich beeindruckender als die zuvor genannten realen Beträge. Die berühmte eine Million Euro ergäbe sich immerhin mit einer monatlichen Sparrate von 417 Euro, wenn man 40 Jahre Zeit hat. Steuern und Kosten schmälern die Rendite der Aktienmärkte um weniger als einen Prozentpunkt.

Hier finden Sie einige Rechner, mit denen Sie Ihre eigenen Berechnungen anstellen können. Sie können damit zum Beispiel auch ausrechnen, wie hoch die Sparrate oder die Anlagedauer sein muss, um einen bestimmten Endbetrag zu erreichen. Außerdem können Sie die Einzahlungen zum Ausgleich der Inflationsrate jährlich um einen bestimmten Prozentsatz erhöhen, indem Sie zum Beispiel eine Dynamik von 2 Prozent jährlich eingeben.

→ TIPP Rechnen Sie selbst: Das bringt das Sparen!

- Einen einfachen Sparrechner (werbefinanziert) finden Sie unter: www.zinsen-berechnen.de/sparrechner.php

→ **Zu einem Fondsrechner mit optionaler Berücksichtigung von Steuern und Gebühren (werbefinanziert) geht es hier:**
www.zinsen-berechnen.de/fondsrechner.php

Das bringt eine Einmalanlage

Was für die Sparrate gilt, gilt genauso für die Einmalanlage: Ob Sie die Mittel aus einer Erbschaft, einer Schenkung oder einer jährlichen Sonderzahlung für ein neues Auto, Urlaub oder für andere Zwecke verwenden möchten, bleibt Ihnen überlassen. Um entscheiden zu können, ob es sich lohnt, hier oder dort 1.000 Euro oder sogar 5.000 Euro nicht auszugeben, sondern anzulegen, kann es hilfreich sein, sich die finanziellen Möglichkeiten anzusehen, die eine Einmalanlage in Aktien-ETFs eröffnen könnte. Unter den gleichen Annahmen wie zuvor ergeben sich für die Anlagesummen von 1.000 und 5.000 Euro nach einigen Jahren folgende reale Depotwerte, jeweils gerundet auf volle hundert Euro.

ENDVERMÖGEN (INFLATIONSBEREINIGT) NACH ANLAGEDAUER				
Einmalanlage	18 Jahre	30 Jahre	45 Jahre	67 Jahre
1.000 Euro	2.400 Euro	4.200 Euro	8.600 Euro	24.500 Euro
5.000 Euro	11.800 Euro	20.900 Euro	42.800 Euro	122.700 Euro

Tab. 19: Einmalanlagen und deren Endvermögen (inflationsbereinigt) nach Anlagedauer (Anlage in Aktien-ETFs, Rendite: 5,1 %, Kosten: 0,5 % pro Einzahlung und 0,2 % der Anlagesumme per annum)

Eine Schenkung von 1.000 Euro zur Geburt eines (Enkel-)Kinds, angelegt in Aktien-ETFs, könnte zum 18. Geburtstag bereits einen realen Gegenwert von 2.400 Euro haben. Bleibt das Kapital bis zum Rentenbeginn mit 67 Jahren unangetastet, könnte es auf ein reales Vermögen von rund 24.500 Euro anwachsen.

Die Endwerte für einen Anlagebetrag von 10.000 Euro erhalten Sie, indem Sie Sie bei den Werten für die Zeile mit Anlagesumme 1.000 Euro einfach eine Null dranhängen.

Wer heute auf Konsumausgaben in Höhe von 5.000 Euro verzichten kann und die Einsparung entsprechend rentabel investiert, könnte 30 Jahre später real über rund 20.900 Euro verfügen.

Wenn es Sie interessiert zu erfahren, wie sich eine Einmalanlage in ETFs nominal und unter Berücksichtigung von Steuern entwickeln könnte, können Sie wiederum den zuvor erwähnten Fondsrechner verwenden. In → Tab. 20 finden Sie einige weitere Berechnungsergebnisse auf derselben Basis wie zuvor beim Sparplan, gerundet auf volle hundert Euro.

EINMALANLAGE	ANLAGEDAUER	ENDVERMÖGEN NACH STEUERN	STEUERN IN EURO	RENDITE NACH STEUERN
1.000 Euro	18 Jahre	3.500 Euro	60 Euro	7,15 %
10.000 Euro	30 Jahre	73.200 Euro	9.000 Euro	6,85 %
68.154 Euro	40 Jahre	1.000.000 Euro	185.500 Euro	6,60 %
1.000 Euro	67 Jahre	97.300 Euro	14.300 Euro	7,06 %

Tab. 20: Einmalanlagen, deren Endvermögen und Renditen, Anlage in Aktien-ETFs (Rendite 7,5 % nominal vor Steuern)

Die berühmte eine Million Euro ließe sich also beispielsweise mit einer Einmalanlage von 68.154 Euro erreichen, wenn man 40 Jahre Zeit hätte. Steuern und Kosten schmälern die Rendite auch hier um weniger als einen Prozentpunkt.

Praktische Fragen der Umsetzung

Sobald Sie die Voraussetzungen geschaffen haben, also das Depot eröffnet, den ETF ausgewählt und der Anlagebetrag festgelegt, ist jetzt die praktische Umsetzung an der Reihe. Was ist bei der Anlage eines Sparplans und bei einer Einmalanlage zu beachten?

So legen sie einen Sparplan an

Die Einrichtung eines ETF-Sparplans ist nicht komplizierter als die Einrichtung eines Dauerauftrags. Oft finden Sie den Button „Wertpapier-Sparplan“ in der Banking-App oder im Web-Banking als Unterpunkt in Ihrem Depot. Manchmal müssen Sie auch erst die ISIN oder WKN des ETFs eingeben und können dann auf „Sparplan anlegen“ klicken. Sie benötigen dazu folgende Eckdaten:

→ **ISIN oder WKN:** Jede Bank bietet nur eine begrenzte Anzahl sparplanfähiger ETFs an. In der Regel können Sie aus einer Liste auswählen. Die Such- und Filterfunktionen der Banken sind oft nicht besonders hilfreich. Mit WKN geht es schneller. Manchmal wird der Kauf einzelner ETFs (befristet) kostenlos angeboten.

- **Betrag:** Bei den meisten Banken sind Sparpläne bereits ab einer Sparrate von 25 Euro möglich, vereinzelt sogar schon ab 10 oder sogar nur einem Euro.
- **Zahlungsintervall:** zum Beispiel monatlich, zweimonatlich, vierteljährlich.
- **Ausführungstag im Monat:** Meistens haben Sie mehrere Auswahlmöglichkeiten. Wählen Sie einfach ein Datum nach Ihrem Gehalts- oder Geldeingang auf Ihrem Konto, das Ihnen passt.
- **Startdatum:** Hier legen Sie fest, an welchem Tag der Fondssparplan zum ersten Mal ausgeführt werden soll.
- **Enddatum:** Wenn Sie ein Enddatum festlegen möchten, können Sie dies hier tun. Ansonsten wird der Sparplan wie bei einem Dauerauftrag regelmäßig ausgeführt, solange Sie ihn nicht kündigen.
- **Zahlungsweg:** Hier können Sie bei manchen Banken auch die Abbuchung von einem bankfremden Konto wählen, was sinnvoll ist, wenn Ihr Gehaltskonto bei einer anderen Bank geführt wird als Ihr Depot.

Bei einigen Banken können Sie auch eine Dynamik wählen, also einen Prozentsatz festlegen, um den Ihr regelmäßiger Sparbetrag jährlich steigen soll. Bei Bedarf können Sie die Sparrate aber ohnehin jederzeit flexibel nach oben oder unten anpassen oder den Sparplan beenden.

Bei kleineren monatlichen Sparraten sollten Sie darauf achten, wie die Kauf- und Verkaufskosten (in den Preisverzeichnissen der Institute meist Order- oder Transaktionskosten genannt) berechnet werden. Wenn neben der prozentualen Gebühr auch eine feste Gebühr in Euro anfällt, ist es wirtschaftlich sinnvoller, statt kleiner monatlicher Sparraten höhere vierteljährliche oder halbjährliche Sparraten zu vereinbaren. Statt monatlich 25 Euro können zum Beispiel vierteljährlich 75 Euro angespart werden.

So geht die Einmalanlage

Bei der Einmalanlage haben Sie etwas mehr Auswahlmöglichkeiten als beim Sparplan. In der Regel finden Sie das Menü zum Kauf von Wertpapieren nach einem Klick auf Ihr Depot. Sie können aber auch zuerst einen ETF suchen und dann „Kaufen“ wählen. Aktien-ETFs, die einen weltweiten Index abbilden, kaufen Sie am besten während der Handelszeiten an der New Yorker Börse, also zu unserer Zeit nachmittags zwischen 15:30 und 17:30 Uhr. Denn dann sind neben den europäischen auch die amerikanischen Börsen geöffnet. Die Geld-Brief-Spanne (→ Seite 76) ist dann in der Regel am geringsten, weil mehr Marktteilnehmer aktiv sind. ETFs, die europäische Indizes abbilden, können Sie ohne Unterschiede durchgehend zwischen 9:00 und 17:30 Uhr handeln. Ein Kauf läuft in folgenden Schritten ab:

1. **ISIN oder WKN eingeben:** Es ist gut, sich vorher über den Preis der Anteile zu informieren, zum Beispiel auf der Internetseite Ihrer Depotbank. So wissen Sie, wie viele Anteile Sie kaufen können, wenn Sie zum Beispiel 10.000 Euro anlegen möchten. Bei einigen Banken können Sie auch den Betrag eingeben und die entsprechende Stückzahl wird dann errechnet.
2. **Börse (Handelsplatz) auswählen:** Bei einigen Banken können Sie die Auswahl Ihrer Bank überlassen („Best Execution"), das ist natürlich am einfachsten. Alternativ können Sie „Direkthandel" wählen, dann wird die Order sofort mit einem Handelspartner zu einem vorab angebotenen Kurs abgerechnet. Sie können den Handelsplatz aber auch selbst bestimmen.

GUT ZU WISSEN

Kurse an verschiedenen Handelsplätzen

Bei größeren Anlagebeträgen ab etwa 100.000 Euro kann es sich lohnen, vorab einen Blick auf die Briefkurse an verschiedenen Börsenplätzen zu werfen. Das ist aber kein Muss, denn die Unterschiede sind in der Regel sehr klein. Die Kursinformationen sind teilweise sogar in Echtzeit über die Internetseite Ihrer Bank abrufbar. Diese könnte dann so ähnlich aussehen wie in → Tab. 21. Das größte Handelsvolumen des ETFs wird an diesem Tag über Tradegate abgewickelt. Dort wurden bereits 27.979 Anteile gehandelt. Aktuell können 251 Stück zum Briefkurs von 79,03 Euro gekauft werden. Bei Lang & Schwarz (LS Exchange) können dagegen bis zu 1.264 Stück zum Preis von 79,03 Euro gekauft werden.

KURSQUELLE	VOLUMEN	LETZTER KURS	GELD	STÜCK	BRIEF	STÜCK
Stuttgart	690 Stück	78,990 EUR	79,030 EUR	1.400	79,040 EUR	1.400
LS Exchange	1.873 Stück	78,990 EUR	79,000 EUR	1.264	79,030 EUR	1.264
Frankfurt	45 Stück	79,060 EUR	79,020 EUR	1.267	79,050 EUR	1.266
Tradegate	27.979 Stück	79,010 EUR	79,000 EUR	1.000	79,030 EUR	251

Tab. 21: Kurse an verschiedenen Handelsplätzen

1. **Gewünschte Stückzahl eingeben:** Der Kurswert, den Sie insgesamt für die Fondsanteile zu bezahlen haben, wird dann errechnet.
2. **Limittyp auswählen und Limit setzen:** Beim Kauf können Sie ein Limit eingeben. Das ist der Preis, den Sie maximal zu zahlen bereit sind. Sie können sich am aktuellen Brief-Kurs orientieren. Wenn Sie stattdessen billigst (oder „bestens" oder „Market Order") wählen, geben Sie Ihrem Broker den Auftrag, die Anteile zu jedem beliebigen Preis zu kaufen. Normalerweise ist das bei einem großen ETF kein Problem, aber mit einem Limit sind Sie auf der sicheren Seite.
3. **Order gültig bis:** Sie können den heutigen Tag eingeben. Eine längere Laufzeit ergibt nur Sinn, wenn Sie ein Limit gesetzt haben, das beim Kauf unter dem aktuellen Kurs liegt. Wenn Sie Glück haben, fällt der Kurs in den nächsten Tagen und der Kaufauftrag wird ausgeführt. Da aber niemand weiß, wie sich die Kurse entwickeln: kaufen Sie einfach taggleich.
4. **Optional:** Lassen Sie sich eine vorvertragliche Kosteninformation („ex ante" Kostenausweis) in Ihr elektronisches Postfach zuschicken, wenn Sie nicht genau wissen, welche Kosten die Bank Ihnen berechnen wird.
5. Anschließend können Sie den **Auftrag erteilen** und werden aufgefordert, ihn mittels des vereinbarten TAN-Verfahrens freizugeben.
6. Ihr Auftrag wird dann noch einmal angezeigt. **Prüfen Sie die Angaben,** bevor Sie die Eingabe abschließend bestätigen und den Auftrag ausführen. In der Orderübersicht (Orderbuch) können Sie anschließend die Ausführung Ihres Auftrags nachvollziehen.

Nach Ausführung des Auftrags erhalten Sie eine Abrechnung, die Ihnen in Ihr elektronisches Postfach oder gegebenenfalls postalisch zugestellt wird. Anschließend erhalten Sie jährlich meist im Frühjahr für das abgeschlossene Kalenderjahr eine Kostenaufstellung („ex post" Kosteninformation). Diese enthält eine Aufstellung der Kosten aller Wertpapiere in ihrem Depot für das vergangene Kalenderjahr. Dort erfahren Sie auch, ob und in welcher Höhe Ihre Bank Provisionen erhält („Zuwendungen Dritter"). Bei ETFs fallen diese nicht an oder sind minimal.

Jetzt heißt es Nichtstun: Buy and Hold!

Mit etwas Glück steigt der Wert der gekauften ETFs bereits nach wenigen Monaten deutlich an. In manchen Jahren stiegen die Kurse am Aktienmarkt innerhalb eines Jahres bereits um 20 bis 30 Prozent. Widerstehen Sie der Versuchung, Gewinne mitzunehmen. Halten Sie Ihre Anteile so lange, wie Sie sie ursprünglich anlegen wollten oder bis Sie absehen können, dass Sie das Geld anderweitig benötigen (→ Seite 95).

Wenn Sie Pech haben, sinkt der Wert, bleibt gleich oder steigt über fünf bis zehn Jahre gar nicht. So erging es vielen Anlegern, die im Jahr 2000 vor dem Platzen der Dotcom-Blase in den Aktienmarkt eingestiegen sind. Die Durststrecke dauerte zwar nur sechs Jahre, allerdings folgte darauf zwei Jahre später bereits der nächste Crash aufgrund der Finanzkrise. Und dennoch hat sich der MSCI World net Index seit dem Hochpunkt der Dotcom-Blase in etwa verfünffacht.

Die Zukunft wird zeigen, wie sich die Kurse entwickeln werden. Die langfristige Durchschnittsrendite von real 5,1 Prozent per annum ist das Ergebnis einer einfachen **Buy-and-Hold-Strategie**. Das bedeutet: kaufen und halten, also Nichtstun. Diese Strategie hat vor allem folgende vier Vorteile:

1. Minimale Kosten, denn das Hin und Her macht die Taschen leer. Je weniger gehandelt wird, desto geringer sind die Ordergebühren.
2. Vermeidung von Timing-Fehlern. Häufiges Handeln schmälert auch die mögliche Rendite. Denn es wird Ihnen nicht gelingen, immer den richtigen Kauf- und Verkaufszeitpunkt zu erwischen. Und auch vorübergehend nicht investiert zu sein, kostet langfristig Rendite.
3. Minimaler Steuerabzug. Wenn Sie nicht handeln, fallen Steuern auf Kursgewinne erst ganz am Schluss beim Verkauf an, also so spät wie möglich. Zwischenzeitliche Kursgewinne profitieren voll vom Zinseszinseffekt. Wenn Sie aber zwischenzeitlich Gewinne realisieren, können erhebliche Steuerabzüge anfallen. Die Abzüge senken den Depotwert, und ein geringerer Depotwert profitiert auch weniger von weiteren Kurssteigerungen.
4. Minimaler Aufwand, maximale Bequemlichkeit. Das Leben hat mehr zu bieten, als sich täglich mit dem Börsengeschehen zu beschäftigen.

Mit diesen Steuern müssen Sie rechnen

Die Besteuerung von Kapitalerträgen hat sich in den letzten drei Jahrzehnten so häufig geändert, dass eine Anlagestrategie, die nur auf die Minimierung von Steuern ausgerichtet ist, eine kurze Halbwertszeit besitzt. Daher ist eine pragmatische Haltung empfehlenswert, wenn Sie sich mit dem Thema Steuern auseinandersetzen.

Im Folgenden werden nur einige wesentliche Informationen zur aktuellen Besteuerung einer Buy-and-Hold-Anlagestrategie mit ETFs bei einer Bank mit Sitz in Deutschland für in Deutschland steuerpflichtige natürliche Personen dargestellt.

Die gute Nachricht: Sie müssen sich nicht intensiv mit der komplizierten Besteuerung von Kapitalerträgen beschäftigen. Denn alle inländischen Banken führen die Kapitalertragsteuer automatisch an das Finanzamt ab. Das gilt sowohl für ausgeschüttete Erträge als auch für thesaurierte Erträge und Kursgewinne (Veräußerungsgewinne).

Wenn Sie Ihr Depot bei einer Bank im Ausland führen, müssen Sie sich selbst um die korrekte Versteuerung kümmern.

Derzeit werden Kapitalerträge pauschal mit 25 Prozent Abgeltungsteuer (Kapitalertragssteuer) zuzüglich Solidaritätszuschlag von 5,5 Prozent und gegebenenfalls Kirchensteuer besteuert. Damit ergeben sich folgende Steuersätze, die nur auf den ersten Blick geringer erscheinen als die Steuersätze auf andere Einkommensarten. Zu beachten ist dabei nämlich, dass Unternehmensgewinne in der Regel auf Ebene der Aktiengesellschaften bereits besteuert werden:

→ inklusive des Solidaritätszuschlags: 26,375 Prozent

→ inklusive 8 Prozent Kirchensteuer (Bayern, Baden-Württemberg): 27,819 Prozent

→ inklusive 9 Prozent Kirchensteuer (alle anderen Bundesländer): 27,995 Prozent.

Zu den laufenden Kapitalerträgen zählen Zinserträge, die in voller Höhe steuerpflichtig sind, sowie Ausschüttungen aus Investmentfonds. Die Ausschüttungen sind aber teilweise steuerfrei, weil die Fondsgesellschaft bereits Steuern abgeführt hat (→ Gut zu wissen). Außerdem sind Kapitalerträge bis zum sogenannten Sparerpauschbetrag von 1.000 Euro pro Jahr gänzlich steuerfrei (zusammen veranlagte Ehepaare 2.000 Euro).

GUT ZU WISSEN

Teilfreistellung

Bei einigen Investmentfonds werden bereits auf Fondsebene Steuern abgeführt (zum Beispiel Quellensteuer auf Dividenden). Deshalb ist ein Teil der Kapitalerträge auf Ebene des Privatanlegers steuerfrei. Die Teilfreistellung beträgt:

- bei Aktienfonds (mindestens zu 51 Prozent in Aktien investiert): 30 Prozent
- bei Mischfonds (mindestens zu 25 Prozent in Aktien investiert): 15 Prozent

Die Teilfreistellung gilt für laufende Ausschüttungen und für Kursgewinne bei Verkauf.

→ TIPP: Freistellungsauftrag

Erteilen Sie am besten gleich bei der Depoteröffnung einen Freistellungsauftrag. Damit beauftragen Sie Ihre Bank, für Kapitalerträge bis zur vereinbarten Höhe (maximal bis zum Sparerpauschbetrag) keine Abgeltungsteuer einzubehalten. Das Formular für den Freistellungsauftrag finden Sie auf der Internetseite Ihrer Bank, in der Banking App oder im Web-Banking, meist im Service- oder Formularbereich. Dazu benötigen Sie Ihre Steuer-ID. Wenn Sie Kapitalerträge bei verschiedenen Kreditinstituten haben, können Sie den Sparerpauschbetrag aufteilen, indem Sie bei jeder Bank einen Freistellungsauftrag in der gewünschten Höhe einreichen. Die Summe aller Freistellungsaufträge darf den Sparerpauschbetrag nicht übersteigen.

Faustregel: Keine Steuer auf Aktien-ETFs bis 70.000 Euro

Bei weltweit anlegenden Aktien-ETFs liegen die Dividendenerträge derzeit bei rund 2 Prozent. Das bedeutet, dass pro 100 Euro Fondsvermögen 2 Euro pro Jahr an Dividendenerträgen anfallen und gegebenenfalls ausgeschüttet werden. Der Sparerpauschbetrag von 1.000 Euro sorgt in diesem Fall, wenn es sonst keine Kapitalerträge gibt, dafür, dass die Ausschüttungen ohne Steuerabzug gutgeschrieben werden, solange der Depotwert rund 70.000 Euro nicht übersteigt. Die Rechnung geht so: Eine Ausschüttung von 2 Prozent entspricht 1.400 Euro. Davon sind 30 Prozent freigestellt, also 420 Euro. Die Erträge, die auf den Sparerpauschbetrag angerechnet werden, betragen somit 980 Euro.

Wenn die Erträge nicht ausreichen, um den Sparerpauschbetrag auszuschöpfen, können Sie auch in begrenztem Umfang jedes Jahr Kursgewinne realisieren (ETFs verkaufen und anschließend wieder kaufen), um den nicht verbrauchten Sparerpauschbetrag zu nutzen.

! ACHTUNG

Bei 2 Prozent Festgeldzinsen oder Anleihen-ETFs mit einer Ausschüttungsquote von 2 Prozent erreichen Sie diese Grenze bereits bei einem Guthaben von 50.000 Euro, da hier keine Teilfreistellung erfolgt.

Besonderheit: Vorabpauschale

Bei jährlich ausschüttenden ETFs wird die Abgeltungsteuer automatisch an Ihr Finanzamt abgeführt und der Rest an Sie ausbezahlt. Bei thesaurierenden ETFs gibt es dagegen keine Ausschüttung. Folglich erhält der Fiskus zunächst auch keine Steuern.

GUT ZU WISSEN

Kapitalerträge in der Steuererklärung angeben?

Mit der Abgeltungsteuer ist die Steuerschuld auf Kapitalerträge pauschal abgegolten. Sie sind daher nicht verpflichtet, die Kapitalerträge in Ihrer Einkommensteuererklärung gesondert anzugeben. In folgenden Fällen kann es sich aber lohnen, die Kapitalerträge anzugeben und eine Günstigerprüfung (Anlage KAP) zu beantragen:

1. Der Steuersatz Ihres zu versteuernden Einkommens ist niedriger als der Abgeltungsteuersatz. Dies ist derzeit bei einem zu versteuernden Einkommen von bis zu rund 20.000 Euro der Fall.
2. Die Kapitalerträge liegen unter dem Sparerpauschbetrag und die Bank hat mangels Freistellungsauftrag Abgeltungsteuer einbehalten.

Diese Ungleichbehandlung soll durch die sogenannte Vorabpauschale beseitigt werden. Dabei handelt es sich um einen fiktiven steuerpflichtigen Kapitalertrag, der jeweils zu Jahresbeginn zufließt. Man tut so, als seien Ihnen Kapitalerträge zugeflossen und berechnet darauf Steuern. Die Vorabpauschale unterliegt als fiktiver Kapitalertrag ebenso der Abgeltungsteuer wie tatsächlich zugeflossene Kapitalerträge. Sie wird daher auch auf den jährlichen Sparerpauschbetrag angerechnet. Außerdem wird sie auf einen späteren Veräußerungsgewinn angerechnet, da es ansonsten zu einer doppelten Besteuerung des Veräußerungsgewinns kommen würde.

Die Anrechnung der Vorabpauschale auf den Sparerpauschbetrag kann sogar vorteilhaft sein. Sie können nämlich so über die Jahre bereits einen Teil der Gewinne steuerfrei vereinnahmen, sofern Sie den Sparerpauschbetrag nicht bereits mit Zinseinkünften ausgeschöpft haben.

Damit stellt sich die Frage: Wie berechnet der Fiskus die Vorabpauschale, wenn doch kein Cent ausgeschüttet wurde? Man könnte auf die Idee kommen, einfach den gesamten Kursgewinn des Vorjahres als fiktiven Ertrag anzusetzen, aber das wäre eine starke Benachteiligung gegenüber ausschüttenden ETFs, wo nur die Ausschüttungen versteuert werden müssen, solange keine Anteile verkauft werden. Die Politik hat sich für einen anderen, etwas komplizierteren Weg mit überschaubar niedriger Besteuerung entschieden. Der fiktive Ertrag der Vorabpauschale orientiert sich demnach an der Rendite öffentlicher Anleihen (sogenannter Basiszins gemäß § 18 Abs. 4 InvStG, nicht zu verwechseln mit dem Basiszinssatz nach § 247 BGB). Zwei Beispiele zur Entwicklung von Aktien-ETFs zeigen die Berechnung der Vorabpauschale zum 02.01.2025 (→ Tab. 22). In beiden Fällen wurden am 01.01.2024 zunächst 10.000 Euro angelegt. Zum einen wurde ein thesaurierender ETF gekauft. Hier beträgt der Wertzuwachs am Jahresende 20 Prozent (siehe Zeile 1). Zum anderen wurde ein ausschüttender ETF erworben, der 2 Prozent ausgeschüttet und bis zum 31.12.2024 eine Wertsteigerung von 18 Prozent erzielt hat (Gesamtertrag ebenfalls 20 Prozent, → Spalte 2).

WICHTIGE FRAGEN	ETF MIT KURSGEWINN (THESAURIEREND)	ETF MIT KURSGEWINN (AUSSCHÜTTEND)
Wie hoch waren Wertsteigerung und Ausschüttung zwischen 1.1. und 31.12. im vergangenen Jahr?	Wertsteigerung: 2.000 Euro	Wertsteigerung: 1.800 Euro, Ausschüttung: 200 Euro
Basisertrag berechnen (nur bei Wertsteigerung): Wert des ETF zum 1.1. des Vorjahres multipliziert mit 70 % des gesetzlich definierten Basiszinssatzes zum 02.01. des Vorjahres (am 02.01.2024 betrug er 2,29 %)	Basisertrag = 10.000 Euro x 2,29 % x 0,7 = 160,30 Euro.	Basisertrag = 10.000 Euro x 2,29 % x 0,7 = 160,30 Euro
Vorabpauschale berechnen: kleinerer Wert aus Basisertrag und Wertsteigerung, Ausschüttungen abziehen	Vorabpauschale = 160,30 Euro (weil kleiner als 2.000 Euro) - 0 Euro = 160,30 Euro	Vorabpauschale = 160,30 Euro (weil kleiner als 1.800 Euro) - 200 Euro = 0 (da negatives Ergebnis)
Teilfreistellung berücksichtigen	Zu versteuern =160,30 Euro - 30 % Teilfreistellung 48,09 Euro = 112,21 Euro	Zu versteuern = 200 Euro (Ausschüttung) + 0 Euro (Vorabpauschale) - 30 % Teilfreistellung 60 Euro =140 Euro
Auf Sparerpauschbetrag anzurechnen und/oder mit Abgeltungsteuersatz zu versteuern.	Vorabpauschale: 112,21 Euro, auf Sparerpauschbetrag anzurechnen, ist er ausgeschöpft, beträgt die Abgeltungsteuer inklusive Solidaritätszuschlag 26,375 % =29,60 Euro.	Zum Zeitpunkt der Ausschüttung wurden bereits 140 Euro auf Sparerpauschbetrag angerechnet, ist er ausgeschöpft, beträgt die Abgeltungsteuer inklusive Solidaritätszuschlag 26,375 % =36,93 Euro

Tab. 22: Schritt für Schritt zur Vorabpauschale

Das Wichtigste zur Vorabpauschale:

- → Ist der Kurs eines ETF im Vorjahr gesunken, fällt keine Vorabpauschale an.
- → Liegt der Wert eines Depots mit Aktien-ETF unter ca. 70.000 Euro und wurde ein Freistellungsauftrag über 1.000 Euro erteilt, ist derzeit nicht mit einem Steuerabzug durch die Vorabpauschale zu rechnen. Das gilt jedenfalls so lange, wie der langfristige Zinssatz für Bundeswertpapiere (Basiszinssatz) nicht über 2,92 Prozent steigt. Die Rechnung lautet: 1.000 Euro (Sparerpauschbetrag) / 0,7 (Teilfreistellung) / 0,7 (70 Prozent des Basiszinssatzes) / 0,0292 (Basiszinssatz angenommen 2,92 Prozent) = 69.891 Euro.
- → Derzeit fällt bei ausschüttenden ETFs meist keine Vorabpauschale an, da die Ausschüttung noch über dem sehr niedrigen Basisertrag liegt. Dies kann sich ändern, sobald die Zinsen steigen. Dann wird auch für ausschüttende ETFs eine Vorabpauschale berechnet, die aber sehr niedrig sein wird.
- → Generell kann man nicht sagen, ob thesaurierende oder ausschüttende Aktien-ETFs steuerlich vorteilhafter sind. Bei den derzeit niedrigen Zinsen ist der Steuerabzug bei thesaurierenden ETFs etwas geringer (→ Tab. 22). Außerdem gibt es auch mal Jahre ohne Wertsteigerung, und dann wird keine Vorabpauschale berechnet. Wenn man den Sparerpauschbetrag ausgeschöpft hat, ist der tendenziell etwas niedrigere Steuerabzug bei thesaurierenden ETFs ein Vorteil, ansonsten ein Nachteil. Wegen der geringen Unterschiede brauchen Sie sich über diese Frage aber nicht den Kopf zu zerbrechen.
- → Achtung – Kontobelastung zu Jahresbeginn: Bei thesaurierenden Aktien-ETFs, bereits ausgeschöpftem Sparerpauschbetrag und einer Wertsteigerung im Vorjahr müssen Sie damit rechnen, dass zu Jahresbeginn eine Kontobelastung erfolgt. Faustformel beim aktuellen Basiszins: Maximal ein halbes Prozent des Depotwerts.

HINTERGRUND

Faustformel maximale Kontobelastung durch Vorabpauschale

Etwas genauer ist folgende zinsabhängige Faustformel: die Kontobelastung beträgt etwa ein Achtel des Basiszinses, multipliziert mit dem Depotwert des Vorjahres. So kommt man auf ein Achtel: 0,7 (wegen Teilfreistellung) x 0,7 (70 Prozent des Basiszinssatzes) x 0,26375 (Abgeltungsteuersatz inklusive Solidaritätszuschlag, ohne Kirchensteuer) = 0,13, was etwa einem Achtel entspricht.

BEISPIEL

Was Sie Anfang 2026 auf dem Konto haben müssen

Angenommen, Sie haben Anfang 2025 einen Betrag in Höhe von 100.000 Euro in Aktien-ETFs investiert und die Kurse steigen bis zum Jahresende um ein paar Prozentpunkte. Der Basiszins am 01.01.2025 beträgt 2,53 Prozent.
Ihre **Kontobelastung durch die Vorabpauschale** Anfang 2026 berechnen Sie mit der vorgestellten Faustformel (→ Hintergrund, Seite 203):
100.000 Euro x 2,53 Prozent/8 = rund 316 Euro
Sorgen Sie im Zweifel für ausreichend Guthaben auf Ihrem Verrechnungskonto. Die meisten Banken werden Sie anschreiben, wenn das nicht der Fall ist. Einige Banken verkaufen sogar eigenmächtig Fondsanteile, um die Steuer abzuführen.

→ Spezialfall unterjährige Käufe (Einmalanlage und Sparplan): Die Vorabpauschale wird für jeden einzelnen Kauf in ETFs berechnet, sofern der Kurs zwischen Kaufzeitpunkt und Jahresende gestiegen ist. Sie vermindert sich jedoch um ein Zwölftel für jeden vollen Monat, der vor dem Kaufdatum des Fondsanteils liegt.

→ **TIPP**

Zum Vorabpauschalen-Rechner der Stiftung Warentest geht es hier: www.test.de/node/6123332-0

Steuern beim Verkauf von ETFs

Sobald Sie ETFs mit einem Kursgewinn verkaufen, führt Ihre Bank Steuern auf den Veräußerungsgewinn an den Fiskus ab. Allerdings bleiben wegen der Teilfreistellung 30 Prozent des Kursgewinns bei Aktien-ETFs steuerfrei (→ Teilfreistellung, Seite 199). Über die gesamte Haltedauer werden die Gewinne bei Aktien-ETFs daher mit rund 18,5 Prozent (ohne Kirchensteuer) oder auch rund 19,6 Prozent (mit Kirchensteuer) versteuert – soweit sie den Sparerpauschbetrag überschreiten.

Übrigens werden die Unternehmensgewinne bereits auf Ebene der Aktiengesellschaften besteuert, und dem Fondsvermögen werden Quellensteuern belastet.

Sollten Sie ETFs mit einem Verlust verkaufen, wird Ihre Bank diesen Verlust in einem sogenannten Allgemeinen Verlustverrechnungstopf vermerken und von einem eventuell später folgenden Kursgewinn vor Berechnung der Abgeltungsteuer abziehen. Am Beispiel einer Einmalanlage in einen Aktien-ETF berechnet sich der Steuerabzug, vereinfacht dargestellt, so: → Tab. 23.

BERECHNUNGSPOSITIONEN	ETF MIT KURSGEWINN (THESAURIEREND)
Wie hoch ist der Verkaufserlös (nach Abzug der Ordergebühr)?	Der Verkaufserlös entspricht 60.000 Euro.
abzüglich Anschaffungskosten (inklusive der Ordergebühr)	Bei Kauf wurde dem Konto ein Betrag von 30.000 Euro belastet.
abzüglich akkumulierte Vorabpauschale (vor Teilfreistellung)	Die Summe der jährlichen Vorabpauschale beträgt über die Haltedauer von 10 Jahren 9.000 Euro.
ergibt das Veräußerungsergebnis	21.000 Euro
abzüglich Teilfreistellung 30 %	6.300 Euro
ergibt die Bemessungsgrundlage	14.700 Euro
Abgeltungsteuer (26,375 %)	Annahmen: Freistellungsauftrag ist ausgeschöpft, eine NV-Bescheinigung liegt nicht vor, der Verlustverrechnungstopf ist leer, keine Kirchensteuerpflicht. 26,375 % von 14.700 Euro entsprechen 3.877,13 Euro.
Kontogutschrift	60.000 Euro - 3.877,13 Euro = 56.122,87 Euro

Tab. 23: Schritt für Schritt zum Steuerabzug bei Verkauf

Spezialfall: FiFo bei wiederholten Käufen bei Einmalanlage

Wenn Sie denselben ETF mehrmals zu unterschiedlichen Zeitpunkten und Kursen gekauft haben und dann alle Anteile verkaufen, wird die Abgeltungsteuer auf den Veräußerungsgewinn analog zur obigen Darstellung berechnet. Komplizierter wird es, wenn Sie nur einen Teil der Anteile verkaufen. In diesem Fall gilt die sogenannte **FiFo-Regelung**. FiFo steht für „First in – First out" (zuerst rein – zuerst raus). Diese Regelung besagt, dass bei einem Verkauf die Anschaffungskosten des zuerst gekauften ETFs zur Berechnung des Veräußerungsgewinns herangezogen werden.

Sie haben beispielweise im Jahr 2021 einen Fondsanteil zu 50 Euro, im Jahr 2022 einen zu 60 Euro und im Jahr 2023 einen zu 65 Euro gekauft. Es handelt sich um denselben ETF, der in demselben Depot verwahrt wird.

Im Jahr 2025 verkaufen Sie einen Anteil zu 65 Euro. Der Veräußerungsgewinn beträgt 15 Euro, da davon ausgegangen wird, dass der im Jahr 2021 gekaufte Anteil verkauft wurde.

Günstiger wäre es gewesen, den zuletzt erworbenen Anteil zu verkaufen, da dann kein Steuerabzug erfolgt wäre. Darauf haben Sie aber keinen Einfluss, da die Banken die FiFo-Regelung anwenden müssen.

Wie Sie die Entscheidungshoheit darüber behalten, welche ETFs Sie verkaufen und welche nicht, zeigt Ihnen dieses Beispiel:

Sie haben im Jahr 2021 10.000 Euro in einen ETF auf den MSCI World, im Jahr 2025 weitere 10.000 Euro in einen ETF auf den MSCI ACWI und im Jahr 2030 weitere 20.000 Euro in einen ETF auf den FTSE All-World investiert. Im Jahr 2035 möchten Sie einige, aber nicht alle Fondsanteile verkaufen. Da Sie die drei Tranchen in verschiedene ETFs investiert haben, können Sie entscheiden, welchen der drei ETFs Sie verkaufen wollen. Wahrscheinlich ist die Abgeltungsteuer für die zuletzt gekauften Anteile am niedrigsten, weshalb es günstiger wäre, diese zu verkaufen statt der anderen, aber das hängt von der Kursentwicklung ab.

Sie haben es in der Hand, Sie können je nach Höhe des Veräußerungsgewinns entscheiden, ob Sie die älteren oder die jüngst gekauften ETFs verkaufen wollen, da es sich um verschiedene ETFs handelt. Hätten Sie jedes Mal denselben ETF gekauft, hätten Sie keinen Einfluss mehr, da die Bank dann die FiFo-Methode anwenden würde. Dies gilt analog auch für ETF-Sparpläne.

GUT ZU WISSEN

FiFo vermeiden?

Sie können es steuern, ob Sie zuerst alte oder neuere Fondsanteile verkaufen. Sie haben drei Möglichkeiten:

1. Wechseln Sie alle paar Jahre den ETF! Sobald Sie Geld benötigen, können Sie entscheiden, ob Sie die als erstes gekauften Anteile verkaufen oder die später gekauften Anteile.
2. Alternativ können Sie den gleichen ETF auch in einem anderen Depot kaufen. Sie können dann entscheiden, aus welchem Depot Sie zuerst Anteile verkaufen.
3. Übertragen Sie einen Teil der Fondsanteile in ein neues Depot. Die Bank überträgt dann nach der FiFo-Regelung die zuerst gekauften in das neue Depot (mitsamt allen steuerlich relevanten Daten). Anschließend können Sie selbst entscheiden, aus welchem Depot Sie Anteile verkaufen.

→ **TIPP**

Den Abgeltungsteuer-Rechner von Finanzfluss (werbefinanziert) finden Sie unter www.finanzfluss.de/rechner/abgeltungssteuer/

ETF-Depot vererben oder verschenken

Beim Tod des Depotinhabers fällt der Wert des Depots, bewertet zum Todestag, in die Erbmasse und wird nach der gesetzlichen Erbfolge zum aktuellen Marktwert vererbt, sofern Sie nichts anderes bestimmt haben. Erbschaftssteuer fällt nur insoweit an, als die Freibeträge des zu vererbenden Gesamtvermögens überschritten werden (zum Beispiel bei Kindern 400.000 Euro und bei Ehegatten 500.000 Euro). Der bis zum Todestag aufgelaufene Wertzuwachs unterliegt zunächst nicht der Abgeltungssteuer. Stattdessen gehen die steuerlichen Anschaffungskosten auf die Erben über und die Abgeltungsteuer auf den Wertzuwachs fällt erst an, wenn die Erben den ETF veräußern. Dasselbe gilt grundsätzlich für Schenkungen zu Lebzeiten.

→ **TIPP Schenkungen und Erbschaften**
Ausführliche Informationen finden Sie in den folgenden Ratgebern:
Richtig vererben und verschenken
shop.verbraucherzentrale.de/richtig-vererben-und-verschenken
Handbuch Testament
shop.verbraucherzentrale.de/handbuch-testament

ETFs in der Riester- und Rürup-Rente

Bei der Anlage in ETFs im Rahmen der geförderten Altersvorsorge (Riester-Rente, Rürup-/Basis-Rente) fällt keine Abgeltungsteuer an. Das bedeutet, dass das Guthaben während der Haltedauer nicht durch Steuerabzüge gemindert wird. Allerdings erhöhen die Kapitalerträge die später ausgezahlte Rente, die wiederum bei der geförderten Altersvorsorge in voller Höhe der persönlichen Einkommensteuer unterliegt. Hier gilt ein Spitzensteuersatz von 42 Prozent ab rund 68.000 Euro und ein sogenannte „Reichensteuersatz" von 45 Prozent für zu versteuernde Einkommen ab rund 278.000 Euro. Je nach steuerlicher Situation kann der Steuerabzug hier höher ausfallen als bei der Abgeltungsteuer, bei der die Steuerbelastung von Aktien-ETFs aufgrund der Teilfreistellung bei 18,5 Prozent bzw. 19,6 Prozent (mit Kirchensteuer) liegt. Darüber hinaus ist zu beachten, dass Basis- und Riester-Rentenverträge im Gegensatz zu einer Direktanlage in ETFs sehr hohe laufende Kosten aufweisen können.

→ **TIPP Riester-Rente**
Für wen kann sie sich lohnen? Mehr dazu finden Sie hier:
www.verbraucherzentrale.de/node/6854

ETFs mit privaten Rentenversicherungen und Nettopolicen

Bei der Anlage in ETFs im Rahmen einer fondsgebundenen privaten Rentenversicherung (Fondspolice, zum Spezialfall Nettopolice → Seite 115) erfolgt in der Ansparphase, auch Aufschubphase genannt, derzeit kein laufender Steuerabzug.

Bei der Auszahlung der Kapitalleistung in einer Summe nach zwölf Jahren Vertragslaufzeit und frühestens ab dem 62. Lebensjahr ist lediglich die Hälfte der Erträge steuerpflichtig (oft auch **Halbeinkünfteverfahren** genannt), abzüglich einer Teilfreistellungsquote von pauschal 15 Prozent (auch bei reiner Anlage in Aktien-ETFs). Die Besteuerung erfolgt mit dem vollen persönlichen Einkommensteuersatz (zum Grenzsteuersatz). Nach Berechnungen der Stiftung Warentest ist die Direktanlage in ETFs unter dem Strich in der Regel steuerlich günstiger als eine Fondspolice, wenn das Kapital zu Rentenbeginn auf einen Schlag ausgezahlt wird.

Bei Auszahlung als lebenslange Rente (Leibrente) wird die Rente nicht in voller Höhe, sondern nur mit dem sogenannten **Ertragsanteil** besteuert. Der Ertragsanteil richtet sich nach dem Lebensjahr, in dem die Rente erstmals ausgezahlt wird. Mit 67 Jahren beträgt der Ertragsanteil derzeit 17 Prozent. Das bedeutet, dass von 1.000 Euro Rente 170 Euro besteuert werden, und zwar zum persönlichen Einkommensteuersatz und ohne Teilfreistellung. Tatsächlich fällt der Ertragsanteil bei einer langfristigen Anlage in Aktien-ETFs bei durchschnittlicher Kursentwicklung natürlich deutlich höher aus. Deshalb kommt die Stiftung Warentest in ihrer Modellrechnung zu dem Ergebnis, dass die lebenslange Rente nach Steuern bei der Fondspolice höher sein kann, sofern der Versicherungstarif sehr günstig ist. Mit einer bestenfalls um 10 Prozent höheren Auszahlung ist der Unterschied aber nicht besonders groß. Problematisch bei der Leibrente ist allerdings, dass man oft 94 bis 100 Jahre oder sogar noch älter werden müsste, um die zu Rentenbeginn angesparte Summe in Form der garantierten Rentenleistungen zurückzuerhalten. Die Leibrente fällt deshalb so niedrig aus, weil die Versicherer ihre garantierten Renten sehr vorsichtig kalkulieren. Sie gehen von deutlich höheren Lebenserwartungen aus als das Statistische Bundesamt und wollen zudem Gewinne erzielen. Wir raten aus verschiedenen Gründen, besser ohne Versicherung direkt in ETFs zu investieren (→ Wichtig, Seite 210).

→ **TIPP Fondsanlage oder Fondspolice?**
Bei der Stiftung Warentest können Sie sich eine Modellrechnung zum Thema Fondsanlage oder Fondspolice – welche Methode bringt mehr? Anschauen unter: www.test.de/node/5979624-0
Zur Frage „Sind fondsgebundene Rentenversicherungen eine gute Idee?“ gibt Werner Bareis, Verbraucherzentrale Baden-Württemberg, im Hartmut-Walz-Finanzblog Antworten unter: https://hartmutwalz.de/fondspolicen/

Da das Steuerrecht beim Thema Kapitalerträge kompliziert ist, sollten Sie sich im Zweifel kompetent beraten lassen. Dazu können Sie sich an einen Steuerberater oder an den örtlichen Lohnsteuerhilfeverein wenden, der für seine Mitglieder die Einkommensteuererklärung erstellt.

→ **TIPP Steuerberatung**
Ausführliche Informationen der Vereinigten Lohnsteuerhilfe e. V. zur Abgeltungsteuer erhalten Sie unter: www.vlh.de/kaufen-investieren/abgeltungssteuer.html

Optional: Rebalancing

Bei einer Buy-and-Hold-Strategie kaufen Sie ETFs und lassen sie möglichst lange unangetastet im Depot liegen. Solange sich Ihre Risikoneigung nicht ändert, müssen Sie den Aktienanteil nicht reduzieren. Und solange Sie das Geld nicht anderweitig benötigen, sollten Sie auch nicht verkaufen. Eine gut begründete Ausnahme ist das sogenannte Rebalancing. Das folgende Beispiel zeigt, worum es sich handelt:

→ Wenn Sie sich zu Beginn Ihrer Geldanlage für maximale Wertschwankungen von 20 Prozent entschieden haben, ergibt sich ein Aktienanteil von maximal 40 Prozent (→ Seite 91). Entwickeln sich die Aktienmärkte dann wie im historischen Durchschnitt, wird sich der nominale Wert der Aktien-ETFs nach zehn Jahren in etwa verdoppelt haben. Aus 4.000 Euro sind dann 8.000 Euro geworden.

→ Die 60 Prozent, die sicher angelegt wurden, haben in dieser Zeit je nach Zinsniveau nur 20 bis 30 Prozent an Wert gewonnen. Aus den ursprünglichen 6.000 Euro sind rund 7.500 Euro geworden.

→ Nach 10 Jahren hat sich die Aktienquote daher geändert. Sie beträgt dann nicht mehr 40 Prozent, sondern rund 52 Prozent (Rechnung: 8.000 / (8.000 + 7.500) = 0,52). Wenn das für Sie in Ordnung ist, brauchen Sie nichts zu tun.

WICHTIG

Unser Rat: Besser ohne Versicherung direkt in ETFs investieren

Steuern zu sparen ist keine Anlagestrategie! Hier sind sechs Gründe, warum Sie besser direkt in ETFs investieren sollten:

1. **Auswahl an ETFs:** Sie können in alle ETFs investieren, die an der Börse gehandelt werden. Bei einer Versicherung können Sie nur in die Fonds investieren, die in den Versicherungsbedingungen aufgeführt sind. Der Versicherer kann diese Liste nach Vertragsabschluss gemäß Versicherungsbedingungen in der Regel einseitig ändern.
2. **Abhängigkeit von Geschäftspolitik des Versicherers:** Die Versicherer behalten sich diverse weitere Rechte in ihren Versicherungsbedingungen vor. Sie können die Möglichkeit einer Anlage in ETFs sogar ganz streichen oder günstige ETFs in teurere und weniger rentable hauseigene Fonds tauschen. Ein großer deutscher Versicherer hatte Anfang 2020 ETFs der Marke iShares komplett auf hauseigene Fonds umgestellt. Dabei wurde das Geld der Anleger in einen sogenannten internen Fonds nach § 124 Versicherungsaufsichtsgesetz getauscht. Diese Fonds unterliegen geringeren Transparenzanforderungen und sind nicht börsennotiert. So können die Versicherer sich einer einfachen Vergleichbarkeit mit ETFs und entsprechenden Indizes entziehen. Dies kann zu erheblichen Renditeeinbußen führen.
3. **Flexibilität:** Einen ETF-Sparplan können Sie nach Belieben ändern und ohne Nachteile Ein- und Auszahlungen vornehmen. Sie können sogar ohne steuerliche Nachteile die Depotbank wechseln.
4. **Kosten:** Der Abschluss einer Rentenversicherung ist mit zusätzlichen Kosten verbunden. Selbst bei den günstigsten Nettotarifen ist neben dem Beratungshonorar mit zusätzlichen Kosten von mindestens 0,3 bis 0,5 Prozent per annum zu rechnen, wobei spätere Kostensteigerungen nicht auszuschließen sind. Damit sind die Kosten doppelt so hoch wie bei einer Direktanlage in ETFs.
5. Nennenswerte **Steuervorteile** bietet die Versicherung nur, wenn Sie eine Anlagestrategie verfolgen, bei der Sie regelmäßig ETFs verkaufen und umschichten. Diese Anlagestrategie ist aber nicht zu empfehlen! Besser ist eine Buy-and-Hold-Anlagestrategie.
6. **Bei Rentenbeginn** können Sie Ihr ETF-Depot genau auf Ihre veränderten Bedürfnisse ausrichten. Eine lebenslange Rente ist dabei nur eine von vielen Möglichkeiten und aufgrund der aus Verbraucherperspektive ungünstigen Kalkulation in der Regel nicht die beste (→ Seite 214).

- Wenn Sie die Wertschwankungen weiterhin auf circa 20 Prozent begrenzen wollen, muss – unter der Annahme, dass ein zukünftiger Crash nicht aus dem bisherigen historischen Muster ausbricht – wieder eine Aktienquote von 40 Prozent erreicht werden. Die Position Aktien-ETFs muss also auf 6.200 Euro reduziert werden, was bedeutet, dass Sie Aktien-ETFs im Wert von 1.800 Euro verkaufen und stattdessen in Zinspapiere investieren. Genau das ist **Rebalancing**. Durch Eingriffe in das Depot sorgen Sie dafür, dass der Aktienanteil und damit die Wertschwankungsrisiken regelmäßig im gewünschten Bereich bleiben.

Bei fallenden Kursen funktioniert ein Rebalancing wie folgt:

- Die Aktien-ETFs, in die Sie 4.000 Euro investiert haben, sind nach einem Crash nur noch 2.000 Euro wert.
- Für die sicher angelegten 6.000 Euro haben Sie 150 Euro Zinsen erhalten.
- Das ergibt nach einem Jahr eine Aktienquote von rund 25 Prozent (Rechnung: 2.000 / (2.000 + 6.150) = 0,25).
- Um wieder zu 40 Prozent im Aktienmarkt investiert zu sein (entspricht 3.260 Euro), müssen Aktien-ETFs im Wert von 1.260 Euro gekauft werden.

Die Beispiele zeigen: Die Frage des Rebalancing stellt sich insbesondere dann, wenn Ihre Aktienquote nicht 100 Prozent Ihres Gesamtvermögens beträgt.

Rebalancing können Sie entweder durch gezielte Käufe und Verkäufe, wie im Beispiel beschrieben, oder durch die Anlage neuer Mittel umsetzen. Letzteres ist in der Regel steuerlich günstiger:

- Wenn sich nach einem Jahr ein größerer Betrag auf Ihrem Giro- oder Tagesgeldkonto angesammelt hat, können Sie diesen gezielt ausschließlich in Aktien-ETFs oder ausschließlich in Zinspapiere anlegen.
- Wenn Sie im Rahmen eines Sparplans anfänglich 100 Euro in Aktien-ETFs und 100 Euro in Anleihen-ETFs investieren, können Sie die Raten während der Laufzeit jederzeit anpassen, um allmählich wieder die gewünschte Aktienquote im Depot zu erreichen.

Folgende Argumente sprechen für Rebalancing:

1. **Risikokontrolle:** Auf diese Weise können Sie sich vor bösen Überraschungen schützen. Wer darauf achtet, dass der Aktienanteil immer zum Beispiel bei 40 Prozent liegt, kann davon ausgehen, dass das Gesamtvermögen auch bei einem Crash, der sich im Rahmen der

bisherigen historischen Muster bewegt, nur um 20 Prozent sinkt.

2. **Disziplin:** In sehr guten und sehr schlechten Börsenphasen ist es emotional nicht immer einfach, eine Buy-and-Hold-Strategie durchzuhalten. Bei neuen Börsenrekorden ist die Versuchung groß, alle Gewinne mitzunehmen und auf eine Kurskorrektur zu warten. Solche Spekulationen gehen aber in der Regel nicht auf, da die Märkte nicht berechenbar sind. Für manche Anleger kann das Rebalancing ein Instrument sein, um ihre Anlagestrategie diszipliniert umzusetzen.

Teilweise wird noch argumentiert, dass Rebalancing auch den Vorteil habe, dass man „antizyklisch" agiere. Das bedeutet, dass man in guten Börsenjahren eher Aktien-ETFs verkauft und in schlechten Jahren kauft. Diese Argumentation ist jedoch nicht stichhaltig, da Marktphasen nicht vorhersehbar sind und man daher nicht wissen kann, ob sich die Käufe und Verkäufe durch Rebalancing tatsächlich als vorteilhaft erweisen. Es mag einleuchten, dass eine Erhöhung der Aktienquote mitten in einem Crash in der Regel die Rendite erhöht. Denn bisher folgte auf jeden Crash eine Erholungsphase. Wenn aber ein Investment in die Aktienmärkte über 20 Jahre hinweg höhere Renditen erzielt als ein Investment in Zinspapiere, was im Durchschnitt der Fall war, dann schmälern regelmäßige Umschichtungen vom Aktienmarkt in Zinspapiere die Portfoliorendite.

Ein Rebalancing zwischen Aktien und Anleihen führt also keineswegs automatisch zu einem Renditebonus, wie manchmal behauptet wird. Lediglich durch Umschichtungen innerhalb einer Anlageklasse (zum Beispiel Aktien) konnten in bestimmten Marktphasen Renditevorteile erzielt werden. Wer also im Rahmen eines komplexeren Portfolios aus Aktien-ETFs zunächst eine Quote für Schwellenländer-, Nebenwerte- oder Small Cap-ETFs festlegt, sollte in den Folgejahren eine Rebalancing-Strategie in Erwägung ziehen.

Folgende Argumente sprechen gegen Rebalancing:

→ Abgeltungsteuer: Wenn Sie Aktien-ETFs vorzeitig mit Gewinn verkaufen, behält die Bank unter Umständen Abgeltungsteuern ein. Sie können dann nur einen geringeren Betrag wieder in Zinspapiere investieren.

→ Kosten: Bei jedem Kauf und Verkauf fallen Ordergebühren an. Das ist je nach Broker nicht viel, aber Kleinvieh macht auch Mist.

→ Aufwand: Sie müssen Ihr Portfolio regelmäßig analysieren und einen Plan erstellen, wann und wie Sie die Gewichte anpassen.

GUT ZU WISSEN

Unser Rat: Überprüfen Sie Ihr Depot etwa einmal im Jahr.

Wenn Sie sich mit einem im Laufe der Zeit gestiegenen Aktienanteil nicht unwohl fühlen, müssen Sie nichts ändern. Der (gestiegene) Wert von Aktien-ETFs kann sich in einem Crash durchaus halbieren. Wenn Sie das Risiko von Wertschwankungen weiterhin begrenzen wollen, legen Sie eine Toleranzschwelle oder ein Anpassungsintervall fest.
Mit einer großzügigen Toleranzschwelle von beispielsweise 10 Prozentpunkten geben Sie dem Portfolio etwas Luft zum Atmen: Sie korrigieren die Gewichtung erst, wenn die Aktienquote um 10 Prozentpunkte zu hoch oder zu tief ist. Das setzt voraus, dass man das Portfolio ständig im Auge behält, was sehr aufwendig ist. Einfacher ist ein Anpassungsintervall von zum Beispiel einmal pro Jahr. Dann korrigieren Sie die Gewichte nur zu einem festen jährlichen Zeitpunkt. Wenn Sie Toleranzschwelle und Anpassungsintervall kombinieren, reduzieren Sie die Handelskosten und die Steuerbelastung. Denn dann greifen Sie zum Beispiel jährlich nur dann ein, wenn sich die Gewichte zu stark verschoben haben.

Crash am Aktienmarkt: Und jetzt?

Der Börsencrash kommt so sicher wie das Amen in der Kirche – früher oder später. Rechnen Sie damit! Es gibt keine Anlageklasse, die nicht von Zeit zu Zeit mehr oder weniger deutlich an Wert verliert. Das gilt für Immobilien und Anleihen ebenso wie für Aktien. Selbst Bargeld kann durch Hyperinflation massiv an Kaufkraft verlieren.

Einen Börsencrash zum ersten Mal als Anleger zu erleben, kann emotional belastend sein und einen ganz schön aus der Bahn werfen. Sie werden erfahren, wie es sich anfühlt, in kurzer Zeit einen beträchtlichen Teil Ihres Vermögens verloren zu haben. Ein Crash trifft die Märkte oft unerwartet – er kommt plötzlich und heftig. Die größten Kursverluste ereignen sich innerhalb weniger Tage und vernichten Kursgewinne, die über Jahre hinweg aufgebaut wurden. Nach vier Jahren haben sich die Kurse in der Regel wieder erholt. In Ausnahmefällen kann die Durststrecke jedoch bis zu zwölf Jahre andauern.

Die richtige Reaktion darauf ist: eine Mischung aus Disziplin und Gelassenheit. Beim zweiten oder dritten Crash wächst die Gelassenheit. Und wenn die Zeitungen bei einem Kursrückgang von 8 Prozent schon von einem Crash sprechen, werden Sie nur mit den Schultern zucken und Ihre Aufmerksamkeit wieder wichtigeren Dingen widmen, denn Sie haben schon schlimmere Turbulenzen erlebt.

Wenn Sie die Tipps in diesem Ratgeber beherzigen, sind Sie für einen Crash bestens gerüstet, denn:

1. Sie sind nicht überrascht, weil Sie wissen, dass das Auf und Ab an der Börse dazugehört (→ Seite 50).
2. Sie haben das Risiko entsprechend Ihrer Risikobereitschaft begrenzt (→ Seite 81). Ein Crash bringt Sie nicht in finanzielle Schwierigkeiten.
3. Sie haben rechtzeitig die Handbremse gezogen und Ihre Aktien-ETFs zumindest teilweise verkauft, wenn eine Veränderung Ihrer Lebenssituation dies erforderlich machte (→ Seite 95).
4. Sie haben das Anlagerisiko Ihrer Aktien-ETFs global über alle Branchen, alle Industrie- und Schwellenländer, große und kleine Unternehmen gestreut (→ Seite 152). Ein Totalverlustrisiko besteht somit nicht mehr und Verluste sind nur vorübergehender Natur.

Wenn Sie noch einen Anlagehorizont von fünf bis zehn Jahren vor sich haben und weiter investieren, ist ein Crash sogar ein Grund zur Freude, wie Daniel Ganowski und Gerd Kommer in ihrem Blog unter gerd.kommer.de anhand mathematischer Simulationen auf Basis der Daten zum globalen Aktienmarkt zeigen. Der Grund: Im Durchschnitt erholen sich die Aktienmärkte nach einem Crash innerhalb von vier Jahren wieder. Weitere Investitionen in den Aktienmarkt erfolgen dann vorübergehend zu deutlich günstigeren Kursen, was die Gesamtrendite erhöht, sobald die Kurse wieder das Niveau vor dem Crash erreicht haben.

Wenn Sie also noch nicht kurz vor der Rente stehen, freuen Sie sich auf den nächsten Crash und nutzen Sie die unverhofft günstigeren Kurse wie Schnäppchen beim Discounter. Wenn Sie gerade nichts neu anzulegen haben, können Sie Ihre Aktienquote durch Rebalancing wieder auf das gewünschte Niveau bringen. Ansonsten tun Sie im Crash immer Folgendes: nichts!

ETFs verkaufen

Nachdem Sie alle Herausforderungen beim Aufbau Ihres eigenen ETF-Depots gemeistert haben, kommt eines Tages der letzte Schritt: der Verkauf. Sie können Ihre ETFs vollständig, teilweise oder in Raten verkaufen.

Ein vollständiger oder teilweiser Verkauf bietet sich an, wenn Sie konkreten Liquiditätsbedarf für das Geld haben, sei es wegen einer geplanten Anschaffung, für den Erwerb von Wohneigentum oder andere Zwecke. Dann verkaufen Sie entsprechende Anteile in der Höhe des Bedarfs. Denken Sie bei der Berechnung des Verkaufserlöses an mögliche Steuerabzüge. Wenn Sie über die Jahre zu verschiedenen Zeitpunkten investiert haben und immer wieder den ETF gewechselt oder ein neues Depot eröffnet haben, überlegen Sie, ob Sie nicht zuerst die ETFs verkaufen, bei denen der Kursgewinn am geringsten ist. Dann ist auch der Steuerabzug am geringsten (→ Kasten FiFo vermeiden, Seite 206).

Haben Sie dagegen in ETFs zum Vermögensaufbau für die Altersvorsorge investiert und benötigen Sie nun ein zuverlässiges und sicheres Einkommen zur Deckung Ihres Lebensunterhalts, haben Sie im Wesentlichen folgende Möglichkeiten:

- → Einzahlung in die gesetzliche Rentenversicherung
- → private Rentenversicherung (Leibrente)
- → Tagesgeld oder Anleihen-ETFs
- → Bankauszahlplan oder Festgeldtreppe.

Diese Alternativen bieten Ihnen ein hohes Maß an Kalkulationssicherheit. Oft ist diese Kalkulationssicherheit auch genau das, was Sie im Alter brauchen. Sie hat aber auch einen Nachteil: Mehr Sicherheit geht immer zulasten der Renditechancen. Das gilt in der Ansparphase genauso wie in der Rentenphase. Wenn Sie auch im Rentenalter noch die Renditechancen der Aktienmärkte nutzen wollen, stehen Ihnen folgende Möglichkeiten zur Verfügung:

- → ETF-Entnahmeplan mit Aktien-ETFs
- → ETF-Depot fortführen und nach Bedarf in Teilen verkaufen.

All diese Optionen haben ihre Vor- und Nachteile. Entscheidend ist, dass Sie eine Lösung finden, die zu Ihrem Bedarf passt. Sie müssen sich daher ein weiteres Mal die Zeit nehmen, um eine fundierte Entscheidung zu treffen (→ Seite 75): Wie viel Risiko darf es im Rentenalter sein?

Sie können alle Optionen natürlich auch ganz nach Bedarf miteinander kombinieren.

Einzahlungen in die gesetzliche Rentenversicherung

Unser Rentensystem beruht im Wesentlichen auf zwei Verfahren: dem Umlageverfahren und dem Kapitaldeckungsverfahren. Im **Umlageverfahren** hängt die Rente von der Einkommensentwicklung in Deutschland und den politischen Entscheidungen der jeweils gewählten Regierung ab. Im **Kapitaldeckungsverfahren** hingegen hängt sie von der Entwicklung der Kapitalmärkte ab. Durch die Steuer- und Abgabenpolitik kann der Staat in beide Verfahren eingreifen. Die Idee der Risikostreuung an den Kapitalmärkten (→ Seite 43) kann man auch auf die beiden Verfahren des Rentensystems übertragen: Eine Rente, die zum Teil aus dem Umlageverfahren und zum Teil aus dem Kapitaldeckungsverfahren stammt, ist weniger riskant als eine Rente, die sich nur aus einer der beiden Quellen speist.

Wenn Sie für sich noch Bedarf sehen, Ihre Rente aus dem Umlagesystem aufzustocken, können Sie Entgeltpunkte in der gesetzlichen Rentenversicherung erwerben. Dies ist jedoch für Arbeitnehmerinnen und Arbeitnehmer nicht zu jedem Zeitpunkt und in jeder Höhe möglich.

→ Bis zum 45. Lebensjahr können Sie Beiträge für Ausbildungszeiten nachzahlen.
→ Ab dem 50. Lebensjahr können Sie Sonderzahlungen leisten, um eventuelle Rentenabschläge – also Rentenminderungen wegen eines früheren Rentenbeginns – auszugleichen.
→ Darüber hinaus besteht grundsätzlich die Möglichkeit, sich freiwillig zu versichern, wenn Sie bisher nicht pflichtversichert waren.

Bedenken Sie, dass einmal eingezahlte Beiträge nicht mehr zur Verfügung stehen, außer in Form einer Rente. Die gesetzliche Rente ist eine sehr sichere und stabile Säule der Alterssicherung. Außerdem ist der Erwerb von Entgeltpunkten derzeit in der Regel attraktiver als der Abschluss einer privaten Rentenversicherung.

Wenn Sie sich für diese Möglichkeit interessieren, lassen Sie sich am besten kostenlos bei der Deutschen Rentenversicherung beraten.

→ **TIPP Erwerb von Entgeltpunkten**
Es gibt ein Beratungsangebot der Deutschen Rentenversicherung zur freiwilligen Zuzahlung unter:

Private Rentenversicherung (Leibrente)

Sie können bei einem privaten Versicherungsunternehmen gegen einen Einmalbeitrag eine lebenslange Rente (Sofortrente, Leibrente) erwerben. Die Versicherungsgesellschaft legt das eingezahlte Kapital am Kapitalmarkt an und zahlt anschließend eine lebenslange garantierte Rente. Im Todesfall erhalten die Erben keine Leistung, es sei denn, es wurde eine Todesfallleistung vereinbart, die meist in verschiedenen Rentengarantiezeiten besteht. Entscheiden Sie sich zum Beispiel für eine Rentengarantiezeit von 20 Jahren und sterben Sie nach acht Jahren, wird die Rente für die restlichen zwölf Jahre an die Begünstigten im Todesfall bezahlt. Je höher die Todesfallleistung ist, desto niedriger fällt die Rente aus.

Um zu entscheiden, ob eine private Rentenversicherung sich lohnt, müsste man im Vorhinein wissen, wie alt man wird. Denn je länger man lebt, desto mehr Rente bekommt man. Das aber kann niemand wissen. Um trotzdem einen Anhaltspunkt zu haben, können Sie Folgendes tun: Teilen Sie die An-

BEISPIEL

Lohnt sich eine private Rentenversicherung (Leibrente)?

Sie sind 65 Jahre alt und möchten für 10.000 Euro eine lebenslange Rente kaufen. Ein Versicherer bietet Ihnen dafür Ende 2024 eine **garantierte monatliche Rente** von 26 Euro. Überschüsse sind möglich, aber nicht sicher. Deshalb kalkulieren Sie ohne Überschüsse.
Das Ergebnis: Der Versicherer zahlt Ihnen in den ersten 384 Monaten nur das Geld zurück, das Sie ihm gegeben haben (Rechnung: 10.000 Euro/26 Euro pro Monat = 384,6 Monate). Sie wären dann 97 Jahre alt.
Oder Sie berechnen die **jährliche Auszahlungsrate** (hier 26 Euro pro Monat x 12 Monate = 312 Euro pro Jahr) im Verhältnis zum Einmalbeitrag. In diesem Fall ergibt sich eine garantierte jährliche Auszahlungsrate von 3,12 Prozent (Rechnung: 312 Euro/10.000 Euro = 0,0312 = 3,12 Prozent). Manche Direktbanken boten Ende 2024 für eine feste Anlage über zehn Jahre einen ähnlichen oder sogar höheren Zinssatz. Dann würden Sie jährliche Zinseinnahmen erhalten, ohne den Anlagebetrag zu verbrauchen.

lagesumme (Einmalbeitrag) durch die garantierte monatliche Rente. So können Sie ausrechnen, für wie viele Monate die Anlagesumme reichen würde, wenn Sie sie unters Kopfkissen legen und jeden Monat die garantierte Rente entnehmen würden.

Eine private Rentenversicherung bietet zwar den Vorteil einer lebenslangen garantierten Rente, aber besonders hohe Renditen sind hier bei normaler Lebenserwartung nicht zu erwarten. Dies liegt daran, dass die Versicherer eine konservative Anlagestrategie umsetzen und die Rente nach eigenen Sterbetafeln besonders vorsichtig kalkulieren. Außerdem schmälern hohe Kosten und Gewinnmargen der Anbieter die Rendite.

Tagesgeld oder Anleihen-ETFs

Wollen Sie ein angespartes Vermögen oder einen Teil davon im Alter ohne Wertschwankungen und mit maximaler Flexibilität anlegen, kommen Anleihen-ETFs oder ein Tagesgeldkonto infrage: Hiermit können Sie jederzeit auf veränderte Bedarfe reagieren, weil das Geld binnen kurzer Frist verfügbar ist. Tagesgeld punktet damit, dass es keine Wertschwankungen hat. Dafür ist der Zinssatz nicht fest, kann also jederzeit auch deutlich sinken. Tipps zur Anbieterauswahl → Seite 169. Anleihen-ETFs dagegen können je nach Restlaufzeit der Anleihen im Wert erheblich schwanken (zum Vergleich → Tab. 16, Seite 172).

BEISPIEL

Rücklage für Renovierung? Tagesgeldkonto!

Sie sind 65 Jahre alt und wohnen im eigenen Haus. Sie beschließen, einen Teil Ihrer ETFs zu verkaufen, weil Sie in den nächsten ein bis drei Jahren 50.000 Euro für die Renovierung der Heizung oder des Badezimmers benötigen. Sie wissen aber noch nicht genau, wann Sie mit der Renovierung beginnen werden. In diesem Fall eignet sich die Anlage auf einem Tagesgeldkonto.

Bankauszahlplan oder Festgeldtreppe

Bei einem Bankauszahlplan tauschen Sie einen Geldbetrag gegen eine regelmäßige monatliche Auszahlung. Es gibt Angebote mit Laufzeiten zwischen zwei und 30 Jahren. Während der Laufzeit erhalten Sie einen festen Zinssatz. Sie können wählen, ob Sie sich nur die Zinsen oder auch das Kapital in Raten auszahlen lassen möchten (mit Kapitalverzehr). → Tab. 24, Seite 219 zeigt die monatliche Auszahlung bei einem Anlagebetrag von 10.000 Euro für Auszahlungspläne mit Kapitalverzehr. Die Höhe der Auszahlung hängt von der Laufzeit und dem Zinssatz ab.

BEISPIEL

Bankauszahlplan im Vergleich zur privaten Rentenversicherung

Sie legen 10.000 Euro zu 3 Prozent Zinsen in einen Bankauszahlplan mit zehn Jahren Laufzeit und Kapitalverzehr an. Daraus ergibt sich eine monatliche Auszahlung von rund 96 Euro. Die Zinserträge summieren sich über die Laufzeit auf 1.536 Euro. Würde das Geld über 20 Jahre verteilt ausgezahlt, ergäbe sich eine monatliche Auszahlung von rund 55 Euro und die Zinserträge beliefen sich auf 3.228 Euro. Eine private Rentenversicherung würde zwar eine lebenslange Rente zahlen, aber die garantierte Rente läge in diesem Fall derzeit kaum über 30 Euro. Steuern sind hier jeweils nicht berücksichtigt, da sie von der individuellen Situation abhängen.

MONATLICHE AUSZAHLUNG NACH ZINSSATZ					
LAUFZEIT	2 %	3 %	4 %	5 %	6 %
10 Jahre	92 Euro	96 Euro	101 Euro	106 Euro	110 Euro
20 Jahre	51 Euro	55 Euro	60 Euro	65 Euro	71 Euro
30 Jahre	37 Euro	42 Euro	47 Euro	53 Euro	59 Euro

Tab. 24: Monatliche Auszahlung eines Bankauszahlplans mit Kapitalverzehr, nach Zinssatz und Laufzeit

→ **TIPP Anbietervergleich**
Zum unabhängigen Anbietervergleich der Stiftung Warentest (kostenpflichtig) gelangen Sie hier:

Zum Anbietervergleich des Vergleichsportals Biallo & Team (werbefinanziert) kommen Sie hier: www.biallo.de/festgeld/ratgeber/auszahlplan/
Einen Rechner Entnahmeplan gibt es von zinsen-berechnen.de (werbefinanziert): www.zinsen-berechnen.de/entnahmeplan.php

Die Festgeldtreppe (auch Treppen- oder Leiterstrategie genannt) ist kein Produkt, das von Banken angeboten wird. Vielmehr handelt es sich um eine Kombination mehrerer Festgelder mit unterschiedlichen Laufzeiten. Hierbei werden die Anlagebeträge zeitlich gestaffelt fällig. Das Bild (Abb. 26 und Beispiel, → Seite 220) erinnert an eine Treppe oder Leiter, daher der Name. Informieren Sie sich vorab über die verschiedenen Festgeldanbieter.

→ **TIPP Zinsen für Festgeld**
Das beste Angebot finden Sie sicher unter: www.verbraucherzentrale.de/node/102422

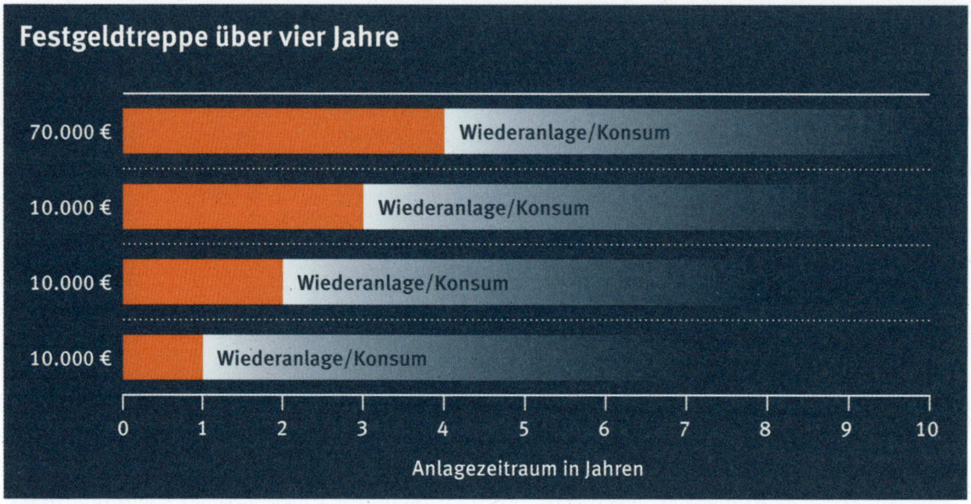

Abb. 26: Festgeldtreppe über vier Jahre (Anlagesumme 100.000 Euro)

BEISPIEL

Festgeldtreppe

Angenommen Sie haben 100.000 Euro anzulegen und benötigen in einem Jahr und in den Folgejahren jeweils circa 10.000 Euro, um einige unregelmäßige Kosten (Reisen, einige Anschaffungen, Dritte Zähne etc.) zu decken. Sie möchten Risiken ausschließen. Sie wollen Zinssicherheit, möchten sich aber nicht zu lange binden. Außerdem benötigen Sie in vier Jahren einen größeren Betrag für ein neues Auto. Sie wollen daher „auf Sicht" fahren und zunächst sicherstellen, dass in den nächsten drei Jahren jeweils 10.000 Euro frei werden. Die restlichen 70.000 Euro möchten Sie für maximal vier Jahre fest anlegen, danach sehen Sie weiter. Eine Festgeldtreppe sieht dann wie in → Abb. 26, Seite 220 aus: Jeweils 10.000 Euro werden für ein, zwei und drei Jahre fest angelegt, der Rest für vier Jahre.

ETF-Entnahmeplan

Am Aktienmarkt investiert bleiben und gleichzeitig eine Rente aus dem Vermögen beziehen, das geht auch mit einem sogenannten **ETF-Entnahmeplan**. Dieser funktioniert wie ein ETF-Sparplan, nur umgekehrt: Sie verkaufen monatlich Fondsanteile für einen bestimmten Betrag. Die Ordergebühren sind in der Regel die gleichen wie beim Sparplan.

Die monatliche Auszahlung beim ETF-Entnahmeplan kann deutlich höher sein als die Auszahlung, die Sie erhalten, wenn Sie den Betrag in die gesetzliche Rente, in eine private Rentenversicherung oder in einen festverzinslichen Bankauszahlplan investieren. Den Unterschied zeigt der folgende Vergleich (→ Tab. 25) für eine Anlagesumme von 100.000 Euro. In der ersten Zeile ist die Entnahme bei einem Auszahlplan mit Kapitalverzehr über 25 Jahre und 3 Prozent Verzinsung dargestellt, in der zweiten Zeile die Entnahme bei einem ETF-Entnahmeplan über 25 Jahre mit Anlageschwerpunkt Aktien weltweit.

Für den ETF-Entnahmeplan wird eine Rendite von 7,5 Prozent abzüglich laufender Kosten von 0,2 Prozent per annum und Verkaufskosten von 0,5 Prozent pro Entnahme angenommen.

ENTNAHMEART	MONATLICHE ENTNAHMERATE	SUMME DER ERTRÄGE ÜBER DIE LAUFZEIT
Bankauszahlplan (3 % Zinsen)	471 Euro	41.275 Euro
ETF-Entnahmeplan (Rendite: 7,5 % abzüglich Kosten)	707 Euro	113.310 Euro

Tab. 25: Bankauszahlplan und ETF-Entnahmeplan über 25 Jahre (Anlagesumme 100.000 Euro)

Beim Bankauszahlplan beträgt die monatliche Auszahlung 471 Euro, beim ETF-Entnahmeplan 707 Euro. Noch deutlicher wird der Unterschied, wenn man die Höhe der Kapitalerträge vergleicht. Bezogen auf die Anlagesumme von 100.000 Euro ergeben sich beim Bankauszahlplan 41.275 Euro und beim ETF-Entnahmeplan 113.310 Euro (jeweils ohne Berücksichtigung von Inflation). In beiden Fällen fällt gegebenenfalls Kapitalertragssteuer an. Beim Bank-Auszahlplan ist diese noch recht einfach abzuschätzen, denn der Zinsertrag ergibt sich aus dem Kontostand. Beim ETF-Entnahmeplan ist der Steuerabzug dagegen deutlich komplizierter (mehr dazu: Gut zu wissen → Seite 222). Die höhere monatliche Entnahmerate des ETF-Entnahmeplans klingt verlockend. Sie birgt aber ein erhebliches Risiko.

GUT ZU WISSEN

Pleite-Risiko und Renditereihenfolgenrisiko beim ETF-Entnahmeplan

Beim ETF-Entnahmeplan kann es vorkommen, dass vor Ablauf der geplanten Auszahlungsdauer kein Geld mehr vorhanden ist (Pleite-Risiko). Ein Beispiel: Angenommen, Sie beginnen den Entnahmeplan wie in Tab. 25 → Seite 221 beschrieben: Sie starten mit einem Kapital von 100.000 Euro und verkaufen monatlich ETFs für 707 Euro. Dann laufen die Aktienmärkte aber schlecht: Im ersten Jahr brechen die Kurse um 25 Prozent ein, dann dauert es sechs Jahre, bis der Performance-Index wieder das Ausgangsniveau erreicht hat. Wenn Sie dann trotzdem monatlich 707 Euro entnommen haben, ist nach sechs Jahren bereits mehr als die Hälfte des anfänglich eingezahlten Kapitals ausgezahlt (Rechnung: 707 x 12 x 6=50.904). Das Restkapital reicht dann sicher nicht mehr aus, um die Raten von 707 Euro für die restlichen 19 Jahre zu bezahlen.

Modifiziert man das Beispiel dahin gehend, dass die Aktienkurse erst nach 10 Jahren um 25 Prozent fallen, so ist die Wahrscheinlichkeit höher, dass eine Pleite nicht eintritt. Der gleiche Kursrückgang um 25 Prozent wirkt sich bei einem späteren Eintreten deutlich geringer aus. Denn zu Beginn wirkt sich der Kursrückgang auf das gesamte Kapital aus, später nur noch auf einen viel kleineren Teil des Kapitals. Man spricht daher vom Renditereihenfolgenrisiko (englisch Sequence of Returns Risk), das einen erheblichen Einfluss auf den langfristigen Anlageerfolg bei Entnahme- und bei Sparplänen hat (zu Letzteren siehe Cost-Average-Effekt → Seite 188).

Das Beispiel (→ Gut zu wissen, Seite 222) macht deutlich, dass es nicht möglich ist, beim ETF-Entnahmeplan eine konstante monatliche Entnahme zu bestimmen, bei der das Geld bis zum Lebensende oder über einen ganz bestimmten Entnahmezeitraum vollständig aufgebraucht ist. Entweder es ist Geld übrig, oder es ist zu früh alle. Dies sollten Sie bei der Entscheidung für einen ETF-Entnahmeplan berücksichtigen. Wenn Sie jedoch nicht darauf angewiesen sind, das Kapital vollständig für Ihren Lebensunterhalt aufzuwenden und beispielsweise Ihren Kindern oder anderen Personen oder Institutionen etwas hinterlassen möchten, ist ein ETF-Entnahmeplan eine geeignete Möglichkeit, Ihre Rente aufzubessern. Allerdings sollten Sie die Entnahmeraten vorsichtig kalkulieren und bereit sein, diese gegebenenfalls zu reduzieren, wenn die Erträge geringer als erwartet ausfallen. Es gibt verschiedene Entnahmeregeln, mit denen Sie arbeiten können.

Statische Entnahmepläne: Die 4-Prozent-Regel

Die 4-Prozent-Regel besagt, dass man jährlich 4 Prozent eines Anlagebetrags entnehmen und dann jährlich um die Inflationsrate erhöhen kann, ohne dass das Vermögen innerhalb von 30 Jahren aufgebraucht ist. Es handelt sich um eine statische Entnahmeregel, da die Entnahme unabhängig von der Entwicklung des Anlageportfolios ist. Zum Beispiel würden Sie bei einer Anlagesumme von 100.000 Euro im ersten Jahr 4.000 Euro entnehmen. Im zweiten Jahr würden bei einer Preissteigerung von 2 Prozent 4.080 Euro entnommen werden. Die 4-Prozent-Regel wurde erstmals in den 1990er-Jahren formuliert und aus historischen Daten zur Wertentwicklung der US-amerikanischen Aktien- und Rentenmärkte seit 1926 abgeleitet. Grundlage der Berechnungen ist ein Depot, das zu 60 Prozent aus Aktien und zu 40 Prozent aus Anleihen besteht. Seit den 1990er-Jahren sind die Zinsen jedoch weltweit stark gefallen, es folgten sogar Null- und Negativzinsphasen und zuletzt eine Phase hoher Inflationsraten. Es zeigte sich, dass diese Regel nicht mehr funktioniert. Neuere Studien schlagen daher eine Modifikation der Regel durch eine Absenkung der Entnahme auf 3,5 Prozent und eine dynamische Anpassung an die Kapitalmarktentwicklung vor statt einer automatischen Erhöhung der Entnahme mit der Preissteigerung.

Dynamische Entnahmepläne: Die 1/n-Regel

Passt man bei einem ETF-Entnahmeplan die Entnahmerate an die Entwicklung des Portfolios an, spricht man von einer dynamischen Entnahmerate. Das bedeutet, dass in guten Börsenjahren mehr und in schlechten Jahren weniger entnommen werden kann. Die 1/n-Regel ist die einfachste dynamische Entnahmeregel. Sie stellt sicher, dass das Kapital innerhalb eines bestimmten Zeitraums aufgebraucht wird. Sie funktioniert so: Die monatliche Auszahlung ist gleich dem aktuellen Depotstand multipliziert mit 1/n. Dabei ist n die Anzahl der verbleibenden Monate des Auszahlungszeitraums. → Tab. 26, Seite 224 zeigt eine Beispielrechnung für ein Depot mit einem Anfangswert von 100.000 Euro und einer Entnahme über 25 Jahre (300 Monate).

MONAT	DEPOTWERT ZU MONATSBEGINN	DEPOTWERT ZU MONATSENDE	RESTMONATE (N)	ENTNAHME ZUM MONATSENDE 1/N	RESTKAPITAL
1	100.000 Euro	103.000 Euro	300	343 Euro	102.657 Euro
2	102.657 Euro	104.710 Euro	299	350 Euro	104.360 Euro
3	104.360 Euro	93.924 Euro	298	315 Euro	93.608 Euro
...	...	...	...	...	...
13	97.207 Euro	101.245 Euro	288	352 Euro	100.893 Euro
...	...	...	...	...	...
299	679 Euro	692 Euro	2	346 Euro	346 Euro
300	346 Euro	336 Euro	1	336 Euro	0 Euro

Tab. 26: Dynamischer Entnahmeplan mit der 1/n-Regel, Entnahme über 25 Jahre

Nach einem Monat steigt der Depotwert in diesem Beispiel um 3 Prozent auf 103.000 Euro. Der Wert wird mit 1/300 multipliziert, was einer Entnahme von 343 Euro entspricht. Im nächsten Monat wird die Entnahme analog berechnet und steigt aufgrund der guten Depotentwicklung auf 350 Euro. Im dritten Monat kommt es jedoch zu einem Einbruch um 10 Prozent. Entsprechend sinkt die Auszahlung von Euro auf 315 Euro. Und so geht es weiter bis zum Ende der Auszahlungsperiode.

Entnahmepläne mit der 1/n-Regel werden bisher am Markt nicht angeboten. Die Umsetzung in Eigenregie ist auf Monatsbasis viel zu aufwendig. Stattdessen bietet es sich an, einen Entnahmeplan auf Jahresbasis zu berechnen. Hier legt man die monatliche Auszahlung einmal jährlich fest und ändert sie erst im nächsten Jahr wieder. Im obigen Beispiel würden Sie für das erste Jahr einen Entnahmebetrag von 343 Euro festlegen. Im zweiten Jahr (13. Monat in der obigen Tabelle) beträgt der Entnahmebetrag 352 Euro. Beginnt die neue Entnahmeperiode im Januar, passen Sie stets im Dezember die Rate an. Nur in den letzten beiden Jahren kann es bei sehr ungünstiger Börsenentwicklung vorkommen, dass das Geld nicht ganz bis zum Schluss reicht.

Rendite und Risiko des Entnahmeplans

Um eine Vorstellung davon zu bekommen, wie riskant bestimmte Entnahmestrategien sind, kann man untersuchen, wie riskant sie in der Vergangenheit waren. Eine gängige Methode ist die Simulation. Vereinfacht gesagt berechnet man historische Monatsrenditen, zum Beispiel für den MSCI World Index. Diese wirft man in eine fiktive Lostrommel. Dann bestimmt man den Depotverlauf eines Entnahmeplans, indem man Monat für Monat ein Los zieht, um die Rendite zu ermitteln. Läuft der Entnahmeplan über 20 Jahre, werden 20 x 12 = 240 Renditen gezogen. Auf diese Weise wird festgestellt, wann das Geld durch die Entnahmen aufgebraucht ist oder wie viel Geld am Ende eines bestimmten Zeitraums noch übrig ist. Interessant wird es aber erst, wenn dies zum Beispiel 20.000 Mal wiederholt wird. Denn hat der Entnahmeplan einmal funktioniert, kann das auch Glück gewesen sein. Durch die Wiederholungen erhält man zum Beispiel folgende Informationen:

→ **Pleite-Wahrscheinlichkeit:** Sie gibt an, wie hoch der Anteil der Fälle war, in denen das Geld vor Ablauf der geplanten Entnahmedauer aufgebraucht war. Liegt sie zum Beispiel bei 4 Prozent, so hat der Entnahmeplan meistens gut funktioniert (immerhin in 96 Prozent der Fälle), aber wenn man Pech hatte (nur in 4 Prozent der Fälle), hat es nicht gereicht.
→ **Durchschnittliche Pleiteperiode:** Sie gibt an, wie lange das Kapital im Durchschnitt gereicht hat, falls die Pleite vor der geplanten Entnahmedauer eingetreten ist.
→ **Durchschnittliches Endvermögen:** Kommt es nicht zur Pleite, bleibt am Ende der geplanten Entnahmedauer ein Depotwert übrig. Wie hoch dieser im Durchschnitt war, gibt das durchschnittliche Endvermögen an.

Sie können Ihre Entnahmerate so niedrig ansetzen, dass am Ende mit Sicherheit noch Geld übrig ist. Bei einer Entnahmerate von 2 Prozent per annum, bezogen auf das jeweilige Vermögen ist eine spätere Absenkung nahezu ausgeschlossen, da in der Regel die jährliche Dividendenrendite hierfür bereits ausreicht. Die Höhe der Dividendenrendite eines Aktienindex kann jederzeit dem jeweiligen Factsheet entnommen werden (→ Seite 152).

Passen Sie die Entnahmerate außerdem dynamisch an – entweder mit der 1/n-Regel oder je nach Wertentwicklung und persönlichem Bedarf. Manchmal ist es möglich, zum Beispiel den Ersatz des Autos um ein oder zwei Jahre zu verschieben oder das Budget dafür etwas zu reduzieren, was sich in einer Phase mit schlechten Kursen anbietet.

Ein Forscherteam bietet Interessierten auf der unten angegebenen Internetseite kostenfrei eine Entnahmesimulation an. Wer sich nicht sicher ist, wie riskant ein ETF-Entnahmeplan ist, kann sich eine individuelle Entnahmestrategie simulieren lassen. Zu beachten ist allerdings, dass die Simulation nur auf Daten zwischen 1990 und 2022 basiert. Dies ist zwar ein relativ langer Zeitraum, der mehrere Börsenzyklen umfasst. Es ist jedoch möglich, dass die Ergebnisse anders ausfallen, wenn ein längerer Datensatz verwendet wird.

Bitte beachten Sie, dass Steuern die Entnahmerate reduzieren können.

→ **TIPP Entnahmesimulation**
Der „Entspar-Simulator" von behavioral-finance.de ist unabhängig und kostenfrei, Sie finden ihn hier:

ACHTUNG

Schwankende Auszahlung durch Steuerabzug

Sie können nur die Entnahmerate vor Steuerabzug festlegen. Bei jeder Auszahlung muss die Bank den Veräußerungsgewinn nach der FiFo-Methode ermitteln und die Abgeltungsteuer an das Finanzamt abführen. Im Januar kann der Abzug noch gering sein, wenn der Sparerpauschbetrag noch nicht ausgeschöpft ist. In den Folgemonaten kann das schon anders aussehen. Bisher erhalten Sie von den Banken keine exakte Steuerberechnung vor Ausführung des Auftrags, sondern immer erst im Nachhinein. Sie erhalten nicht einmal eine Übersicht über gezahlte Vorabpauschalen für jeden ETF in Ihrem Depot. Die in der Depotübersicht angezeigten Kaufkurse sind daher nicht ohne weiteres dazu geeignet, den Steuerabzug vor Verkauf abzuschätzen. Bei mehreren Käufen und bei Sparplänen ist das noch schwieriger. Hier zeigt die Bank im Depot einen durchschnittlichen Kaufkurs an, der aber für die FiFo-Methode irrelevant ist. Doch es wird noch komplizierter, sobald Sie einmal Teile dieses Anteilsbestands verkauft haben: Steuerrechtlich haben Sie dann immer die zuerst angeschafften Anteile verkauft. Ihre Bank zeigt Ihnen aber weiterhin einen durchschnittlichen Kaufkurs an, den sie auf Basis aller Anteilskäufe berechnet hat.

→ **TIPP Steuerabzug**
Einen Puffer für den Steuerabzug sollten Sie bei der Höhe der Entnahmerate berücksichtigen. Wenn Sie den gewünschten Betrag mit 1,2 multiplizieren, sind Sie weitestgehend auf der sicheren Seite.

Bisher bieten nur wenige Banken und Broker Entnahmepläne für ETFs an. Sie können jedoch ein bestehendes Depot zu einem neuen Anbieter übertragen (Anbieterauswahl: → Seite 142). Der Übertrag ist kostenlos. Alle für die Kapitalertragsteuer relevanten Daten werden automatisch an den neuen Anbieter übertragen.

ETF-Depot fortführen und nach Bedarf in Teilen verkaufen.

Nur weil Sie in Rente gehen, heißt das nicht, dass Sie Ihr ETF-Depot auflösen müssen. Eine bedarfsgerechte Aktienquote hängt nicht vom Alter ab, sondern von Ihrer Bereitschaft, Wertschwankungen zu tragen. So können Sie bei Bedarf auch alle paar Jahre ein paar Fondsanteile verkaufen, um zum Beispiel Ihr Giro- oder Tagesgeldkonto wieder aufzufüllen, von dem Sie anstehende größere Anschaffungen oder Reparaturen am Haus bezahlen möchten. Auch hier kann das Problem auftreten, dass Sie nicht genau wissen, wie hoch das Guthaben nach dem Verkauf sein wird, da die Bank vor dem Verkauf die Höhe des Steuerabzugs nicht mitteilt. Sofern die Bank hierzu eine „Steuersimulation“ anbietet, hat diese keinen Informationswert, wenn mittels Fußnote auf ihre Unverbindlichkeit hingewiesen wird, weil sie möglicherweise nicht korrekt ist. Anders als bei monatlichen Abhebungen zur Sicherung des Lebensstandards ist dies jedoch nicht gravierend, da Sie bei Bedarf einen zweiten Verkaufsauftrag erteilen können.

Zusammenfassung

Es gibt zwar etliche Fallstricke bei der Auswahl und beim Kauf von ETFs. Mit den richtigen Informationsquellen und ein wenig Vorbereitung können Sie all diese Herausforderungen meistern. Auch eine bedarfsgerechte Anlagestrategie mit ETFs für Ihre Geldanlage und Altersvorsorge ist nicht kompliziert, wenn Sie dabei wie beschrieben Schritt für Schritt vorgehen.

Wenn Sie einen langen Anlagezeitraum vor sich haben, brauchen Sie auch einen Börsencrash nicht zu fürchten. Im Gegenteil: Nutzen Sie ihn, wenn möglich, als Gelegenheit, um ETFs zu besonders günstigen Konditionen nachzukaufen! Historisch betrachtet war nach einem Crash von rund 50 Prozent vom Höchststand oft der Tiefpunkt erreicht, und es dauerte meist nur einige Jahre und selten länger als zehn Jahre, bis die Kurse alte Höchststände wieder einholten. Wenn Sie diszipliniert die hier beschriebene einfache und intelligente Buy-and-Hold-Anlagestrategie verfolgen, erledigt die Zeit den Rest. Falls Sie jedoch unsicher sind, scheuen Sie sich nicht, unabhängigen Rat einzuholen. Die Verbraucherzentralen unterstützen Sie gerne mit einer persönlichen Beratung und stehen Ihnen auch sonst jederzeit mit Rat und Tat zur Seite!

Musterfälle aus der Beratung der Verbraucherzentralen

Im Folgenden wird es konkret. Anhand von drei fiktiven Musterfällen lesen Sie, mit welchen typischen Problemen rund um das Thema Geldanlage und Altersvorsorge Ratsuchende in die Verbraucherzentrale kommen und wie diese gelöst werden können.

Die drei Fälle sind bewusst so gestaltet, dass ETFs jeweils eine zentrale Rolle spielen, aber nicht nur, es geht auch um Bausparverträge, Rentenzahlungen und eine Eigenheimfinanzierung. Schließlich sind ETFs zusammen mit anderen Anlageformen wichtige Bausteine einer erfolgreichen Geldanlagestrategie. Zunächst geht es um eine junge Angestellte, dann um eine Familie mit drei Kindern im Eigenheim und schließlich um ein Rentnerehepaar.

Die junge Angestellte

Kim ist 27 Jahre alt und arbeitet seit Abschluss ihrer Ausbildung vor sechs Jahren im medizinischen Bereich. „Die Arbeit ist hart und anstrengend, macht mir aber viel Spaß“, meint Kim. Als Angestellte verdient sie jetzt 2.100 Euro netto im Monat. Sie vereinbart einen Termin mit Lisa von der örtlichen Verbraucherzentrale, um über ihren **Riester-Vertrag** und einen alten **Bausparvertrag** zu sprechen. Außerdem interessiert sie sich für eine **nachhaltige Geldanlage**. Im Beratungsgespräch kommen aber auch andere Themen zur Sprache, die Kim bisher nicht auf dem Radar hatte.

BAföG-Schulden und Autokredit? Abbezahlen!

Es stellt sich heraus, dass Kim noch BAföG-Schulden in Höhe von 8.000 Euro und einen kleinen Autokredit über 4.500 Euro hat, für den sie 4,5 Prozent Zinsen zahlt.

„Die BAföG-Schulden kannst du auch auf einen Schlag tilgen, dann erhältst Du einen Nachlass auf die Schulden", schlägt die Beraterin Lisa vor. Laut Nachlasstabelle beträgt dieser in ihrem Fall immerhin 18 Prozent.

„Das ist aber ein satter Schuldenerlass! Das lohnt sich ja richtig, das Geld für die Rückzahlung zusammenzukratzen", sagt Kim. Außerdem erfährt sie, dass sie den Autokredit, für den sie monatlich 200 Euro zahlt, jederzeit ganz oder teilweise zurückzahlen kann.

„Immerhin sparst du dann 4,5 Prozent Zinsen", meint Lisa. Auf dem Bausparvertrag und dem Girokonto hätte Kim genug Guthaben, um beide Kredite zu tilgen. Für das Geld auf dem Girokonto bekommt sie keine Zinsen. Die Expertin rät daher, dieses Guthaben zur Tilgung der BAföG-Schulden zu verwenden (→ Seite 100).

„Und was hältst du von dem Bausparvertrag?", fragt Kim. „den schauen wir uns jetzt mal genauer an. Vielleicht wäre es eine interessante Option, damit den teuren Autokredit abzuzahlen", überlegt Lisa.

Bausparvertrag? Passt nicht!

Lisa schaut sich gemeinsam mit Kim die Unterlagen zum Bausparvertrag an.

„Meine Eltern haben den zu Beginn meiner Ausbildung abgeschlossen", sagt Kim, „Seitdem er zuteilungsreif ist, haben sie keine Beiträge mehr eingezahlt."

Zuteilungsreif bedeutet, dass sie genug eingezahlt hat, um ein Bauspardarlehen beantragen zu können. Kim hat aber gar nicht vor, Wohneigentum zu erwerben. Das wäre auch finanziell nicht möglich. Sie braucht also kein Bauspardarlehen. Auf dem Kontoauszug steht der Guthabenzins: immerhin 1,0 Prozent.

„Das ist zwar mehr als beim Girokonto, aber für Tages- und Festgeld zahlen manche Banken deutlich höhere Zinsen", weiß Lisa. Dann wirft sie noch einen Blick in die Bausparbedingungen. „Hier steht, dass du rückwirkend einen Prozentpunkt mehr Zinsen bekommst, wenn du auf das Bauspardarlehen verzichtest", sagt Lisa. Dazu müsse sie lediglich einen Brief an die Bausparkasse schreiben, dass sie die Zuteilung annimmt, den Verzicht erklärt und die höhere Verzinsung beantragt. Sie erhält dann das Guthaben samt Zinsen ausbezahlt. „Und damit kannst du auch den teuren Autokredit auf einen Schlag zurückzahlen", schlägt Lisa vor.

Riester? Ein Rohrkrepierer

Kim hat ihren Riester-Vertrag seit dem Ende ihrer Ausbildung. „Der wurde mir von einer Bekannten vermittelt, die Vermögensberaterin ist", erzählt Kim. „Wir waren nicht wirklich befreundet, aber sie hat mich ständig angerufen von wegen ich soll doch auch an meine Rente denken, und dann habe ich den eben abgeschlossen, um das Thema abzuhaken."

Es ist eine klassische Rentenversicherung mit garantierten Leistungen. Seitdem erhält Kim jährliche Standmitteilungen zu ihrem Vertrag. „Hier steht, wie hoch die Kosten sind. Das scheint mir ziemlich hoch. Ist das normal?", will Kim wissen.

Lisa geht die Unterlagen durch und bilanziert: „Unter dem Strich war der Vertrag bisher leider ein Verlustgeschäft, denn die Kosten waren jedes Jahr höher als die Erträge." Lisa erklärt ihr, dass die Abschlusskosten zwar nur in den ersten Jahren anfallen, aber die üppigen Verwaltungskosten die Rendite aber auch danach erheblich schmälern (→ Seite 77). Zudem ist die Anlagestrategie des Versicherers sicherheitsorientiert.

„Wir müssen jetzt mal ausführlich über den Zusammenhang zwischen Risiko und Rendite sprechen", sagt Lisa. Sie zeigt ihr die historischen Daten und beantwortet Kim alle Fragen, die sie dazu hat (→ Seite 55). Am Ende ist auch Kim klar: Mit diesem Vertrag ist langfristig keine attraktive Rendite zu erwarten. Es ist nicht einmal sicher, ob die Kaufkraft der Sparraten erhalten bleibt. Daran ändert auch die Tatsache nichts, dass der Vertrag staatlich gefördert wird.

„Denn die Zulagen und Steuervorteile sind in deinem Fall keineswegs Geldgeschenke des Staates! Sie verschieben die Steuerlast lediglich auf das Rentenalter", erklärt Lisa. Denn die spätere Rente muss Kim voll versteuern (→ Seite 207). Hätte Kim mehrere Kinder, sähe die Sache anders aus. Aber Kim hat in dieser Hinsicht keine Pläne und ist deshalb gespannt zu erfahren, wie sie stattdessen in Zukunft rentabler und kostengünstiger vorsorgen kann.

Rentablere Alternative: ETF-Sparplan

Eine Anlage in einen ETF, der einen weltweiten Aktienindex abbildet, biete deutlich höhere Renditechancen, erklärt Lisa. Allerdings sei diese Alternative auch mit erheblichen Wertschwankungen verbunden. Kim findet, dass das Auf und Ab an der Börse für sie kein Problem ist. „Ich habe ja noch viel Zeit bis zur Rente", sagt sie (→ Seite 88). Bei der Frage, ob sie einen ausschüttenden oder einen thesaurierenden ETF bevorzugt, entscheidet sich Kim für einen thesaurierenden. Die geringen Unterschiede in der Besteuerung sind ihr egal. Viel wichtiger ist ihr, dass sie motiviert bleibt, die Anlagestrategie konsequent umzusetzen. Bei thesaurierenden ETFs erhöhen nämlich die Erträge den

Anteilspreis, was die Performance besser aussehen lässt als bei ausschüttenden ETFs.

„Ich möchte mich auch nicht ständig um die Wiederanlage der Erträge kümmern", meint Kim und entscheidet sich schließlich, einen ETF-Sparplan auf einen globalen Index abzuschließen, der Aktien aus Industrie- und Schwellenländern sowie Small Caps enthält (→ Tab. 11, Seite 153). Lisa darf ihr zwar keinen ETF empfehlen, erklärt ihr aber, worauf sie bei der Auswahl achten sollte (→ Seite 177). Kim entscheidet sich, zunächst mit einer monatlichen Sparrate von 150 Euro einen Sparplan abzuschließen. Zur Auswahl des ETFs besorgt sie sich auf Rat von Lisa ein Heft von Stiftung Warentest Finanzen.

Lisa und Kim haben auch über nachhaltige Geldanlage gesprochen (→ Seite 186), aber nach eingehender Beschäftigung mit dem Thema hat Kim von dieser Idee Abstand genommen. Sie hatte sich unter einer nachhaltigen Anlage eine Geldanlage vorgestellt, die tatsächlich etwas bewirken würde, die Wirtschaft also verändern würde. „Aber so einfach ist es leider nicht", meint Lisa.

Arbeitnehmersparzulage: Mitnehmen!

Lisa erkundigt sich bei Kim, ob sie vermögenswirksame Leistungen von ihrem Arbeitgeber erhält. Und tatsächlich: Sie könnte monatlich 13,33 Euro zusätzlich zu ihrem Gehalt erhalten, müsste dafür aber einen VL-Sparplan abschließen und ihrem Arbeitgeber die Kontodaten für diesen Vertrag mitteilen. Außerdem liegt ihr zu versteuerndes Einkommen unter 40.000 Euro, weshalb sie Anspruch auf die Arbeitnehmersparzulage hat. Der staatliche Zuschuss beträgt bei einer Anlage in Fonds immerhin 20 Prozent der Sparbeiträge (maximal 80 Euro pro Jahr).

Einziger Haken an der Förderung: Über das Guthaben kann sie erst nach Ablauf der Sperrfrist von sieben Jahren verfügen. Aber das stört sie nicht. Kim entscheidet sich für einen VL-Fondssparplan mit einem Aktien-ETF. Um die volle Arbeitnehmersparzulage zu erhalten, stockt sie den Beitrag aus eigenen Mitteln auf 35 Euro monatlich auf. Lisas Tipp zur Wahl eines Anbieters: „Bei Stiftung Warentest Finanzen findest du auch eine Bank, die einen ETF-Sparplan mit VL anbietet."

Girokonto: Das gibt es auch kostenlos!

Im Beratungsgespräch erwähnt Kim, dass sie ihr Konto bei der örtlichen Sparkasse hat und bisher 9,50 Euro im Monat an Kontogebühren zahlt. Lisa hakt ein und weist Kim darauf hin, dass sie das Geld auch für die Altersvorsorge nutzen könnte, da sie bei Direktbanken problemlos auch ein kostenloses Girokonto bekomme.

„Wenn du die 9,50 Euro stattdessen jeden Monat anlegst, ergeben sich bei den historischen Renditen des MSCI World Index nach

40 Jahren immerhin gut 22.000 Euro", rechnet Lisa ihr vor (→ Tab. 18, Seite 192).

Rücklage? Tagesgeldkonto

Um in Zukunft teure Kredite zu vermeiden und das restliche Geld nicht mehr zinslos auf dem Girokonto liegen zu lassen, empfiehlt Lisa Kim den Abschluss eines Tagesgeldkontos. Da Kim ohnehin auf der Suche nach einer Direktbank ist, kann sie die angebotenen Zinsen für ein Tagesgeldkonto gleich in den Anbietervergleich einbeziehen. „Es gibt auch Banken, die ein kostenfreies Depot und gute Zinsen fürs Tagesgeld anbieten", sagt Lisa. Nach Abzug der Mittel für die Schuldentilgung bleiben nur noch 2.500 Euro übrig. Auf Anraten von Lisa plant Kim, ihr Tagesgeldkonto langsam wieder auf 6.000 Euro aufzufüllen. Durch den Wegfall der Kreditraten sollte das kein Problem sein. Außerdem möchte Kim mit der Zeit noch etwas mehr sparen, damit sie beim nächsten Autokauf keinen Kredit mehr benötigt.

„Für die nächsten Jahre konzentriere ich mich auf den Vermögensaufbau", sagt Kim. Beträge, die sie kurzfristig benötigt, will sie sicher anlegen, den Rest möchte sie möglichst gewinnbringend vollständig in Aktien-ETFs investieren.

Eine Familie im Eigenheim

Julia und Oliver, beide Ende 40, haben sich bereits 2007, also vor 18 Jahren, von der Verbraucherzentrale beraten lassen. Damals ging es darum, wie ein anstehender Immobilienkauf am besten finanziert werden kann. Seitdem hat sich in ihrem Leben einiges verändert, sowohl finanziell als auch privat. Inzwischen haben die beiden drei Kinder im Alter von 11, 13 und 16 Jahren. Seit 17 Jahren lebt die fünfköpfige Familie im eigenen Einfamilienhaus. Julia und Oliver haben mit Martin von der Verbraucherzentrale einen Termin vereinbart, um sich eine zweite Meinung einzuholen, wie sie übrige Mittel anlegen. Außerdem wollen sie sich zu Angeboten bezüglich der Anschlussfinanzierung ihres Immobilienkredits beraten lassen.

„Unsere Bank hat sich schon zweimal bei uns gemeldet und Angebote gemacht, weil die Zinsen gerade steigen", erzählt Oliver. Schließlich wollen sie mehr über weitere Geldanlagen wissen und über die Anlage einer Schenkung der Großeltern an die Kinder in Höhe von jeweils 2.000 Euro sprechen.

Rücklagen: zu knapp bemessen, besser aufstocken!

Die Rücklage auf dem Tagesgeldkonto beträgt derzeit nur noch 4.000 Euro, da ihr Auto vor Kurzem unerwartet ersetzt werden musste. Für den Kauf eines Gebrauchtwagens wurden 8.000 Euro entnommen. Außerdem musste das Ehepaar sogar einige ETFs im Wert von 10.000 Euro aus dem Wertpapierdepot verkaufen, weil es sonst nicht gereicht hätte.

„Das war zwar nicht geplant", erzählt Julia, „aber wir haben die ETFs mit einem schönen Gewinn verkauft, das ist uns nicht schwergefallen."

Martin bespricht mit dem Ehepaar, wie die Reserve wieder aufgefüllt werden kann und welcher Betrag dafür angemessen wäre (→ Seite 97). Gemeinsam kommen sie zu dem Schluss, dass sie sich mit 8.000 Euro auf dem Tagesgeldkonto wohlfühlen, zumal sie noch das ETF-Depot in Höhe von 25.000 Euro haben, aus dem sie bei Bedarf Geld entnehmen könnten.

Immobilien: Bausparvertrag und Forward-Darlehen unnötig

Martin erkundigt sich nach dem Immobiliendarlehen. Für das Darlehen zahlen Julia und Oliver noch bis 2027 einen Zinssatz von 1,1 Prozent pro Jahr. Nach Ablauf der Zinsbindung beträgt die Restschuld noch rund 100.000 Euro.

„Unsere Bank hat uns einen Bausparvertrag über 100.000 Euro vorgeschlagen, in den wir sofort 25.000 Euro und monatlich 500 Euro einzahlen sollen", sagt Julia. Damit könne man sich die niedrigen Zinsen sichern, hieß es. Der Bausparvertrag sollte dann so rechtzeitig zuteilungsreif sein, dass sie die Restschuld mit dem Bausparguthaben tilgen und den verbleibenden Betrag von etwa 60.000 Euro mit einem Bauspardarlehen finanzieren könnten.

„Wir haben auch noch eine andere Bank gefragt, die hat uns stattdessen ein Forward-Darlehen angeboten", ergänzt Oliver. Ein Forward-Darlehen ist wie ein normales Darlehen, wird aber erst in einigen Jahren ausgezahlt, um ein anderes Darlehen abzulösen. Die Bank sagt damit frühzeitig einen festen Zinssatz zu, verlangt dafür aber einen Zinsaufschlag.

„Lassen Sie uns doch erst einmal herausfinden, ob die Angst vor steigenden Zinsen überhaupt begründet ist", schlägt Martin vor. Dazu spielt er mit dem Ehepaar verschiedene Szenarien durch.

Beide verdienen zusammen etwa 5.500 Euro netto. Sie können sich vorstellen, ab 2027 die Tilgungsrate auf 1.400 oder sogar 1.500 Euro zu erhöhen. Beim aktuellen Zinssatz von 3,5 Prozent wäre der Kredit dann nach sechs bis sechseinhalb Jahren abbezahlt. Steigen die Zinsen auf 5 Prozent, dauert es nur ein halbes Jahr länger.

„Sie müssen sich also keine Sorgen machen, dass die Zinsen steigen", stellt der Experte fest. Was den angebotenen Bausparvertrag betrifft, rechnet er ein wenig nach und sagt dann: „Der Bausparvertrag ist vom Tisch. Hier zahlen Sie eine Abschlussgebühr von 1.600 Euro und bekommen nur 0,1 Prozent Guthabenzins. Rechnet man diese Kosten richtig ein, ist das Darlehen um 3 Prozentpunkte teurer als der ausgewiesene Darlehenszins." Das Forward-Darlehen sei deutlich günstiger. „Wenn die Zinsen deutlich steigen, kann ein Forward-Darlehen vorteilhaft sein. Aber das kann niemand vorhersagen", sagt Martin.

Ob sich die höheren Kosten einer frühzeitigen Zinsfestschreibung lohnen, ist also ungewiss. Oliver und Julia beraten sich und beschließen, die Angebote der Bank vorerst nicht anzunehmen.

„Okay, dann reden wir jetzt über die ETFs. Sollen wir die in zwei Jahren für die Tilgung nutzen?", fragt Oliver.

ETF-Depot: Rücklage mit Wertschwankungsrisiko

Das Depot im Wert von rund 25.000 Euro haben Julia und Oliver im Laufe der Zeit über Sparpläne und Einmalanlagen aufgebaut. Seit dem Kauf hat sich der Wert in etwa verdoppelt. Martin sieht sich das Depot genauer an. Der Schwerpunkt von 20.000 Euro liegt in einem ETF, der den FTSE All-World abbildet. Der Rest ist in drei ETFs investiert, die den MSCI World Small Cap sowie den MSCI Emerging Markets und MSCI Emerging Markets Small Cap abbilden.

„Um die ETFs kümmert sich meine Frau", sagt Oliver.

„Das sieht sehr gut aus. Kompliment", sagt Martin. Wie sich herausstellt, hat sich Julia bereits intensiv mit ETFs beschäftigt.

„Was halten Sie davon, wenn wir in zwei Jahren mit dem Geld den Kredit zurückzahlen? Oder sollen wir die ETFs behalten, um noch etwas Geld auf der hohen Kante zu haben?", fragt Julia.

„Wenn Sie auf Nummer sicher gehen wollen, müssen Sie die ETFs verkaufen und das Geld für zwei Jahre als Festgeld parken, um es dann für die Rückzahlung einzusetzen", erklärt Martin, „dann sind Sie etwa ein Jahr früher schuldenfrei. Andererseits sind sie auf das Geld für die Anschlussfinanzierung nicht angewiesen. Sie könnten das Depot also auch stehen lassen."

Anschließend diskutieren sie über die Chancen und Risiken, das ETF-Depot so zu belassen, wie es ist (→ Seite 50) und Martin erklärt den Leverage-Effekt (→ Seite 100).

Die Aktienquote von Julia und Oliver ist im Verhältnis zum liquiden Vermögen hoch, da der Autokauf die Rücklagen stark dezimiert hat.

Martin weist darauf hin, dass man die Höhe der Aktienquote stets auch in Relation zum Gesamtvermögen betrachten sollte. Unter Berücksichtigung des Immobilienvermögens in Höhe von rund 500.000 Euro abzüglich der Schulden und der Tatsache, dass beide Eheleute zudem über relativ sichere Ansprüche aus der betrieblichen und gesetzlichen Altersvorsorge verfügen, ergibt sich ein anderes Bild.

Letztlich sind sich Julia und Oliver einig, das ETF-Depot so zu belassen, wie es ist. „Schließlich brauchen wir das Geld nicht dringend", meint Julia.

Martin nickt, er hat keine Einwände.

Riester-Rente: Hoffen auf eine Reform

„Den Riester-Vertrag habe ich 2008 nach der Geburt unseres zweiten Kindes abgeschlossen, wegen der Kinderzulagen", erzählt Oliver und legt den entsprechenden Ordner auf den Tisch. „Als wir damals wegen der Immobilienfinanzierung bei der Verbraucherzentrale waren, hat uns Ihre Kollegin geraten, dass eine Riester-Rente erst infrage kommt, wenn die Förderung deutlich höher ist als meine eigenen Beiträge. Mit dem zweiten Kind war das der Fall. Außerdem hat sie gesagt, dass derjenige von uns den Vertrag abschließen sollte, der das niedrigere Einkommen hat. Also habe ich den Vertrag abgeschlossen."

Martin nickt, wirft einen Blick auf die Unterlagen und sagt: „Okay, das ist ein Banksparplan. Die Verzinsung richtet sich nach der Umlaufrendite der Bundeswertpapiere und liegt derzeit bei etwa 2 Prozent. Er zeigt Oliver einen Chart auf dem Bildschirm, der die Entwicklung der Umlaufrendite seit 2008 zeigt. „Die Verzinsung war in den letzten Jahren nicht besonders hoch. Erst seit Kurzem hat sich das gedreht. Aber in Ihrem Fall ist das zu verschmerzen, denn Sie müssen nur 200 Euro im Jahr einzahlen, um Zulagen von insgesamt 1.075 Euro im Jahr zu erhalten.

Schließlich gibt Martin den beiden noch den Tipp, die Diskussion um eine Reform der geförderten Altersvorsorge zu verfolgen: „Die Verbraucherzentralen und ihr Bundesverband kämpfen weiter für die Einführung eines kostengünstigen Standardprodukts. Vielleicht ergibt sich in den nächsten Jahren die Chance, den Vertrag zu wechseln, um künftig höhere Renditen zu erzielen."

Schenkung an die Kinder? Einmalanlage in Aktien-ETFs

„Meine Eltern waren neulich bei ihrer Bank. Sie haben einen Werbeprospekt für eine Generationenpolice mitgebracht und mich gefragt, was ich davon halte, wenn sie für unsere Kinder jeweils 2.000 Euro anlegen", erzählt Julia.

Martin bittet um Unterlagen, doch ein schriftliches Angebot liegt nicht vor. „Die Generationen- und Kinderpolicen, die ich bisher gesehen habe, taugen nichts. Das Geld wird oft in teure, aktiv gemanagte Fonds investiert. Die Kosten der Police sind hoch, der Versicherungsschutz minimal. Und das Gerede vom Steuersparen ist Unsinn. Wer keine Steuern zahlt, kann auch keine sparen", sagt Martin.

Julia fühlt sich bestätigt. Eigentlich wollte sie ihren Eltern nämlich vorschlagen, für die Kinder je ein Juniordepot auf ihren Namen zu eröffnen. Dabei dachte sie an eine Anlage in einen ETF, der den MSCI ACWI IMI abbildet.

Da Julia sich bereits auskennt und das Thema Risiko bereits ausführlich besprochen wurde, befürwortet Martin den Vorschlag von Julia, die daraufhin Oliver fragend anschaut.

Dieser ergänzt: „Okay, meinen Segen hast du auf jeden Fall. Solange ich unseren Kindern nicht erklären muss, wie das alles funktioniert, wenn sie groß sind", meint Oliver und schaut seine Frau mit einem Augenzwinkern an.

Das Rentnerehepaar

Renate und Gerhard (beide 65) gehen nächstes Jahr in Rente. Sie sitzen am Schreibtisch von Verena, ihrer Beraterin bei der Verbraucherzentrale.

Der Anlageberater der Sparkasse habe sich schon mehrfach bei dem Ehepaar gemeldet, um über eine Neuanlage der bestehenden Zertifikate und der bald fälligen Lebensversicherung zu sprechen, erzählt Gerhard. „Aber bevor wir einen Termin mit ihm vereinbaren, wollen wir uns bei Ihnen unabhängig informieren. In letzter Zeit waren wir mit der Beratung der Sparkasse nicht mehr so zufrieden", fügt er hinzu.

Das Ehepaar schildert daraufhin grob seine finanzielle Situation. Gerhard wird eine Rente von 1.300 Euro erhalten, Renate 900 Euro. Dazu kommen Betriebsrenten von 600 und 200 Euro.

„Damit kommen wir über die Runden. Wir brauchen nicht viel zum Leben", sagt Renate und führt aus: „Wir möchten unser Geld weiterhin sicher anlegen, möglichst bei unserer Sparkasse vor Ort."

Rücklage: im grünen Bereich!

Das Ehepaar hat eine Rücklage von 9.000 Euro auf einem Sparkonto bei der Sparkasse. Diese Rücklage möchten sie unverändert lassen. Verena informiert sich auf der Internetseite der Sparkasse über die aktuellen Konditionen. Sie zeigt Renate und Gerhard, dass die Sparkasse für ein Tagesgeldkonto etwas mehr Zinsen zahlt und erklärt ihnen, wie ein solches Konto funktioniert. Die beiden sind von der Idee angetan und wollen ihren Berater auf das Tagesgeldkonto ansprechen.

Kassensturz

In vier Monaten erwartet Gerhard die Auszahlung einer Kapitallebensversicherung in Höhe von 62.000 Euro. Außerdem haben sie derzeit 23.000 Euro in Zertifikaten und Mischfonds bei der örtlichen Sparkasse angelegt.

„Das macht zusammen 85.000 Euro, die Sie anlegen wollen?", vergewissert sich Verena.

Gerhard nickt und fragt: „Genau. Welche Angebote gibt es denn derzeit? Eine kleine Zusatzrente wäre auch nicht schlecht."

Zertifikate und Mischfonds: Es gibt bessere Alternativen

Verena schaut sich die Depotunterlagen an. Die Zertifikate werden in den nächsten acht Monaten fällig. Es handelt sich um eine Stufenzinsanleihe und eine Anleihe, deren Rendite sich nach einem komplizierten Berechnungsverfahren am „MSCI World Climate Change ESG Select 4.5 Prozent Decrement Index" orientiert. Beide Papiere werden nicht an der Börse gehandelt.

Im Gespräch stellt sich heraus, dass der Berater der Sparkasse Gerhard und Renate die Zertifikate nie erklärt hat. Nachdem Verena die Funktionsweise und die nicht zu verharmlosenden Risiken erklärt hat, zeigt sie ihnen noch, dass sogar die viel sichereren Bundesanleihen höhere Renditen erzielt hätten.

Daraufhin sagt Gerhard: „Das hätte ich nicht gedacht. Der Berater hat gesagt, das Geld ist sicher. Und zu den Zinsen hat er nur gesagt, dass die im Moment allgemein niedrig sind."

Tatsächlich hätten Sparkassen jahrelang nur 0,001 Prozent Zinsen auf Sparkonten und andere Einlagen gezahlt, berichtet Verena. Dank dieser niedrigen Zinsen hätten sie ihren Kunden die für die Sparkasse viel lukrativeren Zertifikate verkaufen können. Die Expertin rät dem Ehepaar davon ab, in Zukunft wieder in Zertifikate zu investieren. „Wer großen Wert auf Sicherheit legt, sollte darauf achten, dass sein Geld über die Einlagensicherung geschützt ist", sagt sie und fügt hinzu: „Zu den Anlagealternativen kommen wir gleich."

Dann blättert sie in den Unterlagen des Mischfonds. Dieser investiert maximal 20 Prozent der Mittel in Aktien, der Rest wird in Anleihen angelegt. Die laufenden Kosten betragen 1,5 Prozent pro Jahr. „Das ist viel zu teuer für so einen Fonds", sagt Verena. „Das Geld steckt immer zu mindestens 80 Prozent in Zinspapieren. Von den aktuellen Zinsen von etwa 2,5 Prozent bleiben nach Abzug der Kosten bestenfalls 1,0 Prozent pro Jahr übrig", rechnet sie vor. Dann zeigt die Expertin dem Ehepaar auf dem Bildschirm die Wertentwicklung des Fonds seit seiner Auflegung. „Außer Spesen nichts gewesen – leider", bringt sie es auf den Punkt.

Nicht einmal die mögliche rechnerische Rendite von einem Prozent pro Jahr nach Kosten hat der Fonds seit dem Kauf Anfang 2021 erreicht. Erst seit Kurzem hat der Fonds die Verlustzone verlassen.

„Wollen wir jetzt über ein paar Alternativen sprechen, die ich mir für Ihren Bedarf gut vorstellen könnte?", fragt Verena.

Kein Risiko? ETFs sind nicht die erste Wahl

Bevor sie die Möglichkeiten vorstellt, erklärt die Expertin Gerhard und Renate noch den Zusammenhang zwischen Risiko und Rendite (→ Seite 81). Die beiden hören das alles zum ersten Mal und haben viele Fragen. Nach reiflicher Überlegung sind sie bereit, für die anzulegende Summe von 85.000 Euro Wertschwankungen von 5.000 Euro in Kauf zu nehmen, wenn der Rest der Anlagesumme sicher angelegt wird. Dann diskutieren sie die Möglichkeit, in Aktien-ETFs zu investieren.

„Sie müssen immer damit rechnen, dass sich Aktienkurse auch einmal halbieren können. Das heißt, Sie sollten nicht mehr als 10.000 Euro in Aktien-ETFs investieren", erklärt Verena. Sie weist Gerhard und Renate auch darauf hin, dass sie ETFs bei ihrer Sparkasse kaufen können. Am günstigsten sei es, das vorhandene Onlinebanking zu nutzen.

„Ich befürchte, dass Ihr Berater Ihnen keine ETFs verkaufen möchte. Die Sparkasse verdient daran nicht so viel wie an Mischfonds und Zertifikaten", gibt Verena zu bedenken. Gerhard und Renate wollen noch eine Nacht über die Anlage in ETFs schlafen. Verena stimmt zu: „Das ist nur eine Option. Hören Sie sich gerne noch einmal unseren Podcast zum Thema Geldanlage in ETFs an. Manchmal ist es hilfreich, sich mit etwas Abstand noch einmal zu informieren."

Zusatzrente? Entgeltpunkte erwerben!

„Sie haben eingangs erwähnt, dass Sie sich eine monatliche Zusatzrente wünschen, aber auch so gut über die Runden kommen", erkundigt sich Verena und lenkt damit das Thema auf ein weiteres Anliegen von Renate und Gerhard. Die Expertin erklärt den beiden daraufhin, warum eine private Zusatzrente keine gute Option ist (→ Seite 216) und bringt stattdessen den Erwerb von Entgeltpunkten bei der Deutschen Rentenversicherung ins Spiel (→ Seite 215). „Lassen Sie sich doch dort beraten, wie viel Sie einmalig zusätzlich einzahlen können und was das für Ihre Rente bedeutet", schlägt sie vor.

Renate kann sich das gut vorstellen: „Ich möchte aber nur einen Teil in eine lebenslange Rente investieren, wir wollen, dass das meiste noch verfügbar bleibt." Nach kurzer Diskussion überlegen die beiden, vielleicht 25.000 Euro dafür aufzuwenden. Dann hätten sie noch 50.000 Euro zur freien Verfügung, wenn sie 10.000 Euro in ETFs anlegen – und außerdem bleibt ja noch die Rücklage auf dem Tagesgeldkonto.

Sicherheitsorientierte Anlagealternativen

Für die verbleibenden 50.000 Euro kommen nur Alternativen infrage, die kein Wertschwankungsrisiko aufweisen. Verena nennt Anleihen-ETFs, die einen Index aus kurzlaufenden deutschen Staatsanleihen abbilden (→ Seite 169) sowie Festgeld. Renate und Gerhard bevorzugen eine einfache Anlage in Form von Festgeld. Ein Blick auf die derzeitigen Zinskonditionen der Sparkasse stimmt sie jedoch nachdenklich. Verena schlägt die aktuelle Ausgabe der Zeitschrift Stiftung Warentest Finanzen mit einem Anbietervergleich für Festgeld auf.

„Da gibt es ja deutlich mehr Zinsen!“, stellt Renate fest.

„Bei einer Anlagesumme von 50.000 Euro macht ein Prozentpunkt mehr Zinsen immerhin gut 41 Euro mehr im Monat aus“, rechnet Verena vor. Tatsächlich bieten einige Banken sogar 2 Prozentpunkte mehr als die Sparkasse. „Und das ist auch sicher?“, hakt Gerhard ein.

„Ja, solange man eine Bank wählt, die durch die deutsche Einlagensicherung geschützt ist“, antwortet Verena.

Da Gerhard seine regelmäßigen Bankgeschäfte ohnehin bei der Sparkasse per Onlinebanking erledigt, ist er bereit, ein zweites Konto bei einer neuen Bank zu eröffnen, um für die anzulegenden 50.000 Euro mehr Zinsen zu bekommen. Sie beschließen, die Hälfte der Summe für zwölf Monate und die andere Hälfte für sechs Monate anzulegen.

„Das ist eine gute Lösung. So profitieren Sie von den höheren Zinsen, ohne sich langfristig an die Bank zu binden“, meint Verena.

Schlusswort: Jetzt sind Sie an der Reihe!

NIELS NAUHAUSER, AUTOR UND ABTEILUNGSLEITER ALTERSVORSORGE, BANKEN UND KREDITE BEI DER VERBRAUCHERZENTRALE BADEN-WÜRTTEMBERG

Ich möchte diesen Ratgeber mit ein paar persönlichen Worten abschließen: In das Buch sind meine Erfahrungen aus 21 Berufsjahren eingeflossen, in denen ich in unzähligen Fällen selbst beraten oder mit meinem großartigen Team von Beraterinnen und Beratern Hunderte von Fällen diskutiert habe. Meine Erfahrung zeigt: Es lohnt sich, die eigenen Finanzen genauer unter die Lupe zu nehmen und an die persönlichen Bedürfnisse anzupassen. Eine frühzeitige und kluge Planung kann darüber entscheiden, ob der Ruhestand finanziell sorgenfrei verläuft oder ob jeder Euro umgedreht werden muss.

Doch ein guter Plan ist nichts wert, wenn er nicht umgesetzt wird. Scheuen Sie sich nicht, Ihre finanzielle Zukunft selbst in die Hand zu nehmen. Achten Sie aber bitte darauf, dass Sie nur unabhängige und verlässliche Quellen zu Rate ziehen! Nehmen Sie sich Zeit für wohlüberlegte Entscheidungen – aber handeln Sie entschlossen, sobald die Richtung klar ist.

Ich hoffe, dass Ihnen die Lektüre dieses Buches geholfen hat, fundierte Anlageentscheidungen für Ihren persönlichen Bedarf zu treffen. Ich wünsche Ihnen dabei viel Erfolg! Wer weiß, vielleicht finden Sie mit der Zeit sogar Gefallen daran.

Bewahren Sie sich aber auf jeden Fall eine kritische Distanz zum Geld, denn es gibt Wichtigeres im Leben. Nutzen Sie sich bietende Gelegenheiten, um in Ihre eigene Bildung oder die Ihrer Kinder und Enkel zu investieren. Sprachreisen, Auslandssemester oder Bildungsreisen sind lohnende Investitionen in die Zukunft. Auch besondere Erlebnisse bereichern das Leben – sei es ein unvergesslicher Urlaub mit Familie und Freunden, eine Städtereise oder ein entspannendes Wellnesswochenende. Und wenn Sie es sich leisten können, kann auch die gezielte Unterstützung von sozialen Projekten erfüllend sein. Denn am Ende zählt nicht nur, dass Sie Ihr Geld bequem und rentabel investiert haben, sondern auch, was Sie damit für sich und andere möglich gemacht haben.

Anhang

- → Weiterführende Informationen
- → Adressen
- → Bildnachweis
- → Stichwortverzeichnis
- → Impressum

Weiterführende Informationen

→

TOOLS UND ONLINE-TEXTE DER VERBRAUCHERZENTRALE

Alles zur Geldanlage: Das müssen Sie dazu wissen

Die wichtigsten Informationen der Verbraucherzentrale zur Geldanlage und Altersvorsorge sind auf deren Homepage zu finden:
www.verbraucherzentrale.de/node/18777

Renditerechner

Wie sich Ihre Entscheidung für das Verhältnis von Festgeld und Aktien auf die Rendite Ihrer Geldanlage auswirkt, können Sie mit dem Renditerechner der Verbraucherzentrale ganz einfach ausprobieren.
https://www.verbraucherzentrale.de/renditerechner

Selbstlernangebot

In der Finanzberatung werden verkaufspsychologische Taktiken eingesetzt. Welche das sind, was sich dahinter verbirgt, woran man sie erkennt und wie man sich darauf gut vorbereiten kann, zeigt die Verbraucherzentrale Baden-Württemberg in einem Selbstlernangebot auf ihrer Homepage
www.verbraucherzentrale-bawue.de/node/76945

ONLINE-SEMINARE DER VERBRAUCHERZENTRALE

Verbraucherzentralen bieten Seminare zur Geldanlage an. Dort gibt es auch Gelegenheit, individuelle Fragen zu stellen. Die Seminarangebote finden Sie auf der Homepage der Verbraucherzentrale Ihres Bundeslandes. Zum Angebot der Verbraucherzentrale Baden-Württemberg geht es unter
https://www.verbraucherzentrale-bawue.de/onlineseminare-bw

ONLINE-INFORMATIONEN

Deutsche Börse AG

Ein Tool mit Filteroptionen zur Suche von ETFs bietet die Deutsche Börse AG auf ihrer Internetseite
https://www.boerse-frankfurt.de/etfs/etfs

Fairvalue Magazin

Dies ist ein Onlinemagazin für langfristig orientierte Investoren. Die Beiträge zu global diversifizierten Portfolios und Anlagestrategien für Privatanleger finden sich auf der Homepage
https://fairvalue-magazin.de/

Finanzblogs

Aktuelle Informationen zu diversen Finanzthemen sowie zum Investieren mit Indexfonds und ETFs gibt es in verschiedenen Finanzblogs, zum Beispiel auf den Seiten:
https://hartmutwalz.de/finanzblog

https://gerd-kommer.de/blog

MSCI Inc.

Indexdaten für jeden globalen, regionalen oder länderspezifischen MSCI-Index sind auf dieser Internetseite zu finden:
www.msci.com/end-of-day-data-search

Stiftung Warentest Finanzen

Ein umfangreiches Angebot an unabhängigen Anbietervergleichen zum Thema Finanzen gibt es auf der Homepage
www.test.de

Zinsrechner

Verschiedene Online-Rechner rund um die Themen Anlagen und Sparen sowie Kredit und Finanzierung gibt es auf der Internetseite
www.zinsen-berechnen.de

VERBÄNDE UND INSTITUTIONEN

Behavioral Finance e. V.

Dies ist ein Verein zur Förderung von Forschung und nicht kommerziellen Initiativen zur Erhöhung der finanziellen Entscheidungskompetenz, die auf Erkenntnissen aus der Verhaltenswissenschaft basieren (Behavioral Finance). Informationen im Internet unter
https://www.behavioral-finance.de

Deutsche Rentenversicherung

Ein Informations- und Beratungsangebot zur gesetzlichen Rente sowie zu freiwilligen Rentenzahlungen findet man auf der Internetseite
https://www.deutsche-rentenversicherung.de

BÜCHER UND AUFSÄTZE

Bessembinder, Hendrik / Chen, Te-Feng / Choi, Goeun / Wei, Kuo-Chiang: Long-Term Shareholder Returns: Evidence from 64,000 Global Stocks (2023). Financial Analysts Journal, Forthcoming, Available at SSRN:
https://ssrn.com/abstract=3710251

Bogle, John C: Das kleine Handbuch des vernünftigen Investierens, FinanzBuch Verlag, Münchner Verlagsgruppe GmbH (2018).

Dimson, Elroy / Marsh, Paul / Staunton, Mike: Global Investment Returns Yearbook, UBS AG (2024).

Kommer, Gerd: Souverän investieren mit Indexfonds und ETFs: Ein Investmentbuch für fortgeschrittene Privatanleger, Campus (2025).

Malkiel, Burton G.: A Random Walk Down Wallstreet – warum Börsenerfolg kein Zufall ist. Die bewährte Strategie für erfolgreiches Investieren. FinanzBuch Verlag (2023).

Neumann, Markus: Das ETF-Portfolio: Wie Sie ein fast unschlagbares Depot zusammenstellen und managen, Graf Verlagsagentur und Verlag (2021).

Shiller, Robert J.: Irrational Exuberance: Second Edition. Princeton University Press (2005). Deutsche Ausgabe: Irrationaler Überschwang – Warum eine lange Baisse an der Börse unvermeidlich ist. Campus Verlag (2000).

Siegel, Jeremy J.: Aktien für die Ewigkeit – Das Standardwerk für die richtige Portfoliostrategie und eine kontinuierliche Rendite, Finanzbuch Verlag (2016). Titel der englischsprachigen Ausgabe: Stocks for the Long Run: The Definitive Guide to Financial Market Returns & Long-Term Investment Strategies, McGraw-Hill Education Ltd (2022).

Weber, Martin / Jacobs Heiko / Laudenbach, Christine / Müller, Sebastian / Schreiber, Philipp: Die genial einfache Vermögensstrategie – So gelingt finanzielle Unabhängigkeit, Campus (2020).

Adressen

Verbraucherzentrale
Baden-Württemberg e. V.
Telefon: 07 11/ 66 91-10
www.verbraucherzentrale-bawue.de

Verbraucherzentrale Bayern e. V.
Telefon: 0 89/5 52 79 4-0
www.verbraucherzentrale-bayern.de

Verbraucherzentrale Berlin e. V.
Telefon: 0 30/2 14 85-0
www.verbraucherzentrale-berlin.de

Verbraucherzentrale Brandenburg e. V.
Telefon: 03 31/2 98 71-0
www.verbraucherzentrale-brandenburg.de

Verbraucherzentrale Bremen e. V.
Telefon: 04 21/1 60 77-7
www.verbraucherzentrale-bremen.de

Verbraucherzentrale Hamburg e. V.
Telefon: 0 40/2 48 32-0
www.vzhh.de

Verbraucherzentrale Hessen e. V.
Telefon: 0 69/97 20 10-900
www.verbraucherzentrale-hessen.de

Verbraucherzentrale
Mecklenburg-Vorpommern e. V.
Telefon: 03 81/2 08 70-50
www.verbraucherzentrale-mv.eu

Verbraucherzentrale Niedersachsen e. V.
Telefon: 05 11/9 11 96-0
www.verbraucherzentrale-niedersachsen.de

Verbraucherzentrale Nordrhein-Westfalen e. V.
Telefon: 02 11/9 13 80-10 00
www.verbraucherzentrale.nrw

Verbraucherzentrale Rheinland-Pfalz e. V.
Telefon: 0 61 31/28 48-0
www.verbraucherzentrale-rlp.de

Verbraucherzentrale Saarland e. V.
Telefon: 06 81/5 00 89-0
www.verbraucherzentrale-saarland.de

Verbraucherzentrale Sachsen e. V.
Telefon: 0341/69 62 90
www.verbraucherzentrale-sachsen.de

Verbraucherzentrale Sachsen-Anhalt e. V.
Telefon: 03 45/2 98 03-29
www.verbraucherzentrale-sachsen-anhalt.de

Verbraucherzentrale Schleswig-Holstein e. V.
Telefon: 04 31/5 90 99-0
www.verbraucherzentrale.sh

Verbraucherzentrale Thüringen e. V.
Telefon: 03 61/5 55 14-0
www.vzth.de

Verbraucherzentrale Bundesverband e. V.
Telefon: 0 30/2 58 00-0
www.vzbv.de

Bildnachweis

Abbildungen

Abb. 1: Lala Majidova, Düsseldorf

Abb. 2–4: Ute Lübbeke, Köln (Daten Abb. 3: MSCI Inc.)

Abb. 5: Bundeszentrale für politische Bildung, Bonn

Abb. 6: Ute Lübbeke, Köln

Abb. 7: Quelle: https://commons.wikimedia.org/wiki/File:Crowd_outside_nyse.jpg

Abb. 8/13: Jeremy Siegel: Stocks for the Long Run: The Definitive Guide to Financial Market Returns & Long-Term Investment Strategies, Sixth Edition; Copyright: McGraw Hill LLC, New York

Abb. 9/10: Ute Lübbeke, Köln

Abb. 11: MSCI Inc., MSCI World Index (EUR), msci.com

Abb. 12: Verbraucherzentrale Baden-Württemberg, Stuttgart

Abb. 14: Lala Majidova, Düsseldorf

Abb. 15: Finance Watch, Brüssel

Abb. 16: Ute Lübbeke, Köln

Abb. 17/21: Börse Frankfurt

Abb. 19: Ute Lübbeke, Köln (Daten: MSCI World Index (EUR), msci.com

Abb. 20: Ute Lübbeke, Köln (Daten: Deutsche Bundesbank, Frankfurt/M.)

Abb. 18/22: Isarvest GmbH, München (extraETF)

Abb. 23/25: Vanguard Group Europe GmbH, Frankfurt/M.

Abb. 24: Blackrock, iShares MSCI ACWI UCITS ETF

Abb. 26: Ute Lübbeke, Köln

Tabellen

Tab. 5: Quelle: MSCI Inc. World Index (EUR), msci.com

Tab. 6: Daten: www.visualcapitalist.com

Tab. 14–16: Daten: Börse Frankfurt

Tab. 17–20: Daten: zinsen-berechnen.de

Weitere Fotos

Cover: Witoon Pongsit/iStock

Seite 4: photolas/adobe, mzsorasak/adob

Seite 5: gopixa/adobe stock

Seite 41: Werner Bareis

Seite 49: Gerhard Schick, Bürgerbewegung Finanzwende e.V., Berlin

Seite 104: Prof. Dr. Martin Weber © Axel Griesch, Universität Mannheim

Seite 114: Prof. Steffen Sebastian; Fotografin: Juliane Zitzlsperger

Seite 122: Sandra Klug © Gert Baumbach, Verbraucherzentrale Bundesverband, Berlin

Seite 184: Gerd Kommer, Gerd Kommer Invest GmbH

Seite 241, Umschlagklappe hinten: Niels Nauhauser

Stichwortverzeichnis

Symbole

1/n-Regel 223
4-Prozent-Regel 223

A

Abgeltungsteuer 200, 201, 204, 205
Affiliate-Provisionen 126
Aktie 18, 43
Aktien-ETFs 18, 24, 60, 98, 100, 158, 163, 165
Aktienfonds 18, 72
Aktiengesellschaft 18, 43, 44, 45, 46
– Idee 45
Aktienindex 24, 152
Aktionär 43
– Rechte 43
– Risiko 45
Anlagedauer 88
Anlageklasse 55
– Aktien 58
– Geldmarkt 58
– Gold 57
– Immobilien 60
– Rohstoffe 61
– T-Bills 58
– US-Stocks. *Siehe Aktien*
Anlageklassen 182
Anlagestrategie 65
– diversifizierte 95
– passive 103
Anlageuniversum 24, 34
Anleihen 19, 34
– durchschnittliche Laufzeit 36
– Fälligkeit 35
– inflationsindexierte 35
– Staatsanleihen 34
– Unternehmensanleihen 34
Anleihen-ETFs 18, 20, 34, 169, 172, 217
Anteilspreis 16
Anteilswert 16
Ausgabeaufschlag 22
Ausschüttungsrendite 35

B

BAföG 150
Bankauszahlplan 218, 221
Basisinformationsblatt 177
Basis-Rente 207
Benchmark 72
Betreuungshonorar 117
BIP-Gewichtung 155
Bitcoin 38, 185
Bloomberg Euro Corporate Bond Index 35
Bonds 56. *Siehe Renten*
Bonität 19
Börse 18, 50
Börsenplätze 125
Briefkurs 76, 196
Bruttoinlandsprodukt (BIP) 155
Bundesanleihe 175
Buy-and-Hold. *Siehe Anlagestrategie, passive*
Buy-and-Hold-Strategie 71, 198, 209

C

Chartanalyse 64
Core-Satellite-Strategie 110
Corona-Crash 55
Cost-Average-Effekt 189
Creation and Redemption 75

D

DAX 26, 27
Depoteröffnung 142
DIN-Norm 77230 111
Direktbank 142

Diversifikation 79
Dividende 18
Dotcom-Blase 53
Dow Jones Industrial Average Index 25, 29
Duration 36

E

Effektivkosten 77
Effizienzmarkthypothese 65
Einlagensicherung 174
EIX 145
Emittenten 19
Emittentenrisiko 36
Endvermögen 190
Entnahmeplan
– Rendite 225
– Risiko 225
Entnahmestrategie
– bedarfsgerechte 97
Erbfolge 150
Erbschaft 207
Erbschaftssteuer 207
ETC 39
ETF-Depot 142
ETF-Entnahmeplan 221, 222
ETF-Informationsportale 125
ETF-Rentenversicherung 39, 115, 221
ETFs
– Definition 15
ETF-Sparplan 109, 190, 194, 205
ETP 39
EURO STOXX 50 24, 27
Exchange Traded Note (ETN) 37

F

Faktor-ETFs 183
Faktor-Investing 184
Fehlanreize 111, 118
Festgeld 98, 173, 175
Festgeldtreppe 219
FiFo-Methode 205, 226
Finanzberatung für Frauen 120
Finanzportfolioverwaltung 121
Finfluencer 123
FOMO (Fear of Missing Out) 109
Fondsarten. *Siehe Investmentfonds*
Fondsgesellschaft 15
Fondsmanagement 71
– aktives 71
– passives 71
Fondsvolumen 160
FTSE All-World Index 153
FTSE Developed Europe 157
FTSE Developed Index 153
Fundamentalanalyse 65

G

Gegenwartspräferenz 108
Geld-Brief-Spanne 76
Geldkurs 76
Geldmarkt 56, 60
Geldmarktfonds 21, 144
gettex 145
Gläubiger 19
Greenwashing 186
Grundfreibetrag 150

H

Halbeinkünfteverfahren 208
Hindsight Bias 103
Höchststandsgarantie 105
Honorar-Anlageberater 118
Honorarberatung 115, 118
Honorar-Finanzanlagenberater 118

Honorarvermittlung 115

I

Index 23
- Aktienindex 24
- Anlageuniversum 27
- BIP-Gewichtung 155
- Factsheet 31
- Gewichtung 28
- Gewichtungsmethode 24
- Kursindex 24
- Ländergewichtung 30
- Marktkapitalisierungsgewichtung 29
- Performance-Index 25
- Preisgewichtung 29
- Rentenindex 34
- Titelauswahl 27

Indexanpassung 24, 32
Index-Police 39
Index-Zertifikat 39
Investmentfonds 15
- einmalige Kosten 75
- jährliche Kosten 75
- Verwaltungsgebühren 17

ISIN 162

J

Junior-Depot 150

K

KID 177
Kontrahentenrisiko 131, 132
Kostenaufstellung 197
Krankenversicherungspflicht 150
Kryptowerte 55, 185
künstliche Intelligenz 127
Kurs-Gewinn-Verhältnis (KGV) 65
Kursindex 24

L

Leverage-Effekt 100
LifeCycle-Konzept 183
Liquiditätsbedarf
- kurzfristiger 96
- mittelfristiger 97

M

Market Timing 71
Markteffizienzhypothese 63, 68
Mentale Buchhaltung 106
Mentoring 124
Mischfonds 21, 183
MSCI ACWI 82
MSCI All Country World Index 153
MSCI All County World IMI Index 153
MSCI Emerging Markets 82, 157
MSCI Emerging Markets Small Cap Index 154
MSCI World 82
MSCI World Index 153
MSCI World Small Cap Index 154
Multi-Asset-ETFs 182
Multi-Asset-Fonds. *Siehe Mischfonds*

N

Nachhaltigkeit 186
Nettoinventarwert 16
Nettopolice 115, 117, 208
Nichtveranlagungsbescheinigung 150
Nikkei 225 25, 29
NV-Bescheinigung 150

O

Obligationen 19
OGAW-Richtlinie 17, 133

Onlinebroker 142
– Sicherheitsvorkehrungen 151
Online-Coaching 124
Outperformance 71

P

Performance-Index 25
Performance-Szenarien 178
Portfolio, diversifiziertes 110
PRIIPs-Verordnung 77
private Rentenversicherung 39, 108, 134, 216, 217, 218, 221
Publikumsfonds 16

Q

Quellensteuer 25, 199

R

Rahmungseffekt 104
Rating 20, 34, 36
Rebalancing 209, 211
REITs 187
Rendite-Rechner 88
Renditereihenfolgenrisiko 222
Renten 19, 34
Renten-ETFs. *Siehe Anleihen-ETFs*
Rentenfonds 19
Rentenindex 34, 167
Rentenmarkt 56
Restlaufzeit 34, 36, 96
Rezenz-Effekt 107
Riester-Rente 77, 207, 231
Risiko 81
– historisches 85
Risikobereitschaft 84, 91, 96, 106
Risikoprämie 60, 188
Risikotragfähigkeit 96
Robo Advice 121
Rücklage 96
Rückschaufehler 103
Rürup-Rente 207

S

Scalable 145
Schenkungen 207
Schenkungssteuer 150
Schuldner 19
Schuldverschreibung 19, 34. *Siehe Anleihen*
– Laufzeit 19, 20
– Zinsniveau 20
Selbstüberschätzung 102
Solactive GBS Developed Markets Large & Mid Cap Index 153
Solactive GBS Emerging Markets Large & Mid Cap 157
Solactive GBS Global Markets Large & Mid Cap Index 153
Sondervermögen 15
S&P 500 25
Sparbrief 175
Sparerpauschbetrag 149, 150, 199, 201
Spezialfonds 16
Staatsanleihe 44, 168
Standardabweichung 82, 90
Stiftung Warentest Finanzen 128
Stock Picking 71, 108
STOXX Europe 600 27, 157
Survivorship Bias 74
Swaps 131, 132

T

Tagesgeldkonto 96, 173, 175, 217, 218, 233
T-Bills 56
Teilfreistellung 199, 203, 204

Totalverlust 81
Trade Republic 145
Transaktionskosten 75
Turnover Rate 32

U

Umlageverfahren 215
Umschlagshäufigkeit. *Siehe Turnover Rate*
Underperformance 72
US-Staatsanleihen 56

V

Veräußerungsgewinn 204, 226
Verbraucherzentralen 128
Verfügungsberechtigung 150
Verkaufsprospekt 16, 134
Verlustaversion 105
Vermittlungshonorar 115
Vermögensverwaltung 121
Verrechnungskonto 142
Versicherungsberater 115, 118
Versicherungsmakler 111, 115
Verwahrstelle 16
Vorabpauschale 201

W

Wertpapierdepot 142
Wertpapierkennnummer (WKN) 162
Wertpapierleihe 132

X

Xetra 145

Z

Zinseszinseffekt 58
Zufriedenheitsbewertungen 111

1. Auflage 2025

ISBN 978-3-86336-421-2 (Buch)
ISBN 978-386336-370-3 (E-Book EPUB)

Impressum

Herausgeber:
Verbraucherzentrale
Nordrhein-Westfalen e. V.
Helmholtzstraße 19, 40215 Düsseldorf
Telefon: 02 11/91 380-10 00
ratgeber@verbraucherzentrale.nrw
www.verbraucherzentrale.nrw

Text:
Niels Nauhauser

Koordination:
Frank Wolsiffer

Lektorat:
Christina Seitz, Düsseldorf
www.christina-seitz.de

Fachliche Beratung:
Frank Mangler

Layout und Satz:
Lala Majidova, Düsseldorf
www.lav-ka.de

XML-Produktion:
pagina GmbH, Tübingen
www.pagina.gmbh

Umschlaggestaltung:
Designbüro Ute Lübbeke, Köln
www.LNT-design.de

Druck
DCM Druck Center Meckenheim GmbH,
Meckenheim

Redaktionsschluss:
Juli 2025